グローバルヒストリーから考える新しい大学歴史教育

―日本史と世界史のあいだで―

秋田茂・桃木至朗 編著

HANDAI Livre 072
大阪大学出版会

グローバルヒストリーから考える新しい大学歴史教育——日本史と世界史のあいだで——　目次

第二部　「時代」を問い直す

序論　グローバルヒストリーから考える新しい大学歴史教育
――日本史と世界史のあいだで――

秋田　茂
桃木至朗

本書は、大阪大学大学院文学研究科・国際公共政策研究科が共同開講しているオムニバス講義「歴史学方法論講義・歴史学のフロンティア」にもとづく出版物として、『歴史学のフロンティア――地域から問い直す国民国家史観』『グローバルヒストリーと帝国』『グローバルヒストリーと戦争』に続く四冊目にあたる。

二〇〇〇年代に入ってから大阪大学史学系では、これらの講義や出版の基礎となったグローバルヒストリー研究と、高校・大学の歴史教育刷新の取り組みを車の両輪として活動を展開してきたが、今回はグローバルヒストリー研究と歴史教育を直結しようとしている。この総論では最初にその背景となった歴史教育改革の動向を概観したうえで、大阪大学でのグローバルヒストリー研究と歴史教育の特徴を紹介し、本書の理論的背景と寄せられた各論考の新しさなどを解説したい。

一　歴史学・歴史教育の行き詰まりと教育・入試改革

従来型の歴史学と歴史教育（少なくとも日本のそれ）は、二〇世紀末以来、あらゆる領域で行き詰まりを露呈していないだろうか。研究・歴史叙述における「国民国家史観」「ヨーロッパ中心史観」「近代をゴールとする歴史」や「無目的な実証主義」、教育についての「高校まではまず反復練習で基礎知識を身につけさせよ。考え方や方法は大学で教えればよい」という思想（高校までは考え方はいらないという思想は、一八歳選挙権の時代の主権者教育としての高校教育への否定に等しくないか）、その思想と「試験の公平性」によってがんじがらめに縛られ単純な個別知識しか問えない入試などは、行き詰まりの最たるものである。こうした旧来のやり方・考え方を疑わない、もしくは「どうせ変えられない」と諦めている人々に、歴史を含む人文系無用論を唱える理系・財界などの無教養をあざわらう資格があるかどうか、きわめて疑問である。かりにこうした無用論が打破され、人文系に潤沢な予算や人員が保証されたとしても、古いやり方・考え方のままで現代世界の課題や現代社会の負託に応える研究・教育を行うことは不可能であろう。

近年の「教育改革」全体の方向性については、もともと先進国中最低レベルの教育への公費投入をさらに削ろうとするような度しがたい点がある。しかし、現在提起されている改革をナショナリズムとグローバル資本主義だけに奉仕するものと決めつけるのは、いかにも平板で静的な理解である。SDGs（持続可能な開発のための目標群）やグローバルシティズンシップなども含めて、それらのベクトルとよりよい市民社会を作ろうとするベクトルとの綱引きの中で改革が立案・推進されている点を、動的に理解するのが、歴史学の専門性を活かす道であると考えたい。

具体的には小中高大のあらゆる段階、あらゆる教科や科目で、知識・技能を（試験に向けて）教員が一方的に教え込むやり方に代えて、学習者自身の「主体的・対話的で深い学び」による「思考力・判断力・表現力」など「人生や社会の中で使える力（コンピテンス、コンピテンシー）」の育成が要求される。その目標に向けて高校・大学では、二〇二一年度入学を目ざす受験生から始まる「大学入学共通テスト」などの入試改革[1]が予定され、二〇二二年度の新入生から適用される新しい高校学習指導要領（小中学校指導要領は先行して実施）もすでに公表されている。高校の地歴（地理歴史科）では、従来の科目が全廃され、新科目として必修の「地理総合」「歴史総合」（各2単位）と選択科目「地理探究」「日本史探究」「世界史探究」（各3単位）が設置される。必修の歴史総合は、(a)一八世紀以後の近現代史（明治以来初めて日本史・世界史を統合する）を材料として、(b)現代の諸課題を歴史的に考えるために、(c)問いと史料をベースに「歴史の学び方・考え方」を学ぶ科目と位置づけられている。世界史探究・日本史探究も同じやり方で、古代からの世界史・日本史を学ぶ。どちらも時間数の関係で「満遍ない通史」は無理なので、各時代・地域を象徴するようなテーマ史を学ぶことが想定され、歴史総合では一八～一九世紀半ばの「近代化」、一九世紀末～一九六〇年代の「国際秩序の変化と大衆化」、二〇世紀後半以降の「グローバル化」がその大きな柱とされる。

高校以下では、グループで調べ討論し発表するような学習形態や、その評価法の開発が進んでいる。だが内容面では、新しい歴史学の成果を踏まえた教材を用意できる教員はまだ多数派になってはいない。その背景には、大学および専門研究者の側の深刻な遅れがある。たとえば、どの大学でも上記の趣旨を活かす入試問題の作成・採点はできるだろうか。また日本史と世界史を統合した教育を行う能力をもった教員の養成や現職教員の研修を担当できるだけの、歴史学全体の見取り図を描ける大学教員がどれだけいるだろうか。新しい学び方で新科目を学習した、逆に言えば従来型の「受験教科書の丸暗記」を経験していない学生たちに適した教養教育や専門教育の内容設計ができる大学教員は揃っているだろうか。これらの点で我々は、きわめて深刻な危機感をもっている。本来は大学院での歴史研究の方法を指導する講義にもとづく本書が、歴史教育（特にその内容）を強く意識し、共通の切り口として日本史と世界史の接続ないし統合を掲げるのは、そのためである。次節で述べるグローバルヒストリーや海域アジアの研究を長年実施し、「アジアを正当に位置づけ日本を完全に組み込んだ世界史」の研究・教育に努力してきた実績を、全国に広げる必要がある。

二　阪大発のグローバルヒストリーの特徴・主張、歴史教育への発信

大阪大学歴史系では、文学研究科世界史講座を中心に、新たな世界史である「グローバルヒストリー」の構築を目指して、この一五年間さまざまな試みを積み重ねてきた。その特徴と独自性は、次の三点に要約できる。

第一に、二〇一五年に発足した学内の研究機構「先導的学際研究機構」（Institute for Open and Transdisciplinary Research Initiatives: OTRI）のグローバルヒストリー研究部門を基盤に、アジア太平洋地域で世界史を考える国際学会であるアジア世界史学会（Asian Association of World Historians:

AAWH）と協力・連携して、研究成果を世界に発信してきた。世界の学界との交流を行う際に、日本史の優れた研究成果を組み込みながら、「アジアからのグローバルヒストリー構築」（Creating Global History from Asian Perspectives）[2]を目指す点が最大の特徴である。

第二に、大阪大学のグローバルヒストリー研究では、従来の国民国家の枠組みに基づく一国史的な枠組み（national history）を相対化するために、世界を空間的に四層構造（地方史local history⇕一国史national history⇕広域の地域史regional history⇕地球史global history）で把握し、その相互の往還・連関性で歴史を理解するアプローチを採用してきた。さらに、こうした空間的構造を跨いで、諸地域や諸国家を結びつけた、商人や移民の脱領域的なネットワーク論も重視してきた。[3]四層構造の諸空間とネットワーク論の結合は、アジア・アフリカの地域研究で顕著な業績をあげてきた旧大阪外国語大学の地域研究（area studies）の伝統を継承するものである。アジアの地域諸言語の史資料を活用し、帝国や世界経済（世界システム）内部における諸地域の自立性・独自性を明らかにする点で、歴史研究との統合・接合は、地域研究の活性化にも貢献している。

第三の独自性は、古代史や中世史も組み込んだグローバルヒストリーの構築である。通常、グローバルヒストリーを議論する際には、二〇〇〇年にポメランツが提起した「大分岐」論の影響もあって、近世、「長期の一八世紀」以降の時期を考察対象とするのが一般的である。大阪大学の場合は、前近代史としての古代・中世も含めて、古代から現代までの長期の時間軸でグローバルヒストリーを考察している。とりわけ、ユーラシア大陸史に大きな変容をもたらした気候変動に着目し、「一四世紀の危機」と「一七世紀の全般的危機」が及ぼした諸地域への影響を重視し、各地での同時並行的な政治・

経済・社会的な変容に見られる共通性と相違点を明らかにしている。

そうした一連の研究成果は、歴史教育の場でもさかんに発信され、上記の高等学校新学習指導要領などにも影響をあたえてきた。その中心となってきたのが、二〇〇五年に創立され、全国の高校教員や阪大の研究者志望の博士課程院生・ポスドクの協力・参画のもとで、月例研究会を中心に活動してきた「大阪大学歴史教育研究会」での討議・研究である（月例研究会は大学院の演習科目になっており博士前期課程院生がよく履修する）(4)。この会の成果は高校向けの解説作成や教科書執筆、高校教員の教育実践などに活かされているだけでなく、入試や教員養成、教養教育と専門教育などに責任を持つべき大学側の授業改革につなげられてきた点が、先例のないユニークな取り組みとして注目を浴びてきた。教養課程講義「市民のための世界史」、文学部・大学院文学研究科の専門課程における「歴史学方法論講義」などの開講がその代表格である。

学生が高校で系統的に世界史を学んでいない（学んでも暗記に終始して使える知識・理解に至っていない）状況を前提とした「市民のための世界史」（毎年五～六クラス開講）は、市民社会で必要な最低限の歴史学習の意味と世界史の大づかみな構図を示すだけでなく、受講生に複眼的かつ概括的なミニレポートの論述を毎回求める。同名の教科書（大阪大学歴史教育研究会編、二〇一四）は、いくつかの高校の副教材としても使用されている。他方、歴史学方法論講義は学部の歴史系各専修の必修科目とされている「歴史研究の理論と方法」および、博士前期課程院生を主対象とした「歴史学のフロンティア」の二科目が開講されている。前者は日本史・東洋史・西洋史の教員各一人が四～五回ずつ担当し、史料・時代・地域など歴史学の基本概念、政治史・経済史・環境史・ジェンダー史など歴史学の主要下位領域で扱われる問題と理論、それらの変遷などを講義する。本書のもとになっている後者は、グローバルヒストリーに関連するテーマを学期ごとに決めて行うオムニバス講義で、各教員がそれに関する自分の方法論を語る。「市民のための世界史」と「歴史学方法論講義」の両方を履修しさらに歴史教育研究会に参加した過去の学生・院生は、各分野（専修）ごとの演習と講義だけを履修して研究者や教員になる場合と比べて、明らかに歴史と歴史学について広く深い見方・考え方を身につけている。

三　本書の構成と主要な論点

本書は、主要な時代や地域・テーマを網羅するものではない。むしろ「世界」の空間的な捉え方だけでなく、歴史を見るタイムスパンをも改造しようとする意志を示す。

第一部　「世界」を問い直す

前半の第一部の六本の論考は、日本史に関する諸テーマを、一国史（ナショナル・ヒストリー）ではなく、ローカル、リージョナル（東アジア、東部ユーラシア、海域アジア、インド太平洋）、グローバル（国際社会、地球社会）の四層の歴史的位相で捉え直す試みである。従来の研究では、日本史と世界史という二つの研究領域で分断され、個別ばらばらに議論されてきた諸課題を、歴史空間の見直しを通じてつなぎ合わせて、総合的に理解する新たな解釈の提示を試みている。

第一章（市論文）は、本書で唯一、古代史を扱っている。固有の文字が存在しなかった日本列島において、どのような経緯をたどって、中国で発明された漢字が受容され、定着していったのか、発掘調査で出土した新出の資料を積極的に活用しながら、東アジア世界とのつながりも意識しつつ、この基本的な問題を考察している。日本古代史の理解には、東アジア隣接諸地域との比較と関係性の検討が不可欠であるが、本論文は、筆者の専門とする木簡研究の成果を東アジア関係史と重ね合わせて、七世紀後半の人流（渡来人による文化伝播）の意義を改めて確認している。

第二章（久保田論文）と第三章（秋田論文）は、関係史の観点から、一九世紀－二〇世紀転換期のグローバル化の特質を、カネ（資本）とヒト（移民）の移動の両面から解明する。

一九世紀が、物産の輸出入（モノ）・資本（カネ）・移民（ヒト）・情報の移動が大幅に増大すると共に、欧米諸国や日本による帝国建設、帝国主義政策の推進により、世界の一体化とグローバル化が急速に進んだ世紀であることは周知の事実である。帝国を基盤とする「近代的グローバル化」（modern globalization）の時代と位置づけることも可能である。モノの移動に関する事例研究、アジア世界の世界経済における「相対的自立性」については、杉原薫の「アジア間貿易」論（一九九六）や、籠谷直人のアジア商人ネットワーク論（二〇〇〇）など、すぐれた先行研究がすでに存在する。本書では、比較的研究が手薄な、国際金融（資本・カネの移動）と移民（ヒトの移動）を取り扱う。

第二章は、ナショナルな利害関係を代弁する日本外交と、西欧諸国を中心に結成されたグローバルな存在である国際借款団とが、中国沿海部でどのように関係していたのかという点に注目する。論文後半では、国際借款団の再編と辛亥革命の関係が明らかにされる。辛亥革命の発生にともなう中国情勢の混乱によって、清朝と革命派の双方に対する行政借款が無秩序に行われるようになり、借款団はその存在意義を問われることになった。辛亥革命は、国際借款団の枠組みの拡大をもたらしたが、これは、現地の情勢変化が、グローバルな勢力・制度の再編につながった典型例であろう。

第三章は、世紀転換期のイギリス帝国内部におけるインド系移民の移動と、その制限をめぐる本国・自治領・従属領（インドを含む）間の葛藤を、「帝国拡張の先兵」だったインド軍や第一次世界大戦初期における日本帝国との帝国間関係を絡めて描いている。インド洋世界を中心とするインド系移民のネットワークは、ガンディーの先駆的ナショナリズムだけでなく、インド軍の海外派兵政策とも緊密に結びついていた。港市現地の事情（local）、植民地を保有しイギリスと同盟関係にあった日本（national & regional）、イギリス帝国の移民・兵士を通じた相互連鎖・接続（global）により、世紀転換期には、インド洋と太平洋をつなぐ**「インド太平洋世界」**（the Indo-Pacific）の原型が姿を現した。

続く二つの章は、日米、日仏の二つの二国間関係史と日本近現代史の接合を試みている。

第四章（中嶋論文）は、新渡戸稲造の教えを受けた「新渡戸宗の使徒」の活動を中心に、戦間期**「文化国際主義」**の内実を明らかにする。グローバル・ガバナンスの萌芽が見られたという意味でも第一次世界大戦は一つの画期であった。「新渡戸宗の使徒」は第一次世界大戦後の自由主義的国際主義、いわゆるウィルソン的国際主義の一環として台頭した諸分野での知識人・専門家の協働としての「文化国際主義」の担い手として位置づけられる。それは、ごく一握りのエリートから成り、国家主義的な傾向も強く、日中戦争から太平洋戦争に至る過程で軍国主義に抗しえず、最終的に国家間の対立に巻き込まれることとなった。

第五章（岡田友和論文）は、一九世紀後半から二〇世紀中葉にいたる約百年間における、植民地（属領）を保有する国民国家、山室信一が提唱する**「国民帝国」**（山本編 二〇〇三）であったフランスと日本の関係史を描いている。近現代の日仏関係史の研究自体が限られているなかで、本論文は、両国民帝国が接触する主要な領域として、世界市場と国際的地位に着目する。具体的には、（1）日仏修好通商条約（一八五八年）、（2）日仏協約（一九〇七年）、（3）仏印進駐（一九四〇－四五年）に注目し、それらが日仏両帝国に及ぼした「長期持続的」な影響と、その世界史的な意義を明らかにしている。

第一部最後の第六章（池田論文）は、アジア地域研究の手法を使い、泰緬鉄道建設をめぐる戦争の記憶の問題について、欧米、日本、現地のタイ、ビルマ（ミャンマー）の事例を相互に比較する。「泰緬鉄道」は旧日本軍の犯した戦争犯罪としてよく知られている。ところが、建設で最大の犠牲者を出したはずの東南アジア労務者の惨状は十分知られず、現地ビルマでは「泰緬鉄道」を知らないか、社会から忘却されつつある。歴史的出来事の記憶は、当事者・関係者（第三者も含めて）が、事後をいかに生きたかによって「編集」を受ける。彼我の現在の関わり合いのなかで互いの過去の理解も変容しうるわけで、本章では、ビルマの独立史・戦後史をたどりながら、**歴史観の比較史や関係史**の構築を試みている。

第二部　「時代」を問い直す

グローバルヒストリーは歴史学が扱う空間だけでなく、**時間・時代**も変えようとしている。それは空間面で国民国家など特定の枠組みを絶対視しないのと同様、「古代－中世－近代」の三分法など既成の時代区分の枠組みを固定化せず、人類誕生から現在におよぶ超長期の歴史から、ひとつの事件による世界史の変化まで、色々なタイムスパンで歴史を捉えようとする。当然、特定の時代や転換点を扱う場合でも、新しいネーミングや既成のネーミングの意味の転換がしばしば必要になる（グローバリヒストリー以外の研究潮流と全く別の用語の体系を作るわけではないが）。

よく使われる新しい用語の例としては、「長い（長期の）一六世紀」「長い一八世紀」「短い二〇世紀」など、ある世紀の特質ないしトレンドが前後にはみ出したり、逆にその世紀を丸ごとカバーしないことを表現する用語や、「一四世紀の危機」「一七世紀の（全般的）危機」のように経済・社会・政治と環境や災害を総合した文理融合型で、定性的知見だけでなく定量的データも重視するタイプの用語などがあげられる。既成のネーミングの転用の例としては「初期近代（early modern）」ないし「近世」が特に重要な役割を果たしてきた。(5)

ではたとえば、二〇世紀末以降に世界各地域で注目されグローバルヒストリーにおいても主役になった感のある初期近代＝近世の歴史は、もともと純粋な一国史の概念として用いられた日本の「近世」などと何が違っていただろうか。ブローデル『地中海世界』のような海域世界史とウォーラーステインの世界システム論を含む世界の一体化の議論など、「長期の一六世紀」ないし「近世前期」の広域世界史への注目から始まり、ポメランツの「大分岐」論など「長期の一八世紀」の見直しへと進んだ新しい近世＝初期近代の研究は、（1）「近代化」や「近代性（modernity）」をヨーロッパの専売特許かつ人類史のゴールであるとは考えず、「ヨーロッパモデルの移植」以外のさまざまな近代化の径路や近代性のあり方を想定する、（2）近世のアジアなど非西洋世界を「近代に背を向けて眠り込んだ（停滞した、近代化のベクトルがあったが押しつぶされた）時代」とは捉えず、――西欧との間でおこった

「大分岐」を認めるにせよ――それぞれの地域での独自の「発展」や「伝統」の成熟に着目する、(3)各国それぞれの構造に基づく時代区分というより一体化や相互作用に基づく共時的な世界の様相(とその中での各国・地域の位置)を捉えようとする、などの考え方や方法を共有する。

第二部に掲載される六本の論考は、空間の問い直しに関わる内容をも含みつつ、いずれも時間・時代に関する新しい視野を押し出そうとする。

たとえば第七章(向論文)は、馬・火器・モンゴル襲来などの事象とそのアクターに関する先史時代から現代までの往還を通じて、ある全体性をもつ「構造」や「システム」の変動を「閾値《いきち》」の変化(量的変化が質に転化する)と捉えること、それを引き起こす要因として、何らかのネットワークにより遠く離れた時代や地域の間で事物が伝播する「バウンド」現象と、伝播にともなう意味・文脈の変換(翻訳)のされ方に注目するなどの、方法的な試みを打ち出す。それは空間だけでなく時代の区切りを脱構築していること、歴史的事象の「現代性」の主張のしかたがそれにつれて、構造やシステムの間での比較と関係性を通じた通常の方法とは違ったものになっていることが読み取れるだろう。

世界の、またアジアの「近世」はいつから始まるのかをめぐって、モンゴル帝国時代から、一五世紀から、「長い一六世紀から」などさまざまな説がある。それらの対立の背景の一つが、モンゴル帝国を崩壊させた「一四世紀の危機」とそこからの復興過程に関する評価の違いであろう。琉球王国の形成をその時期のグローバル―リージョナル―ナショナル―ローカルな動きを背景に理解しようとする第八章(中村論文)は、結果として一四世紀をはさむ時代の転換のあり方を映し出している。

以下、より直接に「近世」を扱う論考が四本掲載されている。それはすべて、日本や東アジアが経験した近現代史の前提が作られた時代について、従来の理解を刷新する（そうすると近現代そのものの理解も刷新が避けられなくなる）意味を持つ。

最初の第九章（高木論文）は、東アジア独特の近現代の歩みの前提を作った近世日本の村落社会の特質について の「**近世化論争**」を取り上げる。西欧や中国・朝鮮と比較した近世日本の村落社会の特質という議論はおなじみのものではあるが、そこで想定される「近世化」と「近代化」の関係は、「近世までの日本が西欧と似ていたから近代化にも成功した」といった単純なものではありえない。小農社会と朱子学を基盤とする資本主義化は可能だという事実を、我々はすでに目にしたからである。

経済史の第一〇章（山本論文）は、数量経済史の発達で可能になった近世ヨーロッパ各地と日本の**生活水準**の長期変動に関する比較について、推計方法をふくめて明快に解説する。賃金・所得のデータが示すのは、女性労働のありかたの違いを含む家計の構造の差異、イングランドには劣るが南欧とは近似した徳川日本の所得＝生活の水準などであるが、これまた「着々と発展するヨーロッパと眠り込んだ（停滞した）日本」という学校現場やマスコミを支配してきた像を刷新しなければならないことが、はっきり見て取れる。

肉桂という「**モノ**から見たグローバルヒストリー」を考察した第一一章（岡田雅志論文）もやはり、近世という時代のイメージを変える。インドシナ半島の山地は孤立した後進地域（もしくは「ゾミア」でスコット［二〇一三］が描くような、意図的に平地の権力との距離をとって自律性を維持した社会）でも、華人勢力や平地の権力に一方的に利用・支配される歴史でもない。またベトナム産肉桂の大口消費者となった鎖国日本は、独自の肉桂消費の文化を根付かせる一方で、供給をめぐる広域変動の中で国産化を試みて最終的に失敗する。

最後の第一二章（桃木論文）は、高木・山本両論文と同じ東アジアの小農社会と近世化が残した正負の遺産を、一方でアジアに焦点を当てたグローバリヒストリーの興隆に大きく貢献した東アジアの「**勤勉革命**」径路による資本主義化・工業化の歴史（明治維新後の日本から二〇世紀末の「東アジアの奇跡」に至る）、他方で現代社会の課題である**少子高齢化**と人口減少社会を通じて示そうとする。「歴史を多面的・多角的に見ることを通じて現代の諸課題を考える」という歴史教育改革の目標に基づくテーマ選択で、グローバルヒストリーにおける「**ジェンダー主流化**」も意識している。

以上の多様な切り口から、バラバラなエピソードや国ごとの歴史の寄せ集めとは違った世界史像、真空の中で自己展開するのではない日本史像などが読者に伝わり、「近現代世界やポスト近代世界を考えるのに近世以前の歴史など無関係」「したがってそれは趣味の対象でしかありえない」といった「実学」「実業」の世界に広がる思い込みが、「浅見短慮」にすぎないことが共有されれば幸いである。

（1） 英語の民間試験の利用、国語・数学の記述式問題の導入などで迷走した大学入学共通テストにおいて、歴史（当初は世界史・日本史の旧科目の試験を行う）はマークシート式の範囲内で「それなりに思考力を要求する」出題の開発に注力しており、他方国公立二次試験や私大入試の改革の検討も行われている。それらについては大学入試センターHPの試行テスト（二〇一七、二〇一八年の二度実施）の紹介（https://www.dnc.ac.jp/sp/corporation/daigakunyug

akukibousyagakuryokuhyoka_test/pre-test.html）と、日本学術会議が二〇一九年一一月に発表した入試関連の提言「歴史的思考力を育てる大学入試のあり方について」（www.scj.go.jp/ja/info/kohyo/pdf/kohyo-24-t283-2.pdf）などを参照されたい。

（2）この点は、二〇一九年一月に大阪大学で開催した、アジア世界史学会第四回国際会議のメインテーマであった。その成果は、以下のwebsite:（https://www.theaawh.com/）と、AAWHの機関誌である*Asian Review of World Histories*（ARWH）, Vol. 8-1（January 2020）の特集を参照。

（3）詳しくは、本プロジェクトの最初の論文集『歴史学のフロンティア――地域から問い直す国民国家史観』（二〇〇八）序章を参照。

（4）https://sites.google.com/site/ourekikyo/　同会の多くのメンバーが、二〇一五年に創立された全国組織である高大連携歴史教育研究会（http://www.kodairen.u-ryukyu.ac.jp/index.html）にも参加してきた。会の主な出版物として、本文で紹介した教科書『市民のための世界史』、全国の高校・大学の取り組みを紹介した『教育が開く新しい歴史学』（大阪大学歴史教育研究会・公益財団法人史学会共編、二〇一五）などがある。

（5）ルネサンスと産業革命・市民革命などの間の時期のヨーロッパ史をearly modernと区分することは一九二六年に始まったが、それが世界の学界に広がったのは*Cambridge Studies of Early Modern History*などが刊行された一九七〇年であるとされる（Andaya and Andaya 2014: 5–9）。

参考文献

秋田茂・桃木至朗編著（二〇〇八）『歴史学のフロンティア――地域から問い直す国民国家史観』大阪大学出版会

秋田茂・桃木至朗編著（二〇一三）『グローバルヒストリーと帝国』大阪大学出版会

秋田茂・桃木至朗編著（二〇一六）『グローバルヒストリーと戦争』大阪大学出版会
大阪大学歴史教育研究会編（秋田茂・荒川正晴・栗原麻子・坂尻彰宏・桃木至朗共著、二〇一四）『市民のための世界史』大阪大学出版会
大阪大学歴史教育研究会・公益財団法人史学会共編（桃木至朗責任編集、二〇一五）『史学会一二五周年リレーシンポジウム二〇一四　1　教育が開く新しい歴史学』山川出版社
籠谷直人（二〇〇〇）『アジア国際通商秩序と近代日本』名古屋大学出版会
杉原薫（一九九六）『アジア間貿易の形成と構造』ミネルヴァ書房
スコット、ジェームズC.（佐藤仁ほか訳、二〇一三）『ゾミア　脱国家の世界史』みすず書房
山本有造編（二〇〇三）『帝国の研究―原理・類型・関係』名古屋大学出版会、第三章
Andaya, Barbara Watson and Leonard Y. Andaya（2014）*A History of Early Modern Southeast Asia, 1400–1830*, Cambridge University Press.

第一部　「世界」を問い直す

第一章　日本列島における漢字使用の始まりと東アジア

市　大樹

一　漢字を使って倭語をどう書き表すのか

平城遷都から二年後の和銅五年（七一二）、現存日本最古の歴史書として著名な『古事記』が誕生した。本書は上中下の三巻を通じて、天地開闢《かいびやく》から推古天皇までの歴史が叙述されている。上巻の冒頭には、筆録者である太安万侶《おおのやすまろ》による「序」が付され、『古事記』編纂の歴史的経緯とともに、漢字を使って叙述する際の苦心や工夫が語られている。ここでは工夫面に注目したい。序の原文はすべて正式の漢文体で記述されているが、その一節を読み下して掲げることにしよう。

然れども、上古《いにしへ》の時は、言《こと》と意《こころ》と並《とも》に朴《すなほ》にして、文《ふみ》を敷き句《ことば》を構ふること、字《もじ》に於ては即ち難し。

已に訓《よみ》に因りて述べたるは、詞《ことば》心に逮《およ》ばず。全く音《こゑ》を以て連ねたるは、事の趣《おもぶき》更に長し。是を以て、今、或は一句《ひとことば》の中《うち》に、音と訓とを交へ用ゐつ。或は一事の内に、全く訓を以て録《しる》しつ。即ち、辞《ことば》の理《すぢ》の見え叵《がた》きは、注《しるべ》を以て明《あか》し、意の況《かたち》の解《さと》り易きは、更に注せず。亦、姓に於ては日下をば、玖沙訶《くさか》と謂ひ、名に於て帯の字をば、多羅斯《たらし》と謂ふ。如此《かく》ある類は、本《もと》の随《まにま》に改めず。

まず、上古の文章詞句を「字」（漢字）で書き表すことの困難さが吐露される。①訓ばかりを使って記すと、心に思っていることが十分に伝えられず、②音ばかりを用いて記すと、文章が長くなってしまう、と。そこで、次のように対処したという。③ある場合には一句のなかで音と訓を交え用い、④ある場合には一つの事柄のすべてを訓で記すものとする。その際に、⑤表記のわかりにくいものには注を付けて明らかにするが、⑥すぐにわかるものには特に注を付けない。⑦姓名に関しては、日下（クサカ）・帯（タラシ）など、もとの表記に従って改めないものとする。

ここでは全体として、漢字の訓と音による表記が述べられている。その意味するところを理解するために、漢字の特徴について簡単に確認しておきたい。

いうまでもなく、漢字は中国で三〇〇〇年以上も昔に発明された文字である。中国の最も主要な民族である漢民族が話す言語を「漢語」といい、それを表記するための文字が漢字であった。漢字は一つの字が一つの単語にあたり、発音も一まとまりの音（一音節）で構成されている。そのため漢字の発音は、その漢字の意味をも表した。すなわち、漢字は表音文字であると同時に、表意文字なのでもあった（西嶋　一九九七など）。

一方、漢民族とは別個の言語体系をもつ民族にとっては、その漢字の発音を耳にしても、ただちにその漢字のもつ意味にはつながっていかない。これは日本列島においても例外ではなかった。後述するように、倭人《わじん》は弥生時代から徐々に漢字と接するようになるが、最初は記号のようなものと認識したようで、やがて文字として使用するようになっても、外来の漢語を示すための文字という状態にとどまった。人名・地名などの固有名詞については、漢字音を借りて表記するようになるが(獲加多支鹵《わかたける》、斯鬼《しき》など)、文章そのものは漢文体で記さざるを得なかったのである。

しかし、倭人も長らく漢字と接するうちに、その漢字の意味にふさわしい倭語が少しずつ定着してくる。これは一種の翻訳作業であり、その先に漢字の訓が誕生する。後述するように、日本列島で漢字の訓が登場するのは古墳時代後期、六世紀になってからのことである。そして、飛鳥時代にあたる七世紀になると、訓はかなり一般化するようになる。

今一度『古事記』序をみてみよう。太安万侶が歴史叙述のために採用した基本的方針は、前記③・④に示されているように、訓を主体としながら、必要に応じて音も交え用いる、というものであった。ここでいう音とは、漢字音を借りて表記すること。全文を漢字音を借りて表記すると、②にあるように文章が長くなるのみならず、その内容がすぐには伝わりにくい。そこで安万侶は、漢字では書き表しにくい倭語こそ漢字音を借りるが、それ以外は極力、漢字の訓を使うことにしたわけである。これにともなって、漢文の語順にとらわれることなく、倭語の語順で書き記すようになっていく。こうして叙述された『古事記』の本文は、もはや漢文体とは呼べないような代物である。この点、正式の漢文体で記載された『日本書紀』(七二〇年成立)とは決定的に異なっている。

このように述べると、未知の漢字に出会った倭人が、長い年月をかけて、漢字を自らの言語を書き表すための文字へ改良していく姿が想像されるかもしれない。さらにその先に、漢字の草書体に由来する平仮名、漢字の部首の一部をとった片仮名の誕生へと思いを致す読者もいるであろう。それは間違っていないが、東アジア世界の動向とも密接に関わる現象であった点を忘れてはならない。

以下、固有の文字がなかった日本列島において、どのような経緯をたどって、中国で発明された漢字が受容され、定着していったのか、東アジア世界の動向を見据えつつ考えてみたい。取り上げる時代は、「日本」国号が正式に中国王朝に認められた七〇二年までとする。この問題に関しては、当該期の日本列島における漢字文化の担い手は渡来人であったとし、その実態と様態の史的変遷を追いながら、漢字文化伝来の契機と画期、各期における漢字文化の特質に迫った田中史生《ふみお》の研究（田中 二〇一六）が有益であり、あわせて参照されたい。

二 外交の場における漢字使用の開始

著名な東洋史研究者である西嶋定生は、中国の皇帝と周辺諸民族の首長との間に官爵（官職、爵位）の授受を媒介として結ばれる関係を「冊封《さくほう》体制」と名付け、漢字文化・儒教・律令制・仏教の四者を共通指標とする、東アジア文化圏としての「東アジア世界」を構想した。西嶋は、本章の主題である日本列島における漢字使用の開始についても言及し、中国王朝との関係を維持しようとする政治的行為として、漢字が伝来したことを強調する。なぜならば、中国王朝との外交に際しては、漢字で書かれた国書の遣り取りが必要不可欠とされたからである。西嶋は、自国語を漢字で表現するために漢字が習得されるのではなく、当時の漢語を漢字で表現するために漢字・漢文が学ばれた点に注意を促す（西嶋　一九八三など）。

西嶋説については、近年いろいろと批判も出されている。漢字文化に限ってみても、倭国が中国王朝の冊封体制下から離脱した六世紀以降に大きな画期があり（後述）、冊封体制という観点だけでは十分に説明し尽くせない（李　二〇〇〇など）。しかし、初めて漢字が日本列島に伝来したときの状況を考える際には、現在においても西嶋説は十分に通用する。ここでは、二〇一六年に三雲《みくも》・井原《いわら》遺跡（福岡県糸島市）から出土した弥生時代の硯《すずり》を切り口にみていきたい。

発見された硯は、上面（磨面）・下面（裏面）・側面の一部分のみが残り、現存長六・〇センチ、現存幅四・三センチ、厚さ六ミリである。石材の特徴や加工法などから、中国漢代の長方形板石硯と推定されている。共伴遺物のなかには、楽浪《らくろう》系土器が多数含まれており、この石硯は楽浪郡で製作されたものと推定されている（武末・平尾　二〇一六）。

ここで楽浪郡について触れておきたい。紀元前一〇八年、前漢の武帝は衛氏朝鮮《えいしちょうせん》を滅ぼすと、朝鮮半島を直接支配するための拠点として、楽浪・真番《しんばん》・臨屯《りんとん》・玄菟《げんと》の四郡を設置した。真番以下の三郡は縮小・撤退を余儀なくされたが、現在の北朝鮮の平壌付近に置かれた楽浪郡は、三一三年に高句麗《こうくり》によって滅ぼされるまで、約四〇〇年の長きにわたって栄えた。平壌の貞柏洞《チョンペクトン》三六四号墳からは、紀元前四五年における楽浪郡の戸口《ここう》を統計した帳簿木簡がみつかっており、中国内地の地方支配のシステムがそのまま適用されたことが判明している（安部　二〇一六など）。

また、紀元前一世紀頃の状況を記す『漢書《かんじょ》』地理志に、「夫《そ》れ楽浪海中に倭人あり、分かれて百余国と為る。歳時を以て来り献見すと云ふ」とあるように、楽浪郡の海の彼方の倭人が定期的に使者を派遣したことでも知られる。楽浪郡は東方世界へ進出していくための前線基地であった。

さて、三雲・井原遺跡は三雲遺跡群の一つで、いわゆる『魏志《ぎし》』倭人伝に登場する「伊都国《いとこく》」の有力な故地である。伊都国に関しては、次の一節が著名である（原文は正式な漢文体）。

女王国より以北には、特に一大率《いちだいそつ》を置き、諸国を検察せしむ。諸国これを畏憚《いたん》す。常に伊都国に治す。国中に於ては、刺史《しし》の如きことあり。王、使を遣はして京都・帯方郡《たいほうぐん》・諸韓国に詣《いた》り、及び郡の倭国に使ひするや、皆な津に臨みて捜露《そうろ》し、文書・賜遣《しい》の物を出送して女王に詣らしめ、差錯《ささく》するを得ず。

その大意は、「女王国より以北には、特別に一大率（あるいは、一人の大率）を置いて諸国を検察させている。諸国は一大率を恐れ憚っている。（一大率は）常に伊都国で政務をとっている。国中においては中国の刺史のごとく振る舞っている。女王が洛陽・帯方郡・諸韓国に使者を遣わしたり、帯方郡が倭国へ使者を遣わしたりするとき、（一大率は）いつも津に出向いて捜索をおこない、文書や賜り物を伝送して女王のもとへ届ける際には、間違いがないようにしている」となる。

ここに登場する帯方郡は、遼東《りょうとう》郡の太守であった公孫康《こうそんこう》が後漢末の二世紀末頃に自立し、二〇四年頃に楽浪郡を領有するようになって、その南半を割いて設置した郡である。その後、二三八年に中国の魏王朝は公孫氏を滅ぼし、帯方郡をその統治下に治め、東方政策の拠点としたのである。

この『魏志』倭人伝の記述からは、邪馬台国《やまたいこく》の卑弥呼が活躍していた二世紀後半から三世紀前半頃に、その配下にあった三〇余国の一つ伊都国には、一大率が置かれ、国内の検察にあたるとともに、中国・朝鮮半島との外交を担っていたことがわかる。つまり、伊都国は、倭国の国内統治および外交拠点であった。先述したように、中国王朝との外交に際しては、漢字の使用が求められた。伊都国の故地で文房具の硯が出土したのも、当然の現象といえるであろう。

ただし、実際に外交文書を書いたのが倭人であったとは限らない。むしろ、三雲・井原遺跡から楽浪系土器が大量に出土していることに鑑みると、中国系の人々であった可能性が高いであろう。この点について参考になるのが、朝鮮半島の東南端に位置する茶戸里《タホリ》古墳群（韓国昌原《チャンウォン》市）の事例である。この一帯は伽耶《かや》地域にあたり、倭との交流が古くから確認される（朴　二〇〇七など）。そうした地域に築かれた紀元前一世紀頃の古墳から、楽浪系の遺物とともに文房具、すなわち両端に筆毛のついた筆や、漆塗りの木製鞘《さや》に入った鉄製の刀子《とうす》が出土している【図1】。当時はまだ書写材料としての紙は誕生しておらず、竹簡や木簡が使われており、そこに筆・墨を使って書かれた文字を削り取るための道具が刀子であった。役人を「刀筆の吏」と呼ぶのも、書写のための刀子や筆を常備していたことによる。ただし、紀元前一世紀段階には、文筆に携わる人は、楽浪郡のような支配拠点を除くならば、朝鮮半島でもごく限られていたと思われる。

さて『魏志』倭人伝によると、二三九年（景初二年とするが、同三年の間違いとする説が有力）、倭女王（卑弥呼）は、帯方郡を通じて魏王朝の都であった洛陽に難升米《なしめ》を派遣し、皇帝から「親魏倭王」

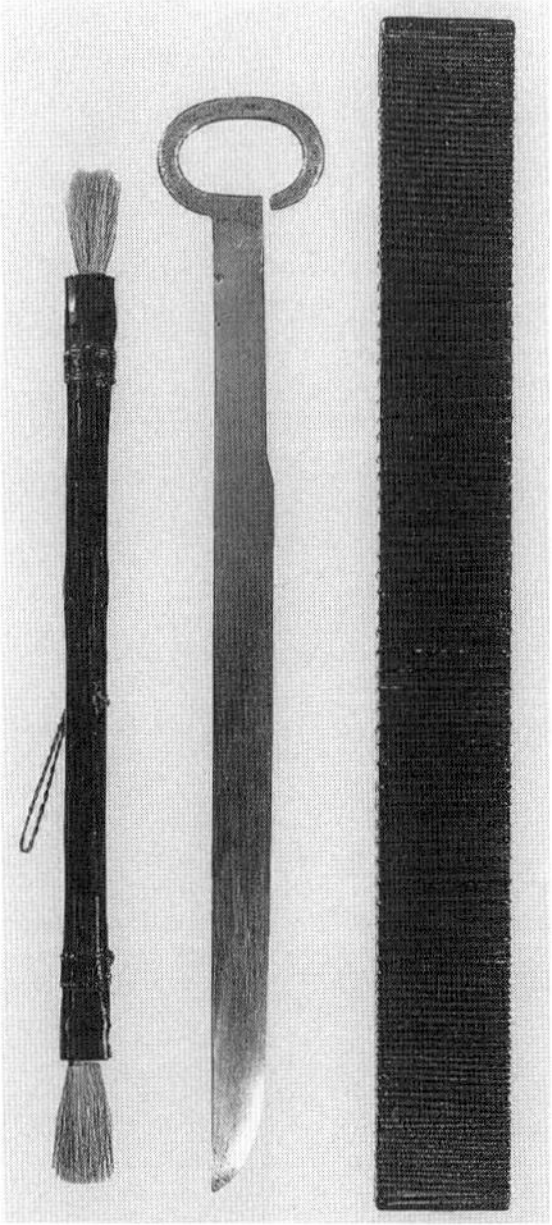

【図1】茶戸里古墳群出土の文房具（複製品）
国立歴史民俗博物館編『古代日本　文字のある風景―金印から正倉院文書まで―』（朝日新聞社、2002年）。

の称号と金印・紫綬《しじゅ》を授かり、五尺刀二口、銅鏡一〇〇枚などが贈られている。「親魏倭王」は「魏に親しむ倭国の王」の意で、卑弥呼が倭国の支配者として認められたことを示す。他方、それは卑弥呼が魏の皇帝の臣下になったこと、すなわち魏の冊封体制下に入ったことをも意味する。当時、中国では魏・呉・蜀が三つ巴の状況にあった。魏は呉を牽制するためにも、呉の背後にあると観念されていた倭国と連携する必要があったのである。金印を授けたのも、「親魏倭王」の地位を認めるとともに、魏へ国書を送る際には、この金印を使って封泥《ふうでい》することを求めたためである。金印といえば、江戸時代に志賀島《しかのしま》（福岡市）で発見された「漢委奴国王」銘のものが著名で、これは『後漢書』東夷伝の記す五七年の奴国《なこく》による遣使の際に授けられたものと考えられている。

実際、二四〇年に難升米が帯方郡の使者にともなわれて帰国すると、『魏志』倭人伝に「倭王、使に因《よ》りて上表し、詔恩に答謝す」とあるように、卑弥呼は魏の皇帝に対して、国書となる上表文を帯方郡の使者に託して提出している。ただし注意すべきは、これを『晋書《しんじょ》』宣帝紀は「東倭、重訳し、貢を納む」と記載していることである。「重訳」とは、言語を翻訳しながら来朝することを意味する。これによれば、倭国側で上表文を作成したのでなく、その外交意図を帯方郡が文書化した可能性が出てくる（河内　二〇〇六）。いずれにせよ、中国王朝との外交を契機として、弥生時代には日本列島にも漢字が伝来するようになったことは間違いない。しかし、漢字は外部社会と接触するための手段の一つにとどまり、日本列島の内部社会に根を下ろすまでにいたらなかった。

このように述べると、文字の書かれた弥生土器が出土しているではないか、との反論が出るかもしれない。たしかに、大城《だいしろ》遺跡（三重県津市）からは、二世紀中頃の「奉」字らしきものを焼成後に刻んだ高杯《たかつき》が出土している。また、貝蔵《かいぞう》遺跡（三重県松阪市）では、「田」と墨書した三世紀前半の壺が出土している。さらに三雲遺跡群においても、焼成後に口縁部に「竟」と刻んだ、三世紀半ばの甕《かめ》形土器がみつかっている（平川　二〇〇〇）。しかし一文字だけだと、それは記号とあまり変わらない（東野　二〇〇〇など）。記号の付された弥生土器は、それなりに多数出土している。真の意味での文字の使用とは、複数の文字を連ねることによって、文章を書き記すことをいう。だが弥生時代の日本列島においては、まだそうした段階にはなっていなかった。

とはいえ、中国から伝来した文物（銅鏡、鋳造貨幣、金印など）を通じて、倭人が文字に接する機会が生じたことは重要である。「不思議な呪力をもつ記号」という認識だったと思われるが、文字はたしかに意識され始める。これに関して興味深いのが、前述した「竟」の刻書土器である。「竟」は「鏡」の省画である可能性が高い。二三九年遣使で卑弥呼は一〇〇枚もの銅鏡を得ているが、それは「汝の好物」を賜与するという魏の皇帝の配慮による。このことに象徴されるように、倭国では銅鏡がたいへん貴ばれていた。実際、弥生時代には数多くの中国鏡が日本列島にもたらされた。そうした鏡の省画文字「竟」が土器に刻まれたのも、鏡のもつ魔力が念頭にあったからではないか。

さて、倭国による中国王朝への遣使は、二六六年の西晋への朝貢を最後に一〇〇年以上途絶える。この外交の中断時期は、中国の華北地方が動乱に見舞われ、遊牧民が次々と侵攻した、いわゆる五胡十六国時代（三〇四～四三九年）におおむね相当する。三一三年には、中国王朝による朝鮮半島支配の拠点であった楽浪郡・帯方郡が滅亡している。これを契機として、朝鮮半島の北部では高句麗が勢いを増し、その後、南方の百済《くだら》・新羅《しらぎ》や加耶《かや》諸国などとの間で激しい攻防が繰り広げられる。倭国も朝鮮半島の動向とは無縁ではいられなくなり、それは日本列島の漢字文化にも影響を及ぼしていく。

三　国内における漢字使用の開始

倭国と中国王朝との外交が再開されるのは、五世紀になってからである。讃から武にいたる五人の倭王（倭の五王）が、四二一年から四七八年までの間、中国南朝の宋に遣使している（これに先だって、四一三年に倭国が東晋に遣使した可能性もある）。外交に際して漢字が必要とされたことは、前代までと変わらない。『宋書《そうじょ》』倭国伝に収録された倭王武（雄略天皇）の上表文（四七八年）は、中国の史書や経書に出てくる表現を借りながら、流暢な駢儷体《べんれいたい》の正式な漢文体で書かれている。『日本書紀』雄略紀には、身狭村主青《むさのすぐりあお》や檜隈民使博徳《ひのくまたみのつかいはかとこ》のような渡来系の人物が外交の場で活躍したことがみえる。彼らは「史部《ふひとべ》」という朝廷の書記の仕事に従事していることからも、上表文もこうした人々によって書かれた可能性が高いであろう。

さて、五世紀の出来事でより特筆すべきは、日本列島で国内に向けて漢字が使用されようになったことである。その代表的な考古遺物が、A稲荷台《いなりだい》一号墳（千葉県市原市）出土鉄剣銘、B稲荷山《いなりやま》古墳（埼玉県行田市）出土鉄剣銘、C江田船山《えたふなやま》古墳（熊本県菊水市）出土鉄刀銘である。

A　（表）王賜□□敬□〔安カ〕

（裏）　此廷刀□□□□

B　（表）辛亥年七月中記乎獲居臣上祖名意富比垝其児多加利足尼其児名弖已加利獲居其児名多加＝

＝披次獲居其児名多沙鬼獲居其児名半弖比

（裏）其児名加差披余其児名乎獲居臣世々為杖刀人首奉事来至今獲加多支鹵大王寺在斯鬼宮時＝

＝吾左治天下令作此百練利刀記吾奉事根原也

（辛亥《しんがい》の年七月中記す。乎獲居《をわけ》の臣、上祖、名は意富比垝《おほひこ》。其の児、多加利足尼《たかりすくね》。其の児、名は弖已《てよ》加利獲居《かりわけ》。其の児、名は多加披次獲居《たかはしわけ》。其の児、名は多沙鬼獲居《たさきわけ》。其の児、名は半弖比《はてひ》。其の児、名は加差披余《かさはよ》。其の児、名は乎獲居の臣。世々、杖刀人《じょうとうじん》の首と為り、奉事し来り今に至る。獲加多支鹵《わかたける》大王の寺、斯鬼《しき》宮に在る時、吾、天下を左治《さじ》し、此の百練の利刀を作らしめ、吾が奉事の根原を記す也。）

C　台〔治〕天下獲□□□鹵大王世奉事典曹人名无□〔利カ〕弖八月中用大鉄釜并四尺廷刀八十練□〔九カ〕十振三寸上＝

＝好□〔刊カ〕刀服此刀者長寿子孫洋々得□恩也不失其所統作刀者名伊太□〔和カ〕書者張安也

（天《あめ》の下治《し》らしめしし獲□□□鹵《わかたける》大王の世、典曹《てんそう》に奉事せし人、名は无利弖《むりて》、八月中、大鉄釜を用ゐ、四尺の廷刀を并《あ》はす。八十たび練り、九十たび振《う》つ。三寸上好の刊刀なり。此の刀を服する者は、長寿にして子孫洋々、□恩を得る也。其の統《す》ぶる所を失はず。刀を作る者、名は伊太和《いたわ》、書する者は張安《ちょうあん》也。）

Aは五世紀中頃のもので、表面は「王、□□を賜ふ。敬ひて安んぜよ」と読み下すことができる。このうち最初の一文は「王、□□に賜ふ」となる可能性もある。□□については、前者であれば剣の名称に、後者であれば人名になろう。裏面は「此の廷刀は□□□□」となり、□□□□には吉祥句がくると推定されている。細部については不明な点もあるが、王（倭王）が鉄剣を下賜する、という内容は動かない（平川　二〇〇〇）。

Bの「辛亥年」は四七一年。獲加多支鹵大王（倭王武、雄略天皇）に仕えて杖刀人の首となった乎獲居臣が、上祖の意富比垝から大王に代々奉仕してきたことを明示する系譜を書き上げ、自らの奉事の根源を記す旨を刻んだものである。Cも同じ大王に典曹として仕えた无利弖が、自らの長寿とその子孫繁栄、統治権の安定を願うという内容である。

中国王朝への国書と同様、国内向けの文章も渡来系出自の者が書いたと考えられる。それを示唆するのが、Cの「書する者は張安也」という記載である。これは「銘文を書いた者は張安である」の意とみられる。張安という人名は姓《せい》「張」＋個人名「安」と分解でき、倭人の獲加多支鹵・无利弖・伊太和のように一字一音で記載されていない。張安はその名前から中国大陸に出自がある者とみるべきであろう。ただし、中国大陸から倭国へ直接渡来したとは限らず、朝鮮半島を経由した可能性は十分にある。先述したように、五胡十六国時代における混乱期のなか、ダイナミックな人々の移動があった点を念頭に置くべきだからである。

さて、A~Cで注目すべきは、固有名詞こそ漢字音を借りて表記するが、文体そのものは漢文体に他ならないことである。国内向けに文章が書かれるようになったとはいえ、漢字はいまだ倭語を書き表すための文字とはなっておらず、漢字の訓が誕生するような状況下にはなかったと考えられる。

さらにA~Cについては、大王と地方豪族との間に取り結ばれた政治的関係が刻まれている点でも共通する。しかも、文字が記されたのは鉄刀・鉄剣であって、通常の書写材料である紙や木(木簡)ではなかった。金属器に文字を刻んだのは、記念碑的な内容を永久に残したいという願望による。文字を記すことは特殊な行為であり、いまだ日常化してはいなかったのである。

そして、B・Cと比較的近い時期の資料として、隅田八幡《すだはちまん》神社(和歌山県橋本市)所蔵人物画像鏡が存在する。これは「癸未《きび》年」の年紀をもち、かつては四四三年を指すとみる見解も強かったが、現在は五〇三年とみる説が一般的である。釈読が難しく諸説あるが、記念碑的な内容の記載であることは間違いない。その文体もA~Cと大きく変わるところはない。

以上のとおり、五世紀になると日本列島で国内向けに漢字が使用されようになるが、極めて特殊な場面に限られており、固有名詞以外は倭語を表すための文字になっていなかった。

四　漢字使用の本格化へ

特殊な存在であった漢字が日本列島に普及するのは、飛鳥時代、七世紀以降である。それを端的に示すのが、七世紀になって姿を明確に現す木簡である（市　二〇一〇・二〇一二・二〇一五）。

現在、日本の木簡は小断片や削屑も含めて四〇万点以上を数える。木簡は基本的にゴミとして棄てられ、地中の状態が良かったために偶然残ったものである。注意すべきは、紙がなかったから木を使ったのではなく、木と紙のメリットを活かして使い分けたという事実である。木のメリットとしては、①削れば繰り返し利用できる、②頑丈なため持ち運んでも壊れにくい、③並び替えが容易で情報処理に便利である、④紙より安価である、といった点があげられる。他方、⑤書写面積が限られる、⑥印を捺して権威付けできない、⑦容易に改竄されてしまう、といったデメリットもあった。そのため、重要な事項や少し込み入った内容の場合には、基本的に紙が使われた。当時の人々にとって木簡はごく日常的なものであり、ゴミとして棄てても惜しくないものであった（市　二〇一七）。この点において、永続性を願って文字の刻まれた金属器とはまったく性格を異にする。

さて、年紀の書かれた日本最古の木簡は、難波宮跡（大阪市）出土の「戊申年」（六四八年）の年紀をもつ木簡である。年紀がない木簡もほぼ同時期のものが最も古い。六四〇年代頃の木簡は、当時政治の中心であった飛鳥・難波とその周辺地を中心に出土しているが、全部で一〇〇点にも満たない。しかし出土点数こそ少ないものの、文書・記録・荷札・付札《つけふだ》・呪符・習書など多彩な木簡からなり、後世につながる基本的要素が確認できる点は見逃せない。また、木簡を削り取った際に生じる削屑も含まれている。日本の木簡の基本的な使い方は、すでに六四〇年代には始まっていたのである。

　このことは、実際には木簡の使用がもう少し古く遡ることを示唆する。その意味で、法隆寺金堂釈迦三尊像の台座補足材は興味深い。当初は建物の扉材であったが、建物解体後に加工して台座の補足材に転用されたものである。転用以前の墨書として、推古二九年（六二一）に相当する「辛巳《しんし》年」の年紀がある。この補足材は伝来品とはいえ、実質的に年紀のある日本最古の木簡といってもよい。そのほかの墨書として、「留保分七段」とその内訳とみられる「書屋《ふみや》一段」「尻官《しろのつかさ》三段」「ツ支与《つきよ》三段」や、「椋費《くらのあたひ》二段」なども確認できる。「段」は布の単位とみられるので、布の出納状況を記したものと考えられる。これによって、補足材に転用される前の建物とは、布などを収納したクラであったと推定できる。出納記録であれば、木簡もしくは紙の文書であって然るべきであるが、それらが手近になかったためか、扉材に書き付けてしまったわけである。

　ここで注目すべきは「椋費二段」という墨書である。「椋」は「クラ」と訓み、倉庫を意味する。これは中国の「椋」字の使い方とは異なり、朝鮮半島で編み出された文字と理解されている。すなわち、『魏志』高句麗伝に「大いなる倉庫無く、家々に自ら小倉有り。これを名づけて桴京と為す」という記述があり、クラを意味する高句麗語のホコラ（フクル）について、その語頭の音を「桴」で表し、クラの意味を「京」で表したものが「桴京」であり、その「桴」の木偏と「京」を組み合わせて「椋」という字ができたと考えられている（李　二〇〇五）。こうした「椋」字の使用が百済・新羅や加耶諸国にも波及し、日本列島にも伝えられたのである。

　補足材の墨書において、「椋」は氏族名として使われている。「費」は「費直《あたひ》」と書く場合もあるが、ともにカバネ「直《あたひ》」の古い表記である。飛鳥京跡苑池遺構（奈良県明日香村）からは、七世紀後半頃の「大椋費直《おほくらのあたひ》伊多《いた》」と書かれた木簡が出土している。この椋費（椋費直）に関して、『古語拾遺』の記述が注目される（原文は正式の漢文体）。

（前略）此より後、諸国の貢調《みつきもの》、年々に盈《み》ち溢《あふ》れき。更に大蔵《おほくら》を立て、蘇我麻智宿禰《そがのまちのすくね》をして三蔵《みつのくら》〈斎蔵《いみくら》・内蔵《うちのくら》・大蔵〉を検校《しら》しめ、秦氏《はだうぢ》をして其の物を出納《あげおろし》せしめ、東西《やまとかふち》の文氏《ふみうぢ》をして其の簿を勘録せしむ。是を以て、漢氏、姓を賜り内蔵・大蔵と為る。今、秦・漢の二氏、内蔵・大蔵の主鑰《かぎつかさ》・蔵部《くらひとべ》と為るの縁《ことのもと》也。

前略部では、まず神武朝に斎蔵が設置され、斎部《いんべ》氏がその職に永く任ぜられたことが記されている。ついで履中朝に内蔵が設けられ、渡来人として著名な阿知使主《あちのおみ》（東漢《やまとのあや》氏の祖）・王仁《わに》（西文《かふちのふみ》氏の祖）が「其の出納を記」し、蔵部が定められたことが記されている。そして、右の引用史料にあるように、雄略朝になって大蔵が新設され、漢氏（東漢氏）から内蔵氏と大蔵氏が誕生したという。この記述と照らし合わせれば、椋費は内蔵氏に、大椋費直は大蔵氏に対応しよう。

『古語拾遺』の記載には文飾もあるが、蘇我氏・秦氏・東西文氏の基本的職掌や、内蔵氏・大蔵氏が漢氏（東漢氏）の一族であるとする点については、特に否定する理由はない。東文氏は西文氏とともに、史部《ふひとべ》として文筆をもって朝廷に仕えた渡来系氏族である。東文氏と同族である内蔵氏・大蔵氏がクラ関係の帳簿を勘録するのは、ごく自然な行為であるといえよう。細かな時代設定はともかくも、諸氏族の基本的職掌や同族関係については、基本的に認めてもよいと考える。

クラの出納業務に従事するためには、文字の使用や計算の技術が必要不可欠となる。しかし、この種の技術をもつ者は日本列島にほとんどいなかったこともあり、主に朝鮮半島から渡来した人々やその子孫に頼らざるを得なかったのである。こうした点を念頭に置くと、倉庫扉材の布の出納記録に椋費が登場することは、たいへん示唆的といえよう。

さて、『日本書紀』の欽明紀や敏達《びたつ》紀には、百済から渡来した王辰爾《おうじんに》とその一族が文筆に深く関わったことを示す記事がある。そのなかに、欽明三〇年（五六九）に王辰爾の甥である胆津《いつ》が白猪屯倉《しらいのみやけ》の「田部《たべ》の丁籍」を検定し、その功績で白猪史の氏姓を賜り、田令《たづかい》に任命されたことや、敏達三年（五七四）に白猪屯倉と田部とが増益したのを受けて、胆津に「田部の名籍」を授けた話がみえる。また、欽明元年に、秦人・漢人などの渡来人を招集して地方に安置し、「戸籍」に編貫したとある。これらの史料などから、日本の「戸」および編戸の源流は朝鮮半島からの渡来集団に求められる可能性が指摘されている（岸　一九六四）。白猪屯倉の「籍」もそうであるが、造籍の技術は渡来人がもたらしたのである。「戸籍」を「ヘノフミタ」（戸の文板）、「名籍」を「ナムフタ」（名の札）とする古訓が伝わっており、木簡を使って人名簿が作成されたようである。

このように六世紀後半には、まだ実際の出土事例こそないが、日本列島で木簡が使用されるようになっていた可能性が高い。ただし、木簡が使用される場は基本的に王宮や屯倉などに限られ、その目的も物品や人の管理が中心であったと思われる。もともと日本列島には文字を使用する基盤がなかったことを考えると、音声では代用できない事項を中心に文字化されたのではないか。

ここで木簡ではないが、六世紀後半の岡田山一号墳（島根県松江市）出土鉄刀銘をみてみよう。先端部分は欠けているが、下半部に「各田ア臣□□□素□大利□」の文字が確認できる。このうち「各」は「額」、「ア」は「部」の省画であり、ともに七世紀にも一般的な表記方法である。「各田ア臣」は「額田部臣《ぬかたべのおみ》」という氏姓である。「部」字を除いて、すべて漢字の訓を使って記す。ごく一部の文字に限られたかもしれないが、六世紀後半には漢字の訓が誕生していたことが判明する。

さらに六世紀になると、職務分掌体制として人制《ひとせい》から部民制《べみんせい》への転換が図られるが、その際、「典馬人《うまかいびと》→馬飼部《うまかいべ》」、「養鳥人《とりかいびと》→鳥養部《とりかいべ》」などのように、「動詞＋名詞」から「名詞＋動詞」に変化し、倭語の語順に従った表記が誕生する（吉村　一九九三）。興味深いことに新羅においても、六世紀半ばを前後して、漢語表記から新羅語表記に変化している（田中　二〇一六）。

以上、わずかな事例をあげたにすぎないが、六世紀後半頃の日本列島において、漢字が倭語を書き表すための文字へ転換していく様子が見て取れる。四七八年の倭王武の遣使から六〇〇年の遣隋使派遣までの間、倭国と中国王朝との間に国交は結ばれておらず、中国の冊封体制から離脱した状態にあったにもかかわらず、漢字使用が本格化する兆しが認められるのである。

倭国は中国王朝と国交を断絶した時期においても、百済と親密な交流を続けており、百済を介して漢字文化の吸収につとめていた。それを示唆する史料として、七世紀初頭の状況を記した『隋書《ずいしょ》』倭国伝の「文字無し。唯、木を刻み、縄を結ぶ。仏教を敬ひ、百済に仏経を求め得、始めて文字有り」という記述があげられる。仏教が百済から倭国に伝来したのは五三八年ないし五五二年のことで、これを契機に倭国における文字使用が始まる、という見方が示されている。

もちろん、仏教の伝来以前から日本列島で漢字が使用されているので、『隋書』の記述は正確ではない。また、「木を刻み、縄を結ぶ」というキープ文字を想起させる記述も、未開の状況を示す常套句にとどまる。しかし、『隋書』の記載をまったくの虚構とすることもできない。仏教文化の内容には、経典の書写・読誦・研究、寺院造営にともなう測量・建築・土木の技術、彫刻・絵画・工芸など多方面にわたる技法、それらの施工のための労働力編成や各種資財の出納、財源としての動産・不動産の管理にいたるまで、実にさまざまな分野に及ぶ。いずれも文筆技術の導入が想定されてよく、仏教受容の本格化にともなう波及効果は無視できない。百済から文字文化、すなわち文字を操る技術が入ってきた点は、それなりに歴史的事実であったといえそうである（東野 二〇〇〇）。

五 朝鮮半島からの影響

七世紀後半の天武・持統天皇の時代になると、木簡の出土点数が一気に増加する。両天皇の飛鳥浄御原宮《あすかのみよみはらのみや》（六七二～六九四年）が営まれた飛鳥の地から約一万五千点の木簡が、持統・文武・元明三代の藤原京（六九四～七一〇年）から約三万点の木簡が出土している。続く平城京（七一〇～七八四年）の時代になると、地方出土の木簡も含めて、二五万点を軽く突破する。こうして役人や僧侶であれば木簡を使うのが一般的な社会になっていく。

飛鳥時代（七世紀）の木簡をみると、奈良時代（八世紀）の木簡と比べて、朝鮮半島からの影響が強く認められる。ここでは三つの事例を紹介したい。

第一は、『論語』と『千字文《せんじもん》』の木簡である。『古事記』応神記に、百済の照古王が和邇吉師《わにきし》（王仁）を派遣して、『論語』十巻と『千字文』一巻を伝えた話がみえる。年代は信用できないが（『千字文』は六世紀の成立）、朝鮮半島の百済を経由して、両書が倭国に伝わったことが説話化したとみればよかろう。倭国では七世紀以降、『論語』『千字文』は役人レベルでは相当広く読まれたようで、それを習書した木簡が多数みつかっている。このうち、七世紀の事例には角材を用いたものが四点ある。その内訳は、飛鳥池遺跡（奈良県明日香村）二点、石神《いしがみ》遺跡（同上）一点、観音寺《かんのんじ》遺跡（徳島市）一点である。観音寺遺跡出土の『論語』木簡は、長さが六〇センチ以上の長大なもので、四側面それぞれに隷書体を思わせる独特の字体で記される。その一点には「子曰　学而習時不孤□乎□自朋遠方来亦時楽乎人不知亦不慍」とあり、『論語』学而篇《がくじへん》の冒頭部に関わることは明らかである。

最近、韓国からも、鳳凰洞《ポンファンドン》遺跡（金海市《キメ》）、桂陽山城《ケヤンサンソン》遺跡（仁川市《インチョン》）、扶余双北里《プヨサンブンニ》56番地泗沘韓屋村《サビハノンマウル》造成敷地遺跡（扶餘郡）において、『論語』の一節を書き記した木簡が出土している。鳳凰洞遺跡出土木簡は四側面に、桂陽山城遺跡出土木簡は五側面にわたって、公冶長《こうやちょう》篇の一連の文章が記されている。ともに上下両端は欠損しているが、字配りから本来は一メートル以上あったと推定されている（橋本二〇一四）。一方、扶余双北里56番地泗沘韓屋村造成敷地遺跡出土のものは、四側面に学而篇の冒頭部が記されており、長さは二〇センチ程度にとどまる。

韓国において角材木簡は決して珍しくないが、日本では板状の木簡が一般的である。日本では例外的な角材が初期の『論語』『千字文』木簡に見出せるのは、両書が伝来したとき、角材を用いるという使用方法もあわせて伝えられたことが考えられる。しかし、日韓において見過ごせない違いもある。

韓国の『論語』木簡は、各側面の全体を使って一連の文章を書き記すが、日本でその可能性がかろうじてあるのは、飛鳥池遺跡出土木簡の一点だけである。他の三点は一面のみが『論語』ないし『千字文』に関係する記載にすぎない。そもそも、角材を使うのは、たくさんの文字を記すことができ、一連の文章を書くのに好都合だからである。だが日本の事例の場合、あまり角材を用いるメリットがない。これは、角材に文章を書く意味が次第にわからなくなり、形式だけが受け継がれたことを示唆する（市　二〇一五など）。やがて八世紀になると、角材に『論語』『千字文』を記すこともなくなる。逆にいえば、それだけ七世紀段階には朝鮮半島からの影響力が大きかったのである。

　第二に紹介したいのが、前白《ぜんぱく》木簡である（東野　一九八三、市　二〇一〇など）。飛鳥時代には上申をする際、「某前白」（某の前に白《まを》す）という前白様式が広く使われた。その特徴は、①宛先を冒頭に書く、②宛先は地位・尊称・官職が一般的である、③差出をしばしば省略する、④日付をほとんど書かない、といったもので、口頭伝達と密接な関係をもつとされる。

　ここで【図2】をみてほしい。（あ）は日本の飛鳥京跡苑池遺跡から出土した七世紀後半の前白木簡である。基本的に倭語の語順に従って記載されており、「大夫《まへつぎみ》の前《まへ》に恐《かしこ》みて万段頓首《よろづたびとんしゅ》して白《まを》す。僕《やつかれ》真乎、今日、国に下り行く故に、道の間の米无《な》し。寵命《おほみこと》に坐《ま》せ、整へ賜へ」と訓読できる（東野　二〇〇三）。「寵命」は本来「天皇の命令」を意味するが、ここでは広く「上司・主人の命令」を指している。「寵命坐」は「上司の命令をいただきまして」の意である。この木簡は、急遽地方へ下向することになった真乎なる者が、道中の食料米の支給を願い出たものである。

　こうした「某前白」という言い方は、現在でも神主が神様へ捧げる祝詞《のりと》に登場し、日本独自と見られがちである。しかし、これも朝鮮半島の影響を強く受けたものであったことが、韓国の慶州《キョンジュ》月城《ウルソン》垓字《がいじ》（慶州市）、城山《ソンサン》山城跡《サンソン》（昌原市）、二《イ》聖山城《ソンサンソン》跡（河南《ハナム》市）、雁鴨池《アナプチ》遺跡（慶州市）から出土した木簡によって判明している（李　一九九六、市　二○一九など）。

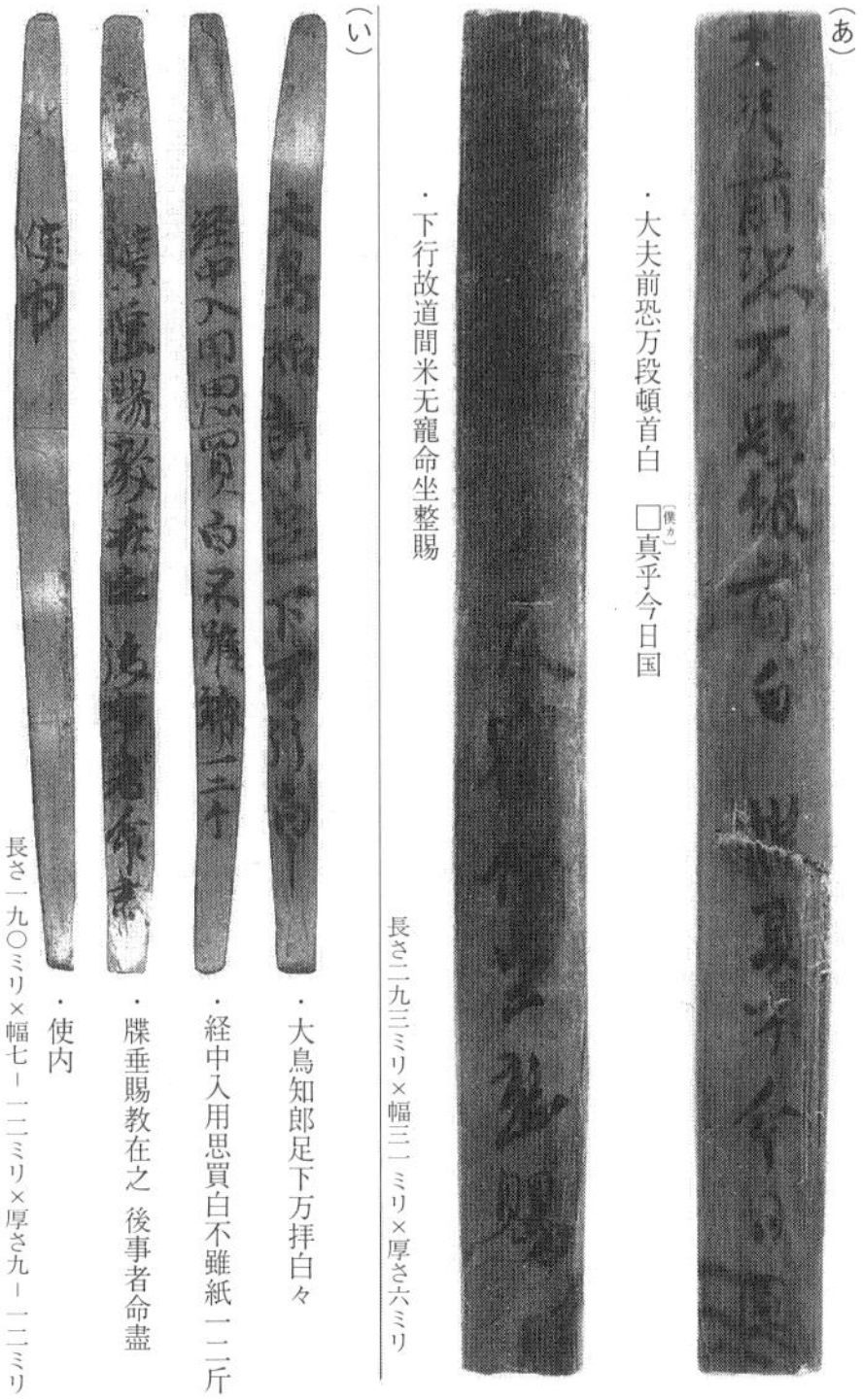

・大夫前恐万段頓首白　□〔僕ヵ〕真乎今日国
・下行故道間米无寵命坐整賜
長さ二九三ミリ×幅三一ミリ×厚さ六ミリ

・大鳥知郎足下万拝白々
・経中入用思買白不雖紙一二斤
・牒垂賜教在之　後事者命盡
・使内
長さ一九〇ミリ×幅七－一二ミリ×厚さ九－一二ミリ

【図２】飛鳥飛鳥京跡苑池遺跡出土木簡と慶州月城垓字出土木簡

（あ）：『奈良県文化財調査報告書　第182集　飛鳥宮跡出土木簡』（奈良県立橿原考古学研究所提供、2019年）。
（い）：『韓国의 古代木簡』（国立昌原文化財研究所、2006年）。

さらに、「前」字こそ使っていないが、（あ）と極めてよく似た文体で書かれた木簡もみつかっている。それが【図２】の（い）で、慶州月城垓字（新羅の王宮である月城の周囲を囲った濠）から出土した。これも正式の漢文体から大きく外れており、あえて日本語風に訓読すれば、「大鳥知郎の足下に万拝《よろずおが》みて白し白す。経に入用と思しめし、白にあらずと雖《いえど》も紙一二斤を買へと、牒《ちょう》を垂れ賜へと教《きょう》在り。後事は命を尽くせ」となる。末尾の「使内」は、「取りはからう」という意味の朝鮮語を、漢字の音訓を借りて表記したものである。これを「吏読《リド》」という。全体の意味は、「大鳥知郎の足下で常に拝んで、次のようにお願い申し上げます。経で必要となる紙を、たとえ白紙でなくてもよいので、一、二斤買いなさい、という牒を垂れ賜えという命令がありました。（したがって、この命令の旨を取り次ぎ、牒を発給していただくよう、お願い申し上げます）。後の事は命令の意を十分に察した上で処理して下さい」となるであろう（市 二〇一〇）。

（あ）と（い）を比較すると、「大夫－大鳥知郎」、「前－足下」、「万段－万」、「頓首－拝」、「白－白々」という対応関係が明瞭に見て取れる。使用している語句こそ違うが、ほぼ同じ文章構造といってよい。もうひとつ注目されるのは、共通してみえる「賜」である。これは「賜与する」を意味する漢字本来の意味ではなく、「〜したまふ」という尊敬の補助動詞として使われている。また、（あ）では「白」と「僕」の間が少し空いており、（い）も「之」と「後」の間が少し空く。これらは文章の切れ目を明示するための「空格」である。

改めていうまでもなく、倭語は漢語と言語体系や文法構造がまったく違うため、漢字を使って倭語を表す際には、さまざまな工夫が必要となる。そのための実験的な試みが朝鮮半島で先行して実施されており、その成果を倭国は効率よく学びとっていたのである。

第三に紹介したいのが、北大津遺跡（滋賀県大津市）から出土した、七世紀後半の「字書木簡」である。これは長さ六八・五センチ、幅七・四センチの巨大な材に、漢字とその倭訓ないし同義の漢字を記したものである。このうち後者は、「采」＝「取」、「披」＝「開」の二例だけで、大半は前者に関わる事例である。そのいくつか示しておこう。〈 〉が倭訓である。

① 鏁〈汙ツ〉　② 鎧〈与里比〉　③ 賛〈田須久〉
④ 慕〈尼我布〉　⑤ 誈〈阿佐ム加ム移母〉　⑥ 体〈ツ久羅布〉
⑦ 費〈阿多比〉

これらは漢字の音を借りて倭訓を示す。①は「ウツ」、②は「ヨロヒ」、③は「タスク」、④は「ネガフ」、⑤は「アサムカムヤモ」（アザムカムヤモ）、⑥は「ツクラフ」、⑦は「アタヒ」となる。⑤は「阿佐ム久」（アザムク）や「阿佐ム支」（アザムキ）でもよかったはずであるが、助動詞「ム」、終助詞「ヤモ」が付け加わる。これは、ある漢文脈のなかでどのように訓まれるのかを示したものと考えられている。また、「ツ」「ム」は片仮名のようであるが、厳密には片仮名は平安時代になって誕生する。「ツ」は諸説あるが、おそらくは「津」の省画で、「ム」は「牟」の省画である。ただし、片仮名も漢字を省画し、偏・旁・脚などを除去したものであるので、原理的に共通している。

右で注目したいのは、②の「里」を「ロ」、⑤の「移」を「ヤ」と訓む点である。別の木簡となるが、「支」（キ）、「宜」（ガ）なども知られる。これらは漢音・呉音よりも古い音で、中国の二、三世紀の漢字音あるいは「上古音」と呼ぶ。古韓音は朝鮮半島から伝わった古い時代の音で、「古韓音」（上古音）がもとになっている。この字書木簡に限られないが、古韓音（上古音）は七世紀末まで頻繁に用いられていたことが木簡から判明する（犬飼　二〇一一など）。すでに七世紀後半段階の中国では消滅してしまった漢字音である。そうした古い漢字音が七世紀末頃まで日本列島で幅広く使用されているのは、これらが朝鮮半島を経由してもたらされたからに他ならない。

これら三つの事例からもわかるように、七世紀末までの倭国の文字文化は、同時代の中国以上に、朝鮮半島から多くの影響を受けていたと考えられる。特に日本律令国家の形成に向けて大きく動き出す七世紀後半、なかでも六七二年から七〇二年までの間は、倭国は唐と国交が断絶していたこともあって、六六三年の白村江敗戦にともなって日本列島に大量移入した百済遺民や、連年にわたって倭国に遣使してきた新羅を通じて、漢字を含む中国由来の文化の摂取につとめるのである。漢字は中国で発明された文字であるので、日本の漢字文化というと、中国からの直輸入のように考えてしまいがちであるが、決してそうではなかったのである。

こうした状況が大きく変わっていくのは、七〇二年に三〇数年ぶりに遣唐使の派遣が再開され、中国王朝によって「日本」国号が正式に承認されて以降のことである。従来のような朝鮮半島を経由して中国の古い文化を学ぶのではなく、同時代の最新の中国文化を直接学び取るようになる。日本列島における漢字文化にも多くの影響を与えることになるが、平仮名・片仮名の誕生の問題とあわせ、別の機会に論じることにしたい。

【主要参考文献】

安部聡一郎（二〇一六）「中国秦漢・魏晋南北朝期の出土文字資料と東アジア」国立歴史民俗博物館・小倉慈司編『古代東アジアと文字文化』同成社

市　大樹（二〇一〇）『飛鳥藤原木簡の研究』塙書房

――（二〇一二）『飛鳥の木簡』中央公論新社

――（二〇一五）「黎明期の日本古代木簡」『国立歴史民俗博物館研究報告』一九四集

――――（二〇一七）「日本古代木簡の資料的特質」『歴史学研究』九六四号
――――（二〇一九）「日本の七世紀木簡からみた韓国木簡」『木簡と文字』（韓国）一三号
犬飼　隆（二〇一一）『木簡による日本語表記史【2011増訂版】』笠間書院
岸　俊男（一九七三、初出一九六四）「日本における「戸」の源流」『日本古代籍帳の研究』塙書房
河内春人（二〇〇六）「東アジアにおける文書外交の成立」『歴史評論』六八〇号
武末純一・平尾和久（二〇一六）「三雲・井原遺跡番上地区出土の石硯」『古文化談叢』七六号
田中史生（二〇一六）「漢字文化と渡来人」『古代東アジアと文字文化』（前掲）
東野治之（一九八三）「木簡に現われた「某の前に申す」という形式の文書について」『日本古代木簡の研究』塙書房
東野治之（二〇〇五、初出二〇〇三）「近年出土の飛鳥京と韓国の木簡」『日本古代史料学』岩波書店
東野治之（二〇一一、初出二〇〇〇）「七世紀以前の金石文」『大和古寺の研究』塙書房
西嶋定生（一九八三）『中国古代国家と東アジア世界』東京大学出版会
西嶋定生（一九九九、初出一九九七）「漢字の伝来とその変容」『倭国の出現』東京大学出版会
朴　天秀（二〇〇七）『加耶と倭』講談社
橋本　繁（二〇一四）『韓国古代木簡の研究』吉川弘文館
平川　南（二〇〇〇）『墨書土器の研究』吉川弘文館
吉村武彦（一九九三）「倭国と大和王権」『岩波講座　日本通史2』岩波書店
李　成市（一九九六）「新羅と百済の木簡」鈴木靖民編『木簡が語る古代史 上』吉川弘文館
李　成市（二〇〇〇）『東アジア文化圏の形成』山川出版社

第二章　初期の対中国国際借款団と日本外交
──「国益」と資本の相互関係──

久保田裕次

一　対中国国際借款団への視角

資本（カネ）の移動は、古くはマルクス主義歴史学によって帝国主義との関わりのなかで扱われ、グローバルヒストリーの分野でも重要なテーマである。よって、研究史ではマルクス主義歴史学の影響が大きく、その成果がなお重要であり続けている。資本の移動は、古くて新しいテーマといえよう(1)。

資本の移動の代表的な行為の一つが、主に国家間で行われた間接投資を意味する借款である。特に、中国に関しては、日本よりも欧米資本が先行して借款を行っており、関係する国家・金融機関が複数に上るとともに、金額も多額となったため対中国国際借款団（以下、国際借款団とする）が組織された。それぞれの国際借款団はグローバルな存在であり、イギリスの香港上海銀行が幹事行を務めることが多かった。日本政府は、辛亥革命期の六国借款団、第一次世界大戦後の新四国借款団に自国を代表する金融機関として横浜正金《しょうきん》銀行（以下、正金銀行とする）を唯一参加させた。

日米関係や東アジアの国際関係の再構築と関わっていた新四国借款団と比べると、六国借款団など大戦以前の国際借款団に関する研究は少ない。それは、結局のところ、大戦以前の国際借款団について、「列強間での利害調整機関」や列強の「満足すべき借款契約の締結」のための手段以上にその存在意義が見出されていないからであろうか（ファイス　一九九二）。しかし、①国際借款団は清末民初という中国情勢の転換期に向き合う必要性に迫られるなど、中国をめぐる国際情勢と密接な関係にあり、②大戦以前の国際借款団に参加した欧米や日本の金融機関は同じく新四国借款団に参加しており、その連続性が認められるため、新四国借款団の特質を検討するうえでも、それに以前の国際借款団に注目する必要がある。

近年では、国際借款団を欧米各国の利害調整機関と見なし、中国政府の財政管理の強化という側面を重視する古典的な研究とは異なった視点に基づく研究が行われるようになった。各国の政府や金融機関の一次史料を利用し、国際借款団内の協調・対抗関係を明らかにした研究が登場してきている。篠永宣孝は、一八九〇年代以降に盛んに行われるようになったフランスの対中国投資について、フランスに所蔵されている一次史料を使用しながら検討を行い（篠永　二〇〇八）、さらに、そうした成果のうえに、国際借款団の成立についても、フランスの動向を中心とした研究を進めている（篠永　二〇〇九）。また著者も、日英関係に注目しつつ、辛亥革命期から第一次世界大戦期までの国際借款団と日本との関係を考察した（久保田　二〇一六）。

一方、英国では、主に三つの視角から第一次世界大戦以前の国際借款団に関する研究が行われている。第一に、英国が展開した中国での外交と金融との関係に対する関心から、国際借款団をめぐる国際関係や英国外務省と香港上海銀行との関係に注目した研究である（Edwards 1987）。第二に、香港上海銀行の通史的研究や同行の支配人であったアディスに関する伝記的研究では、香港上海銀行内部の意見対立や同行を中心とする欧米の金融機関の相互関係に焦点が当てられ、各国政府や金融機関との交渉のなかで果たしたアディスの重要な役割が明らかにされている（Dayer 1988, King 1988）。第三に、ジョーダン駐清（華）公使を中心とする英国外務省の動向も検討された（Chan 1971）。このように、英国外務省や香港上海銀行を中心とする国際借款団の動向はある程度明らかになっている。

そこで本章では、日英両国で進みつつある国際借款団に関する研究を踏まえ、日本近代史の時期区分で言えば、日清・日露戦争期以降における初期の国際借款団と日本外交との関係を明らかにする。具体的には、そもそも国際借款団とはどのような経緯で成立し、どのような特徴を持つ組織なのかを確認し、日本外交はこうした国際借款団の展開にどのように対応したのかを検討する。

二　対中国国際借款団の誕生

鉄道借款と外交

まず、本章の前提となる借款や国際借款団という言葉の一般的な意味を説明する。日本において、借款という言葉はloanの訳語として定着し、何らかの形で国家の関与が認められる場合に多く使用された(2)。このような意味での借款は、すでに日清戦争後から見られ、清朝が日清戦争の賠償金支払いのために発行した債券が代表的なものであった。その後は、利権、特に鉄道利権への投資をめぐって、いくつもの国際借款団が結成された【図1】。田村幸策の説明によると、鉄道利権として、①中国の領土に外国の鉄道を建設経営する権利、②中国政府に資金と材料、技術を供給して中国の国有鉄道を建設させる利権に区分することができるという(田村 一九三五)。後者については、資金供与国からの資材や技術の提供を義務づけるひも付き借款(tied loan)と資金の供与を中心とする金融借款(financial loan)とに分けることができる。さらに、そうした鉄道借款は、各国政府間の条約や協定と各国資本家間の契約に基づくものとに大別することができるという(田村 一九三五)。たとえば、前者は、英独間の津浦《しんぽ》鉄道に関する取り決めと揚子江協定(一九〇〇年)のように、政府間で鉄道利権に関わる事項が交渉され、妥結に至ったパターンである。一方、後者は、後に触れるように、関係各国の資本家間で借款契約に関する交渉が行われ、各国政府の支持を背景に清朝との借款契約の締結に至ったパターンである。外交上の条約や協定が個別の借款交渉の際に重要な参照基準となることもあれば、個別の借款交渉の積み重ねによって、特定の地域や鉄道に対する優越的地位が各国に認識されるようになる場合もあり、条約・協定と借款契約とは相互に影響を与え合うものでもあった(久保田 二〇一六)。

つまり、国際借款団の行動原理の前提には、各国政府間で締結された条約や協定があった。国際借款団は構成する金融機関が増加すればするほど、背後にある関係各国間の国際関係から複雑に影響を受けることになる。こうして、各国の政府や金融機関を拘束する借款のルールが構築されるのであった。

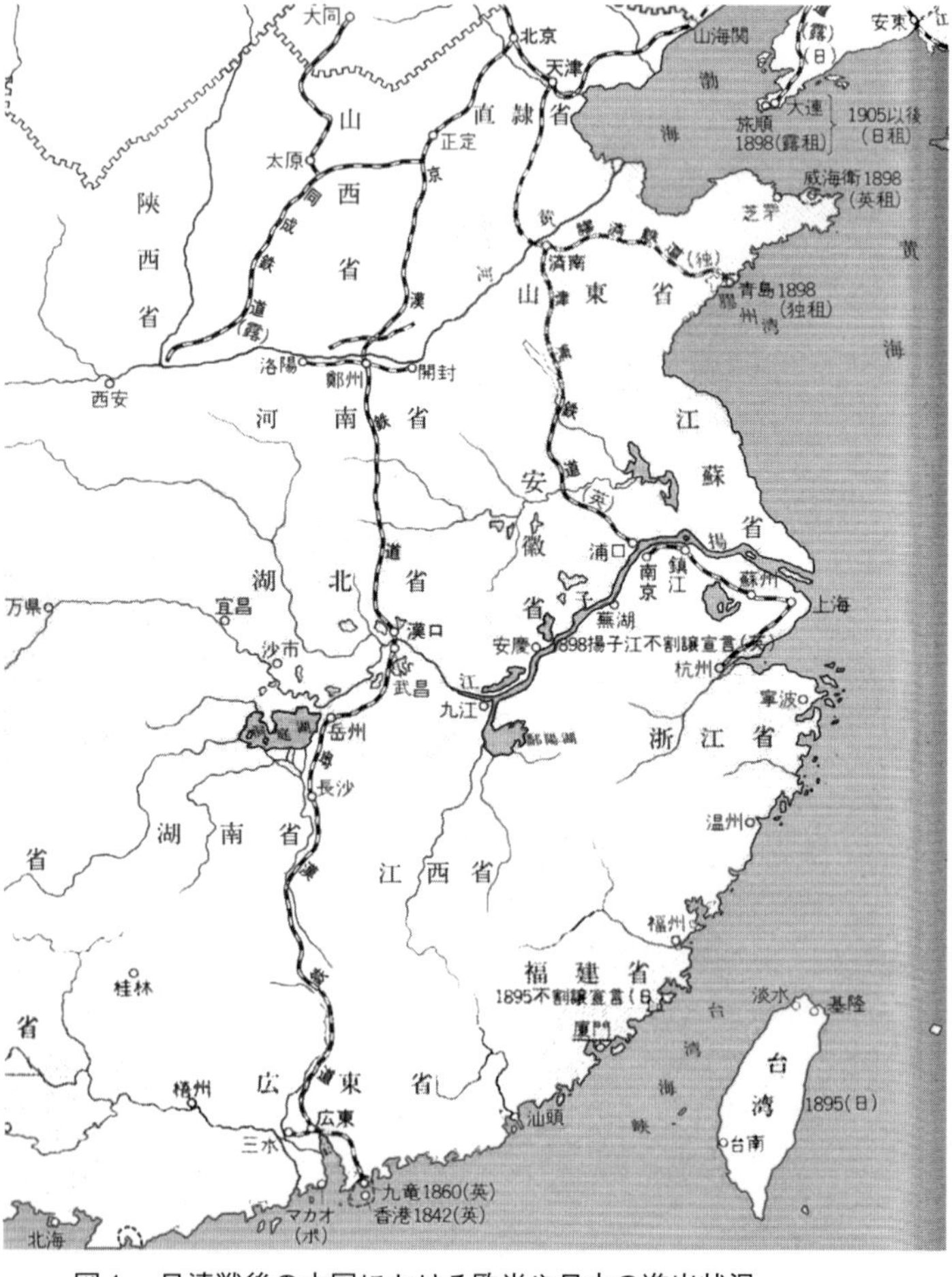

図1　日清戦後の中国における欧米や日本の進出状況
鹿島平和研究所編『日本外交史　別巻四　地図』(鹿島研究所出版会、一九七四年)。

写真1　張之洞
湖北省冶金志編纂委員会編『漢冶萍公司誌』（華中理工大学出版社、一九九〇年）。

「利権」の発生

国際借款団が結成されるようになった背景を知るためには、欧米ではなく、まずは近代化を進めていた中国側の動きを説明しなければならない。すでに知られているように、清朝は、日清戦争以前から近代化のための経済開発を行っていたが、日清戦後にはそうした動きがさらに加速した（川島　二〇一〇）。洋務派官僚として知られる張之洞《ちょうしどう》は、その中心的な人物の一人であった【写真1】。張は、両広《りょうこう》総督時代に、京（盧）漢鉄道（北京郊外の盧溝橋～漢口）の敷設を主張したのをはじめ、幹線鉄道の敷設を重要な政策課題として位置づけていた（李　二〇〇三）。京漢鉄道の敷設にあたっては、敷設予定区間を分割して、それぞれを建設するという方針をとった。これは、もう一つの幹線鉄道である粤漢《えっかん》鉄道（漢口～広州）の建設の際にも適用された手法である。張之洞は、鉄道敷設に関する借款交渉の際、同一の借款計画をいくつかの外国資本に持ちかけ、特定の資本が建設や借款を独占しないよう、可能な限り中国側に有利な借款条件を引き出そうとしていた。こうして、欧米や日本にとっての「利権」が発生することになった。

次に、このような経済開発に欧米各国の金融機関がどのように関わっていったのか、そうしたなかで、どのようにして国際借款団が結成されたのかを見ていきたい。【図2】は、日露戦後から新四国借款団の結成までに存在していた主要な国際借款団の変遷を示したものである。ここでは、張之洞が関与するとともに、鉄道借款を扱い、後の旧四国借款団や六国借款団に深く関わる二つの国際借款団を取り上げる。

第一に、京漢鉄道への借款優先権を保有していた露仏ベルギー借款団である。張之洞の上奏に基づき、一八九六年一〇月に、外資の導入を前提とした漢口・盧溝橋間の鉄道敷設に関する勅令が出された。これを受けて、欧米、特に英米仏ベルギーのいくつかの金融機関が同鉄道への借款を計画するに至った。翌九七年五月二七日には、ベルギー資本と清朝との間で借款予備契約（貸金契約と運営契約とで構成される）が締結された。清朝がベルギーを選択した理由として、①アメリカ資本の借款条件が過酷であったこと、②ベルギーは小国なので、資本を輸入しても、危険が少ないと認識していたことが挙げられる（田村　一九三五）。九八年六月に、正式な契約が調印された。ベルギー資本の背後にフランスやロシアの資本が存在していたことは周知の事実であった。この借款契約について、篠永宣《しのながのぶ》孝《たか》は、清朝が欧米各国を競争させたうえで、自国に比較的な有利な条件を引き出したものと評価している（篠永　二〇〇八）。

また、京漢鉄道が通過する地域の南半分は、イギリスが自国の勢力圏と見なす長江流域であった。イギリス政府は、ロシアの関与に特に警戒感を抱いており、長江流域や華南の鉄道利権を清朝に要求した。このように、イギリスは、京漢鉄道での挫折を他の鉄道利権の獲得で解消しようとしていたのであった。

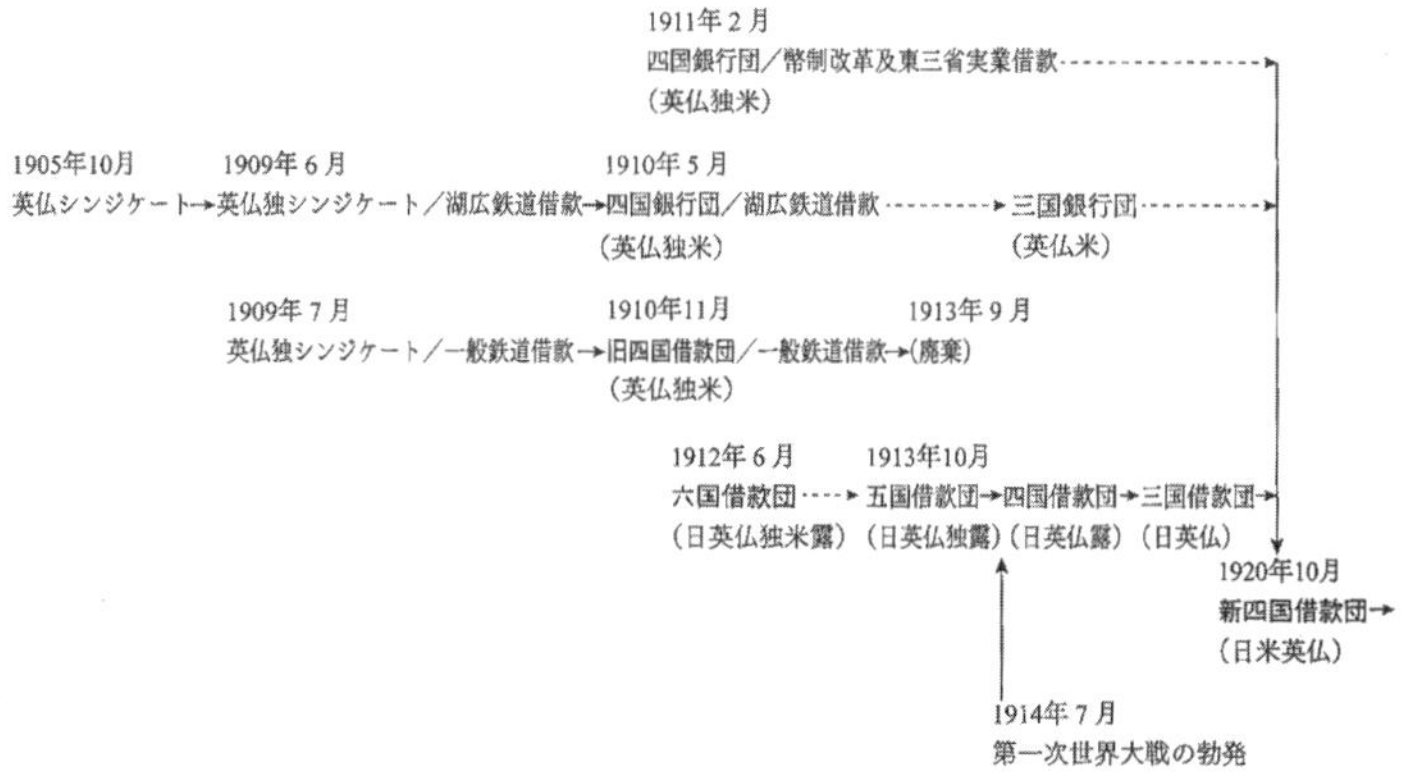

図2　規約や契約の存在から見た主な国際借款国の変遷
久保田裕次『対中借款の政治経済史』（名古屋大学出版会、二〇一六年）九頁。

第二に、粤漢鉄道や川漢《せんかん》鉄道（四川〜漢口）の湖北・湖南両省敷設分（湖広《ここう》鉄道という）に関わる借款優先権を保有した英仏独借款団である。九七年、湖北・湖南・広東各省の紳商が粤漢鉄道の敷設を計画したのが発端であったが、この鉄道の建設は清朝が設立した鉄路総公司に委ねられる。九八年には、鉄路総公司の盛宣懐《せいせんかい》とアメリカ資本の米中開発会社との間で金融と運営に関する契約が締結された。しかし、米中開発会社は資金の調達が困難となったため、ベルギー資本がこの会社の株式の三分の二を取得し、経営権を掌握した。これに対し、張之洞は、利権回収を試みた結果、一九〇五年八月、米中開発会社の有していた権利を回収するに至った。ただし、買戻資金は香港政庁からの借款によって賄われることとなった。

香港上海銀行は、京漢鉄道に接続し、中国を南北に縦断する粤漢鉄道の借款優先権の獲得を切望していた。特に、京漢鉄道への関与を決定的にしていたロシアやベルギー資本への対抗がその背景にあり、香港上海銀行は、イギリス政府の支持を受けながら、フランス資本と共同で粤漢鉄道への参入を図った。ただ、英仏間で問題となったのは、粤漢鉄道への借款について、ひも付き借款とするか、金融借款にとどめるべきであるかということであった。京漢鉄道の露仏ベルギーシンジケートのように鉄道材料の供給も組み込んだ形で関与するのか、鉄道材料はさておき、資金供給のみを行うのかという点であった。特に、フランス政府は国内産業に配慮し、後者の金融借款には反対であったという。こうした英仏関係に加え、中国の鉄道利権への参入を目指していたドイツ資本のドイツ・アジア銀行の参加も問題となり、英仏独の三国の金融機関を巻き込んだ問題へと発展したのであった。この借款団は、各国政府の全面的な支持を受けたオフィシャルな存在ではなかったが、少なくとも参加した一部の金融機関は政府の支援を受けていた（King 1988）。

日露戦後の日本と中国利権

一九〇二年一月、第一次日英同盟協約が締結された。日本政府は朝鮮半島における優越的地位のイギリスからの承認、イギリス政府は中国近海でのドイツ海軍への軍事的牽制が主な目的であった（Nish 1966）。本章で注意したいのは、日本側において、この同盟が華中・華南利権への日英協力を促進するのではないかといった期待を高めたことである。日本の帝国議会でも、日英同盟の締結による中国利権の獲得や対清貿易の振興に対する期待感が示された。また、日露戦後の〇七年七月には、日露協約が締結された。これは、朝鮮半島と南満洲における日本の優越的をロシアが、北満洲におけるロシアの優越的地位を日本が相互に認めることが主な目的となっており、満洲における勢力圏の日露での棲み分けを約束したものであった。

このようにして、中国をめぐる日本外交は規定された。南満洲を確保すべき特殊権益が存在する地域とする一方、「中国本土」（China Proper）に関しては、イギリスとの友好関係を前提に、利権の獲得・通商の拡大を目指す地域と位置づけるようになったのである。

前節で取り上げた粤漢鉄道や川漢鉄道をめぐっては、日本側の動きも活発化していた。川漢鉄道には、原口要が技師として、張之洞によって傭聘《ようへい》されていた。原口は、鉄道材料を民間資本が、資金を政府系金融機関が提供することを目的に、三井物産や大倉組などに日本興業銀行を加えた一大組織を結成する重要性を主張していた。また、本野《もとの》一郎駐仏公使は、英仏団体関係者から日本への参加依頼があったことを明かしつつ、「本件ノ如キ事業ニ帝国資本家ノ団体相加ハリ居候事ハ将来ニ於ケル清国経営ノ大業ニ関シ極メテ有益ノ事」（一九〇六年一月一八一付加藤高明外相宛本野公使公信、「外務省記録」1.7.3.51「仏英資本家ノ起業ニ係ル清国鉄道敷設ニ関シ帝国資本家加入希望申込一件」）と考えていた。日本の民間資本はこうした状況を好機と捉え、鉄道敷設の材料の輸出を行うため、日清起業調査会を設立した。そして、後にこの組織が中心となって東亜興業株式会社が設立される。

一九〇七年から〇九年にかけて、中国側の利権回収の動きが活発化するとともに、欧米の金融機関の間で借款競争が激化するという状況下において、日本側による鉄道利権への参加の可能性は高まっていた。そのため、日本国内では、日清起業調査会など中国の鉄道利権への参入を目的とした組織が誕生したのであった。清国での利権回収運動と欧米の金融機関同士の対立は、日本の対中国経済進出に好機をもたらしたのである。

三　旧四国借款団の結成

特質

一九〇八年一〇月、香港上海銀行は、インドシナ銀行と共同で京漢鉄道の借り換え借款の引受に成功した。フランス側には、鉄道借款の供与を重視するフランス政府と、香港上海銀行との協調を重視するインドシナ銀行との間で対立はあったものの、香港上海銀行とインドシナ銀行との間で、金融借款に関する協力関係が構築されつつあった（King 1988）。同時期に、ドイツ資本に粤漢鉄道への参入の意図があることも英仏側に伝えられていた。アディス【写真2】は、ドイツを粤漢鉄道の敷設事業から排除することは、ドイツの単独行動を許し、香港上海銀行・インドシナ銀行とドイツ資本との対立につながり、中国側に有利な状況を生み出してしまうと懸念した。そこで、アディスが中心となって三国の資本家を調整した結果、〇九年五月、①湖北省と湖南省の路線のために五五〇万ポンドの借款を香港上海銀行、インドシナ銀行、ドイツ・アジア銀行が等分で引き受け、資材の供給も行うこと、②各路線への各国人技師を採用することを主な内容とする協定が締結された。これは、中国の大規模鉄道に関する香港上海銀行、インドシナ銀行、ドイツ・アジア銀行間の取り決めで、後の湖広鉄道借款契約や旧四国借款団につながる重要なものとして位置づけられている（田村　一九三五、Edwards 1987, King 1988, 篠永　二〇〇九）。

このように、英仏独の金融機関の間で、対中国借款に関する包括的な取り決めがなされた。しかし、清朝から川漢鉄道への借款優先権を認められていたことを理由に、アメリカ資本家が三国団体への参

写真2　アディス
Roberta Albert Dayer, *Finance and Empire Sir Charles Addis, 1861–1945.*

加を求めてきた。アメリカ銀行団は、湖広鉄道借款のために結成された英仏独団体への参加を図るとともに、自らが清朝政府との間で借款契約を締結したものの、多額に上ることが予想される幣制改革借款及東三省実業借款に三国の協力を得ることを期待した。一方、三国団体は、清朝の財政、さらには将来の中国経済を大きく左右しかねない幣制改革への発言権を確保することができる。とはいえ、すでにいくつかの利権を獲得していた三国団体にとって、アメリカ資本家ほど東三省の経済開発は魅力的なものではなく、この借款が日露との関係悪化につながるのではないかという懸念もあった。

アメリカの参加に関しては、ロシアの敵対的な態度と異なり、当初は日本の態度は抑制的であった。日本は国際借款団に参加する意向であったため、高橋是清正金銀行頭取から香港上海銀行やアメリカ団体のシフに参加の計画が伝えられた（Edwards 1987）。一一月頃に、ロンドンで行われた国際借款団会議では、イギリス銀行団は将来のビジネスに関して、日本の参入を拒否しないことを明らかにした（Edwards 1987）。国際借款団のなかでも、イギリス側は日本の参加に肯定的であった。

一九一〇年一一月一〇日に、四国銀行規約が香港上海銀行（イギリス代表）、インドシナ銀行（フランス代表）、ドイツ・アジア銀行（ドイツ代表）、J．P．モルガン商会、クーンレーブ商会、ファースト・ナショナルバンク、ナショナル・シティバンク（以上、アメリカ代表）によって締結された[3]。本章では、この国際借款団を第一次世界大戦後の新四国借款団と区別して、旧四国借款団と呼ぶ。この規約では、清朝政府、各省政府、清朝の各行政機関、それらの保証を得た会社に対する借款もしくは前貸金の共同引受が約束された。英仏独の金融機関は湖広鉄道借款契約で得ていた借款優先権を、アメリカ銀行団は同契約で得ていた漢口～四川間の借款優先権と幣制改革及東三省実業借款に関する錦愛鉄道（錦州～愛琿《アイグン》）への借款優先権をこの銀行団に提供することになった。

鉄道利権への借款が発端となって誕生した国際借款団は、英仏独米という中国に関係する主要国の金融機関を包含し、鉄道のみならず、行政借款など幅広い借款を事業範囲とするに至ったのである。これは、国際借款団の歴史において、画期的な取り決めであった。

ここで言及しておきたいのが、国際借款団に関する日本とイギリスの研究状況の違いである。日本側の研究では、このアメリカ資本家を含めた旧四国借款団の結成が、六国借款団や新四国借款団には及ばないまでも、いくつかの研究で取り上げられてきた。田村幸策も、旧四国借款団を大規模な国際借款団の歴史の起源として位置づけている（田村　一九三五）。それは、日本側が六国借款団や新四国借款団への参加の際、問題視したのが満洲（蒙）権益であり、そこから遡及的に考えると、アメリカ資本の国際借款団への参加が、日本と国際借款団との関係に大きな影響を与える存在であると考えられたからであろう。

しかし、イギリス側の研究の場合、英仏協定、そしてドイツやアメリカの参入が注目される。具体的には、一九〇九年五月に香港上海銀行とインドシナ銀行との間で締結された、対中国借款に関する協定が重視される。なぜならば、この協定はドイツとこれに続くアメリカの金融機関の参加の際にも基本的な内容を変えずに継承され、旧四国借款団や六国借款団の規約にもつながるものであったからである。このように、イギリスを中心とする国際借款団そのものにとっては、一〇九年五月の協定が、日本外交にとっては、アメリカの金融機関を含む四国銀行規約の存在が重要視されてきたのである。

日本の対応と外交問題化

日本政府は国際借款団への参加にすぐに踏み切れなかった。それは、旧四国借款団が満洲の利権を事業範囲とする可能性が出てきたからであった。一九一一年四月、旧四国借款団と清朝との間で幣制改革及東三省実業借款が締結された。これを受けて、日本政府は南満洲権益の「機会均等」を擁護する目的から旧四国借款団への参加を見合わせつつ、清朝の動向や同借款の今後の展開を静観する立場をとった。

特に問題となったのが、幣制改革及東三省実業借款契約の第一六条であり、国際借款団の事業範囲と日本の満洲権益との関係が問題化した。日本政府は第一六条が「清朝が東三省開発のために新規借款を行うことを目的に外国の銀行や資本家の参加を求める場合には、まず四国借款団に相談すること」を定めていると解釈し、伊集院彦吉駐清公使も「一種ノ永久独占的支配権力乃至有力ナル関与権ヲ設定シタルニ均シク」（『日本外交文書』第四十四巻第二冊）と理解していた。日本側は第一六条について、満洲利権に対する旧四国借款団の借款優先権や独占権を認めるものと考えていた。よって、日本政府は、旧四国借款団による満洲利権への優先権の獲得と想定される事態に明確に反対した。幣制改革及東三省実業借款契約は外交問題に発展する可能性を有することになったのである。

　こうしたことを受けてか、イギリス政府は一九一一年八月、満洲での「機会均等」に反する経済活動を支援しないことを宣言した。しかし、日本政府は依然として「満洲ニ於ケル一切ノ農業及鉱業的企画」に旧四国借款団の影響が及ぶため、イギリス政府のみならず、清朝や旧四国借款団による同意も必要であるとし、第一六条の修正・削除を引き続き求めた。

　一方、北京に駐在していた正金銀行の小田切万寿之助《ますのすけ》が、利権の獲得という観点から、以下のように日本の単独行動を主張していた点は注目に値する。


本邦自身ニ取リ其加入ヲ利トスル乎《か》将《は》タ単独行動ヲ得策トスル乎ハ全ク別問題ニシテ、今日本邦ノ経済的地位ヲ考案スルニ、仮リニ四国団体ニ加入シ得ルトスルモ、徒《いたず》ラニ四国団体ノ為メ犬馬ノ労ヲ執ルニ過キスシテ、到底彼等ト同一地位ヲ保ツノ望ナク、随テ加入ノ利益ハ四国ニ多クシテ本邦ハ少カルヘク〔中略―筆者注〕単独ノ行動ヲ取ルコト、セハ或ハ選択ノ自由ヲ有シ利ヲ取リ害ヲ去ルヲ得テ便宜不尠《すくなからざる》コト、存候（一九一一年六月九日付正金銀行本店宛小田切書簡写「支那改革借款一件」、「外務省記録」1.7.1.11）

　小田切は、資本に乏しい日本の金融機関が旧四国借款団に参加する場合、国際借款団のために働かされることになるため、日本の得るものは少ないとの認識であった。よって、単独行動を模索しており、旧四国借款団への加入が唯一の方法であるとは考えてはいなかった。この発言で注意しておきたいのは、日本の得ることができる実際の「分け前」に注目した場合、旧四国借款団に加入することは魅力的ではないとする見方である。

さらに小田切は、日露仏共同による借款団の結成を主張していたが、対英協調を外交政策の基本とし、日露協約の締結により高まっていた中国国内の反日感情の沈静化を目標としていた第二次桂太郎内閣に採用されなかった。国際借款団への参加は、きわめて政治的な問題であると捉えられていたのである。ロシアとの協調行動や積極的な対中国借款を重視する立場から見れば、ロシアやその背後にあるフランスとの借款団の結成は、すでに日露協約や日仏協約の締結を通じてある程度のすみ分けがなされていたため、満洲の利権が新設の借款団の対象とされる可能性が低く、「中国本土」にある利権への借款に関与できるメリットがあったといえよう。

日本国内には、日英同盟の締結が日本の長江流域での経済活動の拡大につながるとの期待があった。しかし、対中国借款に関しては、イギリスを中心とする旧四国借款団への参加と、イギリスに対抗する露仏の借款団への参加という二つの論理が存在していた。日英同盟を締結したとはいえ、イギリスに同調的な動きばかりではなかったのである。さらに、国際借款団にとっては、政治に関わらないという既存のルールをいかに維持するかが問題であったが、日本としては、満洲権益の擁護が最も重要な目標であり、国際借款団への参加はそれに従属する問題であった。

四　辛亥革命と六国借款団

辛亥革命への対応

一九一一年一〇月一〇日、長江中流域の大都市、武昌で清朝の役所が襲撃される事件が発生した。この事態に対し、欧米など関係各国政府は「内政不干渉・清朝支持」の方針をとった。旧四国借款団は、責任ある政府の存在を認めないとの立場から、清朝への追加借款の凍結と革命派への借款の不実行を明確にし、時局を静観する方針をとった。

イギリス外務省は、日露を自国と共通の政策に引き留めておくという政治的必要性のため、たとえ日露が国際借款団に参加することになっても、両国が既得権を提供することはあまり問題ではないと考えていた（Edwards 1987）。つまり、英仏独米による旧四国借款団の結成の時とは異なり、日露の参加については、利権の安定的確保が第一義的な問題ではなかったということである。

その後、中国情勢をめぐる関係各国の動きは、流動的であった。内政不干渉方針を示したはずのイギリス政府は、混乱状況の拡大を危惧し、清朝の袁世凱政権による中国情勢の収拾を支援した。日本政府も、内政不干渉方針を採用する限り、中国における自国の利益の拡大を実現できないとして、清朝に立憲君主制の採用による事態収拾を勧めるようになった。それにともない、日本国内では、官民共に中国情勢に介入する動きが活発化した。こうして、漢冶萍《かんやひょう》公司、招商局、江蘇省鉄路公司を通じた革命派（後の南京政府）への借款が試みられるようになる。

清朝が崩壊した後の二月二八日、国際借款団は袁世凱政権を支援するため、将来行われるべき政治改革借款（善後借款、reorganization loanなどの名称で呼ばれる。本章では、以下改革借款とする）の前貸として、南京政府に二〇〇万両の借款を供与した。これは南京政府の北京政府への合流を想定し、当面の南京政府の安定化に資するものであった。こうして、旧四国借款団は中国の政治問題に関与することになり、国際借款団への日露の参加が具体的な問題として浮上する。南京政府への軍事・財政支援を黙認していた日本政府にとって、南京政府の北京政府への合流が確実な情勢になると、新政府への顧問の派遣など利権獲得の面で欧米に遅れをとらないためにも、旧四国借款団への参加が喫緊の課題となる。また、国際借款団への参加は、その背後にある欧米各国と協力して袁世凱政権を財政的に支援し、正統な政府と認めることにもつながるため、中国をめぐる国際協調という問題と密接に関わっていた。国際借款団側にしても、中国に隣接する日露との協調は重要であり、かつ日露による独自の行動を押さえ込む必要もあったのである（Edwards 1987）。

日露の参加

ただし、日本政府が自国の金融機関を参加させるためには、解決しなければならない問題が残されていた。それは、幣制改革及東三省実業借款の第一六条に関わる問題であった。日本政府は、仮に第一六条が手つかずのままでの参加ということになれば、満洲（蒙）利権を対象とした大規模借款を旧四国借款団に認めた形になってしまうと危惧した。そこで日本政府は、旧四国借款団にではなく、政治改革借款を引き受けるために新たに結成される国際借款団に「参加」するという論理を編み出した（塚本　二〇一二）。ただ、現実問題として、政治改革借款の供与は旧四国借款団に要請されていたため、日本政府の論理は強引であった。実際、日本政府の参加表明について、日本外務省が、旧四国借款団に加入したのではなく、新たに結成される国際借款団への「参加」であると再三主張したものの、英仏両政府は旧四国借款団への「加入」であると捉えていた（久保田 二〇一六）。

それでも、日本政府が正金銀行を国際借款団に参加させたのは、国際借款団が「政治的」な問題に関与しない、つまり、日本の満蒙権益に基本的に関係しない、また、四国銀行規約に代わる新たな規約に基づいた団体が結成されるとの認識であったからである。新借款団への参加交渉の過程において、内田康哉外相は、「政治問題ヲ決定スルノ権限ナキ銀行団会議ニ於テハ我団体ノ声明ト我希望通リニ修正セル四国団体側ノ言明ヲ記録ニ留」め、満蒙権益を「列国政府間議論ノ問題ト為スヲ得策ナラズ」（一九二二年六月一三日付本野駐露大使宛内田外相電報『日本外交文書』第四十五巻第二冊）との意見であった。

一九一二年三月の国際借款団会議では、袁世凱政権への支援が明確化され、その目的として軍隊解散のための財政支援が挙げられた（1912.3.12, Inter-bank Conference）。すでに旧四国借款団では、日露が参加する以前、北京政府に対する政治改革を目的とした借款供与が決定されていた。この会議では、北京政府への借款供与が急を要する事案であったため、さしあたって四国の金融機関による供与が決定されたが、各国政府の同意が得られた場合、日露の金融機関の参加を認めることも約束された。日露の参加には、四国団体のそれぞれが属する各国政府の同意を得ることが条件とされていたので、この問題は袁世凱政権の承認という各国の外交方針と密接に関わるとの認識があったのだろう。

「六国団規約」の成立

以上のような経過の後、英仏独米の旧四国借款団に参加していた金融機関に日露の金融機関が加わり、六国借款団が結成された（「六国団規約　一九一二年六月一八日調印」、「外務省記録」1.7.1.11-5-4）。六国団規約では、中央政府、省政府、政府の行政機関、中央政府や省政府の保証を得た会社など起債主体を問わず、六国借款団が借款を管理することが定められたが、この内容は旧四国借款団の目的を規定した四国銀行規約と大きな違いはない。しかし、日露の金融機関の参加を認めるとともに、行政・実業などの借款目的を問わず、将来行われるべき大規模借款のほぼすべてを、一時的にではあるが、六国借款団の事業範囲とした点は画期的であった。

六国団規約がまとめられた借款団会議では、さきに言及した日本やロシアによる満蒙権益に関する要求も審議された。日本政府は国際借款団が日本の満蒙権益に何ら影響を与えないことを求めていたが、結局、会議録への記載という形で妥協するに至った。この点については、次のような発言が交わされた（1912.6.18, Inter-bank Conference）。正金銀行の代表者としてこの会議に参加したのは、武内金平であった。武内は、国際借款団が日本の南満洲や東部内モンゴルの特殊権益に何ら影響を与えるべきでないことを主張した。これに対し、英仏独米の金融機関の代表者たちは、彼らが政治的な問題に関わるような立場にはないと説明した。この両者のやりとりは、ややかみ合っておらず、日本側が国際借款団は政治的な問題である日本の満蒙権益に関わるべきではないと要求した一方、四国の金融機関の代表者たちは、そうした問題に見解を表明する立場にないと発言したのである。仮に、この文言をもって、日本政府が日本の満蒙権益の除外は国際借款団から認められたと主張する論拠とするには無理があろう。

同じ会議で、ロシアも同様に北満洲と西部内モンゴルを国際借款団から除外することを求めた。これに関しても、英仏独米の代表者たちは日本に対するものと同様の回答をした。

一九一二年七月、第三次日露協約が締結され、両国は、西部内モンゴルをロシア、東部内モンゴルを日本の利益範囲と相互に認めた。これによって、日本国内では「満洲」権益ではなく、「満蒙」権益の擁護・拡大に関する議論が高まり、それをいかにして正当化するかという主張が顕著となる。こうした日露の外交交渉が、国際借款団への参加交渉にも影響を与えていたことは間違いない。

ただ、注意すべきは、日露は国際借款団に参加することになったが、中国政府債券を自国の市場で発行することをほとんど想定していなかったことである。日本は全く発行せず、ロシアも自国で多額の債券を発行しなかった（1913.4.26, Inter-group Conference）。日本政府は、自国での債券発行が困難だと自覚しており、国際借款団側も期待していなかったというのが実状であった。

実業借款の除外問題

六国借款団は、国際借款団の歴史のなかで確かに画期的な存在であった。しかし、六国借款団があくまで中国に利害関係を有する一部の（ただし、代表的な）金融機関によって結成されたことの限界を示す出来事が起きる。六国借款団が中国に関するすべての実業借款を管理することについては、当然ながら国際借款団に参加していない各国の金融機関などから反発を招いた。自国の市場での債券発行が見込まれない日本とは異なり、イギリス国内では、大規模な対中国借款を香港上海銀行が独占することへの不満が高まっていた（副島　一九七八、Edwards 1987）。その結果、イギリスの三つの金融機関を代表するクリスプという人物が中国政府と多額の借款契約を独自に締結するという事態が発生し、国際借款団の内外で大きな問題となった。また、フランス国内でも香港上海銀行を中心とした中国政府債券の引受に対する批判が存在していた。こうした事態を受け、英仏両政府は六国借款団の事業範囲からの実業借款の除外を主張するようになる。

一方、日本政府は実業借款の除外に反対であった。実業借款の除外は中国における列国間の利権獲得競争の激化をもたらし、中国分割の危機が進行すると判断したためである。鉄道利権を担保とした無制限な借款競争を防ぐため、実業借款が六国借款団の事業範囲に含まれることを必要としていたのである。さらに、日本政府は、借款団内での対立の深刻化によって、中国政府に付け入る隙を与えてしまうのではないかと危惧していた。加藤高明外相が中国政府への日本人顧問の派遣を自制したと述べていたように、日本政府は、自己認識として、個別利益を抑制し、団体が一致して改革借款を行うことを優先していたのであった。

結局、一九一三（大正二）年一月の国際借款団会議では、実業借款や鉄道借款を六国団規約より除外することに異議が挟まれず、「六国政府カ其各国民ノ為ス借款ニ付テ一様ニ承認スヘキ条件」のもと、それらを自由競争に委ねることがイギリス銀行団から提議された（1913.1.11, Inter-group Conference）。その後の会議では、六国団規約の有効性が確認されるとともに、実業借款や鉄道借款に関する前記の方針を日露の金融機関に伝えることも決定された（1913.6.13, Inter-group Conference）。しかし、実業借款の除外問題の解決は長引き、半年後にようやく妥結に至る。

三月には、アメリカ銀行団の脱退という事態が発生する。アメリカでは、ドル外交という言葉に代表されるように対中国進出に積極的であったタフト政権に代わって、ウィルソン政権が誕生していた。さらに、日露が国際借款団に参加したことで、当初、アメリカ外交が希望していた国際借款団による満洲利権への参入は外交問題化するおそれもあった。[4] ウィルソン政権は、自国の金融機関が中国に対して行ういかなる借款も支援しないことを表明し、政府の支援を失ったアメリカ銀行団は六国借款団から脱退したのであった。

実業借款の除外を主張していたイギリス銀行団代表のアディスは、「此〔実業借款の除外〕の決議案通過セザレバ英独仏ハ五国団体協約ヨリ脱スベキモ難計《はかりがたし》」と述べたと日本側の史料に書かれている（武田晴人監修（二〇〇五）「二　対中国借款、三　善後借款」）。結果、九月二七日、アメリカの金融機関脱退後の五国借款団は実業借款の無制限自由化を決定した。

団体を構成する金融機関が保有する一部の大規模な鉄道借款を除き、将来の実業借款と鉄道借款をその範囲から除外したことは、国際借款団の重要な役割が行政借款とされたことを意味する。五国借款団（前身の六国借款も含む）は袁世凱政権への財政支援を契機に結成されたため、同政権やそれを継承する政権への多額の借款を独占しうる組織であり、多分に政治的性格を有する存在であった。

五　「国益」の競合

本章では、日清・日露戦争期から辛亥革命期までを中心に、国際借款団と日本外交との関係を検討してきた。最後に、明らかにした点をまとめる。

第一に、初期の国際借款団の特質についてである。国際借款団は、清朝や地方政府による大規模な経済開発が契機となり、欧米各国によって結成された。開発にあたって、清朝や地方政府と各国の政府・金融機関との間で借款交渉が行われると、各国の政府間で締結された条約や協定、また、既存の借款契約との関係がたびたび問題となった。イギリスを代表する金融機関である香港上海銀行は、長江流域への他国の大規模な経済進出を警戒する一方、粤漢鉄道の借款優先権を獲得するために、積極的に各国の金融機関の利害を調整し、合意にこぎつけた。一九一〇年一一月、四国銀行規約が締結され、大規模な鉄道借款や中央・地方両政府への借款の供与を目的とした旧四国借款団という対中国借款に従事する代表的な国際的組織が誕生した。それは唯一の国際借款団ではなかったが、辛亥革命の勃発後には、中国情勢を左右しかねない政治的な役割が期待されたのであった。

もちろん、対中国借款をめぐって、フランス政府とインドシナ銀行との関係のように、政府と金融機関との対立が目立つ場合もあった。国際借款団にはさまざまな「国益」が入り込む余地が存在していたのである。よって、辛亥革命などの非常時を除いては、「国益」に照らし合わせ、それが国際借款団の方針とそぐわない場合、不参加や脱退という選択が可能であった。確かに、国際借款団という場で「国益」の競合は見られた。しかし、「国益」はそこで積極的に調整されるべきものではなかったのである。第一次世界大戦期、日米によって国際借款団の枠組みの外で中国政府に多額の行政借款が行われると、国際借款団は方針の変更を迫られる状況となる。

第二に、国際借款団への日本外交の対応についてである。欧米各国に比べ、資本に乏しかった日本が、国際借款団に参加することで得られる金融的利益や利権は大きくないとの認識があった。また、国際借款団に参加し、大規模な利権に関与するよりも、技師の派遣や鉄道材料の供与の方が現実的であるとする考えもあった。実際、日清起業調査会や東亜興業株式会社の設立はこうした方針の結果としても位置づけることができる。

国際借款団にアメリカが参加する以前、日本は満洲の特殊権益をほとんど問題とせずに、加入を議論することができた。しかし、英仏独米による旧四国借款団の結成、旧四国借款団と清朝との間での幣制改革及東三省実業借款の締結によって、日本政府は「国益」と国際借款団の事業範囲との矛盾を深刻に捉えたのであった。

しかし、辛亥革命は中国をめぐる国際情勢に多大な影響を与え、結果として、日本の国際借款団への参加が実現する。日本政府は、参加交渉の過程で特殊権益である満蒙権益の擁護を主張し、日本の満蒙権益に関する文言を国際借款団の会議録に記載させた。その後、日本政府は利権の獲得というよりも、団体の結束による袁世凱政権への支援（＝政権の安定化）を重視するようになった。このように、国際借款団の場で表面化する「国益」は変化していったのである。さらに、アメリカの金融機関が国際借款団から脱退したことによって、国際借款団に参加しない各国の金融機関はともかくとして、国際借款団もしくはそれに参加するヨーロッパ資本によって日本の特殊権益が脅かされる可能性はかなり低下した。

第一次世界大戦が勃発すると、国際借款団が機能不全に陥る一方、団体内で日本の果たすべき役割への期待が高まった（久保田　二〇一九）。こうして、日本側は、国際借款団での地位を上昇させていくとともに、借款団を通じた「国益」の追求が容易となったのである。「国益」が直接的に国際借款団に関する交渉過程で現れるのも日本の特徴である。正金銀行は、小田切が述べていたように独自の構想を持たなかったわけではないが、ほぼ政府の対中国外交方針に沿った行動を取った。一方、香港上海銀行は、本国政府と密接な連絡を保ちつつも、アディスの構想に依拠しながら対中国借款に関与していた側面が強い。このように、国際借款団をめぐっては、各国における政府と資本との関係は一様ではなかったのである。

（1）ただし、臼井勝美や三谷太一郎の先駆的な研究のように、資本の移動、特に、近代日本の対中国借款は日英関係や日米関係のなかで捉えられてもきた。近年では、櫻井良樹が、国際借款団の結成について、中国をめぐる国際協調体制の構築という側面を念頭に置いた指摘をしている。本章はこうした日本政治外交史研究の進展を重視している。

（2）民間資本が単独で行った間接投資や、民間資本の背後に日本興業銀行や横浜正金銀行など政府系銀行が存在していた投資のことも、借款と呼ぶ場合もある。

（3）「四国銀行規約」と同時に「四国団体規約」が締結された。この規約は、中国の鉄道建設に関して、英中商会、支那中央鉄道会社（以上、イギリス）、インドシナ銀行（フランス）、ドイツ中国鉄道会社（ドイツ）、J．P．モルガン商会、クーンレーブ商会、第一国立銀行、国立都市銀行（以上、アメリカ）が締結したものである。この団体の特徴は、①鉄道建設のための資金だけでなく、それに関する材料や人員の派遣なども目的としていたこと、②「四国銀行団」に配慮し、「漢口広州鉄道〔粤漢鉄道〕及漢口成都鉄道〔川漢鉄道〕ニ関スル借款」を範囲から除外したことなどである。そもそも「四国団体」は、中国の鉄道利権に対して、資金供与だけでなく、それにともなうさまざまな利権の獲得を目的に結成された団体であり、「四国銀行団」のように資金供与で満足することができなかった。「国際借款団」としては、「四国銀行団」（本章では、旧四国借款団）が主流となり、後の国際借款団につながっていくので、本章ではこちらを主に取り上げる。

（4）アメリカ政府が自国の銀行団を脱退させた理由はいくつか考えられるが、タフト政権からウィルソン政権への交代、六国借款団による満洲利権を対象とした借款供与の可能性の低下などが挙げられる。

【参考史料】

外務省編（一九六三）『日本外交文書』第四十四巻第二冊、第四十五巻第二冊、外務省
武田晴人監修（二〇〇五）『横濱正金銀行　マイクロフィルム版　第三期』丸善
外務省外交史料館所蔵「外務省記録」
Minutes of Inter-group Conference, HSBC Group Archives in Hong Kong and HSBC Group Archives in London.
FO371, The National Archives, London.

【参考文献】

臼井勝美（一九七七）「辛亥革命と日英関係」『国際政治』五八
川島真（二〇一〇）『近代国家への模索』〈シリーズ中国近現代史二〉岩波書店
久保田裕次（二〇一六）『対中借款の政治経済史』名古屋大学出版会
久保田裕次（二〇一九）「第一次世界大戦期の対華国際借款団をめぐる日英関係」瀧口剛編『近現代東アジアの地域秩序と日本』大阪大学出版会
櫻井良樹（二〇〇九）『辛亥革命と日本政治の変動』岩波書店

篠永宣孝（二〇〇八）『フランス帝国主義と中国』春風社

篠永宣孝（二〇〇九）「一九一四年前の対中国国際借款団の成立（上）」『経済論集』九二

篠永宣孝（二〇一一）「北京シンジケートと英仏関係」『経済論集』九六

副島圓照（一九七八）「善後借款の成立」小野川秀美・島田虔次編『辛亥革命の研究』筑摩書房

田村幸策（一九三五）『支那外債史論』外交時報社

塚本英樹（二〇一二）「満州特殊権益をめぐる日本外交」『法政史学』七七

ハーバート・ファイス著／柴田匡平訳（一九九二）『帝国主義外交と国際金融　一八七〇－一九一四』筑摩書房

三谷太一郎（二〇〇九）『ウォール・ストリートと極東』東京大学出版会

李細珠（二〇〇三）『張之洞与清末新政研究』上海書店出版社

E. W. Edwards（1987）*British Diplomacy and Finance in China: 1895–1914*, Oxford: Clarendon Press.

Frank H. H. King with David J. S. King and Catherine E. King（1988）*The Hongkong Bank in the Period of Imperialism and War, 1895–1918: Wayfoong, the Focus of Wealth*, Cambridge: Cambridge University Press.

Ian Nish（1966）*Anglo-Japanese Alliance, The Diplomacy of Two Island Empires 1894–1907*, London: Athlone Press.

K. C. Chan（1971）British Policy in the Reorganization Loan to China 1912-13, *Modern Asian Studies*, Vol. 5 Part. 4.

Roberta Albert Dayer（1988）*Finance and Empire: Sir Charles Addis, 1861–1945*, Basingstoke: Macmillan.

第三章　世紀転換期のインド系移民排斥と「インド太平洋世界」の形成

秋田　茂

一　「移民の世紀」と帝国の共存

本章は、一九－二〇世紀転換期から第一次世界大戦勃発の時期における移民問題、移民排斥の動きを、イギリス帝国の白人自治領（ドミニオン）の一つである南アフリカ・ナタール（後の英領南アフリカ連邦）を事例に考察する。関係史として、英領インドを中心に、東アジアの新興工業国日本、自由貿易港としてのシンガポール（海峡植民地）と南部アフリカのつながり・連関を描き出すなかで、帝国共存の帝国主義的国際秩序と勃興するアジア（インド）・ナショナリズムの葛藤・軋轢と共存の一端を明らかにする。

一九世紀後半から一九三〇年頃までは、大量の移民が、一方では南北アメリカやオーストラリアの新大陸で新たな国民国家や自治領を形成すると同時に、他方、アジア・アフリカの諸植民地で第一次産品輸出経済の発展を担った。その文脈で一九世紀は「移民の世紀」であるといえる（杉原　一九九九）。一九世紀は、国際的な労働力移動（＝移民）という点では非常に「自由」な時代であり、モノ（商品）だけでなく資本や労働という生産要素の取引に関しても、「自由主義」が貫徹していた時代であった（脇村　一九九九）。

世紀転換期の移民のなかでも、本章ではインド系移民の動きとその排斥運動に着目する。というのも、「移民の世紀」で約三〇〇〇万人が英領インドから環インド洋諸地域を中心に、遠隔の西インド諸島、太平洋地域（オセアニア）、東南アジアの海峡植民地やビルマ（現ミャンマー）等に移民して、現代に至る濃密なインド系移民ネットワークを形成したからである。大量のインド系移民が可能になった前提条件として、世界全域に拡がったイギリス公式帝国（formal empire 植民地）と、その独自の統治原則であった「帝国臣民」（imperial subjects）の論理［後述］があった。本章では、インド系移民がいかにイギリス帝国の枠組を利用したのか、彼らの公式帝国各地への社会経済的進出がいかなる反発を招き、彼らはそれにどのように対応したのか、南アフリカとシンガポールを事例に論じる。

ヘゲモニー国家として威勢を誇ったイギリス帝国も、世紀転換期の南アフリカ（ボーア）戦争を契機に、伝統的な「光栄ある孤立」（splendid isolation）政策を転換し、他の列強諸国との同盟・協商関係に転じた。アジア太平洋地域においては、日英同盟を締結した日本帝国との協調・協力関係が、帝国植民地支配を安定的に維持し、次第に台頭するアジア・ナショナリズムに対処する上で重要であった。本章では、第一次世界大戦勃発直後に英領海峡植民地・シンガポールで発生したインド軍歩兵連隊の反乱を分析し、帝国主義的な帝国共存体制とナショナリズムとの関係性、日本が果たした役割についても考察する。

二 インド系移民の拡大とその背景

「アジア間貿易」の形成と構造、発展

世紀転換期のアジアでは、第一次産品輸出（原棉）と工業製品輸入（消費財としてのイギリス綿製品）という対欧米貿易の拡大と並行して、英領インド（南アジア）、海峡植民地や蘭領東インドを含む東南アジア諸地域、中国（香港を含む）および日本（東アジア）をつなぐ地域間貿易が発展した。杉原薫が提唱した「アジア間貿易」（intra-Asian trade）がそれである（杉原 一九九六）。

一八八三年時点のアジア間貿易の構造は比較的単純であった。英領インドから中国向けのアヘン輸出が主体であり、綿糸は対中国輸出額の一割弱の一二二万ポンドに過ぎなかった。もともと中印間のアヘン貿易は、一九世紀前半に英領インド－中国－イギリス本国を結ぶ「アジアの三角貿易」として登場した。一九世紀後半になるとアヘン貿易は、ユダヤ系商人のサスーンや華僑、印僑などのアジア系商人に担われて発展し、東南アジアの英領海峡植民地やシンガポールを経由して、英領インドと中国を結ぶ新しい貿易通商網が成立した。だが、一八九八年の段階になると、英領インドの対中国輸出の中味は、綿糸四一七万ポンドに対してアヘン三五七万ポンドと、アヘンと綿糸の立場が逆転した。

世紀転換期以降のアジア間貿易の発展は、「英領インドの棉花生産－日本（大阪）とインド（ボンベ

イ）の近代綿糸紡績業－中国の手織綿布生産－太糸・粗製厚地布の消費」という連鎖を中心に、その半分近くが綿工業に関わる「綿業基軸体制」によって支えられていた。すなわち、インド棉花からボンベイと大阪の機械紡績業によって紡がれた綿糸は中国へ輸出され、中国では、輸入した綿糸が手織機で織布に仕上げられて、広大な国内市場で販売された。その連鎖の中でも、特にインドの棉花と機械紡績製綿糸の東アジア向け輸出が重要な役割を果たした。一九一三年のアジア間貿易額は、対欧米貿易総額の約八割、約一億六七三〇万ポンドであったが、その成長率は、欧米向け貿易を上回り、一八八三年－一九一三年の三〇年間に、年平均五・五パーセントに達したのである。

このアジア間貿易の発展は、イギリスが推進した自由貿易帝国主義と無縁ではなかった。アジア内部の国際分業体制であるアジア間貿易にとって、たとえ不平等条約に代表されるように自由貿易が押しつけられたとしても、イギリスが世界的規模で構築した自由貿易体制の存在が、その形成に不可欠の要素になっていた。東南アジアにおいて、大阪・神戸から輸入された生活雑貨品は、農民や移民労働者の生活を支えるために不可欠であった。たとえば、海峡植民地（英領マラヤ）では、一九世紀末から、工業原料として欧米諸国向けの天然ゴムや錫の輸出が増大した。その過程で、現地のプランテーションや鉱山で生産に従事した中国や英領インドからの移民労働者たちは、一定の収入を得て、彼らが消費する生活雑貨品の需要も増えた。食糧としてのビルマやタイからの米、ジャワからの砂糖だけでなく、大阪・神戸からの生活雑貨品の輸入も同時に増えるという、密接な経済的つながりが形成された（最終需要連関効果）。

さらに、アジア間貿易の発展には、蒸気船航路網の整備、鉄道・港湾施設の整備、電信・金融・保険など関連サーヴィス部門の発展が不可欠であり、その運輸通信網の整備の資本と技術は欧米、特に、ヘゲモニー国家イギリスからもたらされた。その意味で、アジア内部の国際分業体制、アジア間貿易の発達は、欧米からの機械などの資本財や資本の輸入、技術移転・導入があり初めて可能になった。こうした地域間貿易の形成は、ラテンアメリカやアフリカ諸地域では見られず、非ヨーロッパ地域では極めてユニークである。

白人の海外移民と自治領（ドミニオン）

一八四〇年代後半から一九四〇年におけるヨーロッパからの大陸間移動による移民数は、約五三〇〇万人で、そのうち約七割が北米、約二割が南米に、さらに約七パーセントがイギリスからオーストラリア・ニュージーランドに向かった。このヨーロッパ系移民の大半は、個人の自由意思による移民で、送り出し国としては、一八八〇年代まではアイルランド、イギリス、ドイツが、八〇年代以降はイタリア、スペインなどの南東ヨーロッパ諸国からの新移民が目立つようになった。

イギリス帝国圏だけ見てみると、一八五三年から一九二〇年までに、イギリス本国からだけで九七〇万人強が海外に移住した。そのうち約四三〇万人（四四・五パーセント）がアメリカ合衆国へ、カナダへは二四〇万人（二四・一パーセント）、オーストラリアとニュージーランドへ一七〇万人（一七・五パーセント）、南アフリカへ六七万人（六・九パーセント）が移住した。これらの本国からの白人移民が主体となって形成された白人定住植民地は、世紀中葉以降、内政に関する自治権を与えられて、自治領（ドミニオン）として発展していく。輸送革命と、安価な食糧・原料に対するイギリスの需要拡大により、一八五〇年以降白人の帝国フロンティアはさらに急速に拡大した。大半の移住者は、親戚や友人の送金を除くと、ほとんど資金的援助を受けずに自由移民として渡海したが、一九世紀後半になると、帝国「辺境」の自治政府からの支援により、白人領への移住が促された。たとえば、一八六〇－一九〇〇年の約八〇万名のオーストラリア移民のうちで、約半数の移民が現地植民地諸政府の支援を受けていた。一九世紀末の典型的な移民者は、公式帝国を含めた海外での経済的機会が提供したプル要因に引き付けられた本国の都市居住者であった。

こうして形成された白人自治領（ドミニオン）諸国は、人種的・文化的紐帯を通じて、本国イギリスと緊密な関係を維持した。移動性の増大と情報の増加に伴い、出身国への帰国（リターン・マイグレーション）も容易になり、約四割近くの移民が本国に帰還したといわれる。移民が事実上、出稼ぎ労働と化したのである。

アジア系労働者の移動と自由貿易港

こうした白人の海外移住に対して、同時期のアジア諸地域からの移民数は、統計上は約四六六〇万人であった。その三分の二、約三〇〇〇万人がインド系移民であり、中国系が約一六〇〇万人を占めた。このアジア系移民は、南米・西インド諸島・南アフリカなど遠隔地への移動は少なく、一九世紀末になると、ビルマ・英領マラヤ・セイロン（現スリランカ）など、比較的短距離で帰国率の高い、出稼ぎ型の移民が多かった。大陸間移動では、ヨーロッパから新大陸への白人移民が圧倒的に多い。しかし、英領インド内部や中国内部での移動など、地域内の遠隔地への移動を加えた労働力移動（移民）を比較すると、ヨーロッパ系とアジア系移民の流れはほぼ同等の規模であったと推察できる。

一九世紀前半のイギリス帝国では、一八〇七年に奴隷貿易が、一八三三年には奴隷制が撤廃された。この過程で、一九世紀中葉以降、英領インドや中国からの年季契約労働者（indentured labour）が、西インド諸島・南米・東アフリカ・モーリシャス・セイロン・英領マラヤなどに向かい、熱帯地域のプランテーションや鉱山で、第一次産品を生産する労働力として利用された。国際労働市場では、奴隷貿易から年季契約労働者への転換が進んだのである。この年季契約労働者を中心としたアジア系移民の増大は、イギリスが確立した自由貿易体制とその拠点であったアジアの二大自由貿易港、香港とシンガポールの発展に大きく依存していた。特にシンガポールは、一九世紀末から形成されてきたアジア地域間貿易（アジア間貿易）のハブとしても決定的に重要な役割を果たした。このアジア間貿易は、さらに歴史を遡ると、欧米勢力が東南アジア地域に進出する以前から現地のアジア商人層を基軸に形成されていた、近世の海域アジア世界の通商ネットワークを基盤とした発展でもあった。こうしてシンガポールは、アジア地域間貿易と世界経済とを結ぶ中継貿易（entrepôt trade）の自由貿易港として発展してきた。また、現地マレー半島に関わる短期的な要因として、「後背地」（hinterlands）との関係が重要である。一九世紀後半以降の後背地としてのマレー半島での世界市場向け第一次産品生産の天然ゴムと錫生産の拡大が、シンガポールの対外貿易拡大に大きく寄与していた。

インド系年季契約移民労働者と帝国・植民地

次に、特に熱帯地域の王領植民地（Crown Colonies）で労働力として圧倒的な比重を占めるに至った年季契約労働者、あるいは通常「苦力移民」(Coolie emigration) と呼ばれたインド系移民の状況を、一九一〇年に本国下院に提出された議会委員会報告書に依拠して概観しておきたい (BPP, Cd.5192, 1910)。苦力移民に対しては、同時代から賛否両論あり、インド政庁を巻き込んでその契約条件や入植現地での労働環境をめぐって論争がなされてきたが、この報告書は一連の論争の総括と本国政府を含めた政策当局の見解の到達点ともいうべき文書である。最初の苦力移民は一八三四年のモーリシャス移民で、一八四四年にジャマイカ、英領ギアナ、トリニダード、一八五六年にグレナダ、五八年にセント・ルシア、六〇年には南アフリカ・ナタールへの移民が始まった。一八四二年から七〇年までの諸地域への移民数は以下の通りであった:モーリシャス三五万一四〇一、英領ガイアナ七万九六九一、トリニダード四万二五一九、ジャマイカ一万五一六九、その他の西インド諸島七〇二一、ナタール六四四八、仏領植民地三万一三四六 (BPP, Cd.5192)。

移民の基本的な契約は五年間で、一〇年後 (ナタールでは五年後) に無料での帰国 (free return passage) が保証されていた。移民先とコルカタで契約条件や渡航状況を監視するため、移民保護官 (Protector of Emigrants) が任命された。当初から、五年の契約履行後の処置をめぐり、再契約を要求するプランターと、自由身分として小土地所有者あるいは自由労働者としての権利を要求した移民の間で紛争が絶えなかったため、東インド会社・インド政庁は現地の植民地当局に対して、保護措置や契約満了後の苦力の定住を促す努力を求めてきた。その結果、一九〇七年の報告書によれば、インド系移民数は、モーリシャス二六万四〇〇〇、英領ガイアナ一二万七〇〇〇、トリニダード一〇万三〇〇〇、ジャマイカ一万三〇〇〇、ナタール一一万五〇〇〇、フィジー三万一〇〇〇、合計で約六三万三〇〇〇名余に達していた（BPP, CD.5192）。

この一九一〇年インド人苦力委員会報告書は、年季契約移民労働者制度を肯定的に評価する姿勢を明確にした。すなわち、苦力移民を、撤廃された奴隷制と同様の強制労働・不自由労働として非難する一般的論調に対して、（1）過去二〇－三〇年間の実績を考慮すると、インド系移民は熱帯王領植民地の資源開発（農業生産）のために最大の貢献をしてきたこと、（2）定着したインド系移民は、主要な産業の担い手、納税者としても現地政府や社会に利益をもたらしていること、（3）従って、契約満了の移民が独立して定住できるだけの、農業開発が可能な余剰地を有する植民地に限定して、契約移民労働者制度は容認されるべきである、との提言を行った（BPP, Cd.5192）。この報告書は、本国植民地省が統括した王領植民地が分析対象で、インド洋のモーリシャスと、西インド諸島諸植民地、及び一八八二年から移民が始まった太平洋のフィジーに重点が置かれていた。世紀転換期に自治権を獲得した自治領（ドミニオン）は検討の対象からはずされていた。しかし、次節で述べるように、一八六〇年に契約移民労働者の導入が認められたナタール植民地でのインド系移民の地位と権利擁護が、世紀転換期のイギリス帝国を揺るがす大問題になった。

三　「帝国臣民」の論理――南アフリカにおけるガンディー

ナタール自治領とインド系移民

世紀転換期、第二次南アフリカ（ボーア）戦争前のナタール植民地は、一八九三年七月に責任政府が認められた自治領であった。現地経済は、プランテーションでの砂糖生産を主力とする第一次産品輸出に大きく依存しており、その労働力として、年季契約労働者としてのインド人移民が不可欠であった。そのインド人移民は、通常五年契約の年季契約労働者とその後自由な身分となった労働者、自由意志で渡航し定着した比較的富裕な商人層の二つの階層から構成されていた。一八九五年の人口統計によれば、約四万五〇〇〇名の白人と、約四万人のインド人、約四五万人のアフリカ人がいた。立法議会の選挙権は有産者に限定されており、白人の有権者九三〇九名に対して、インド系有権者は二五一名に過ぎず、インド人有権者の六割が商人、二割が専門職で占められていた。

イギリスで法廷弁護士（barrister）の資格を獲得していたガンディーは、金銭訴訟を抱えたムスリム商人ダーダー・アブドゥラーの依頼を受けて、一八九三年五月末にインドからダーバンに到着した。内陸都市プレトリアでの一年間の生活を通じて、彼は法廷弁護士としての地位を固めた。一年後の九四年五月末の帰国直前に、ナタール政府によるインド人の参政権制限法案の提出に接すると、ガンディーは急遽帰国を中止して、インド人移民社会を率いて抗議運動を展開した。九四年八月には、インド国民会議をモデルとして「ナタール・インド人会議」（Natal Indian Congress）を組織した。法廷弁護士としての経験を活かして、本国議会・植民地の立法参事会や政治家たち、本国や英領インド、現地ナタールの各種新聞への投稿・働きかけを通じて、インド系移民の諸権利を擁護するため、合法的な請願活動を精力的に展開した。ガンディー自身も、南アフリカでの滞在が、一九一五年一月にインドに帰国するまでの二一年余の長期にわたるとは予想もしていなかった（途中、一八九六年四月からの約半年と、一九〇一年のほぼ一年間はインドに帰国）。彼の南アフリカ滞在期間は、帝国への信頼

南アフリカの法廷弁護士・ガンディー（中央）

感に基づき法廷闘争を展開した前期のダーバン時代と、一九〇二年にヨハネスブルクに居住してから、次第に法廷弁護士の活動をやめて政治運動に傾斜する一方で、帝国への失望感・幻滅からやがて反植民地主義の闘士に変貌していく後期に二分された（デェヴァネッセン　一九八七、秋田　一九九八、Guha 2013）。

「イギリス帝国の臣民」――ガンディーの闘争

ガンディーのインド系移民差別法案に対する抗議活動は、立法参事会への公開書簡の送付やインド人会議の意見表明を通じて合法的に行われた。一八九五年一二月の「南アフリカの全イギリス人へのアピール」で彼は、「インド人が抗議しているのは、肌の色による差別、人種の差による資格剥奪である」「そもそもイギリス帝国の臣民でなければ、インド人の選挙権問題は起こらないし、国家が支援するインド人移民もありえない……南アフリカにインド人がいるのは、彼がイギリス帝国の臣民であるからだ。彼は、好むと好まざると、寛大に取り扱われねばならない」と、「帝国臣民」の論理を強調した。

一八九六年四月からの一時帰国中に、ガンディーは、インド各地の民族運動指導者達と懇談して、南アフリカのインド人の苦境を訴えた。その一環として、彼は九六年八月に、表紙の色にちなんで後に「グリーンパンフレット」と呼ばれた小冊子を出版し、当時としては稀な政治的関心を喚起した。ここでガンディーが強調する「イギリス帝国臣民」（British imperial subjects）としての帝国内の移動・定住の自由は、世界中で公式帝国（植民地）を保有したイギリス帝国の最大の独自性であった。国境を超えたヒトの移動を管理するパスポートも存在せず、国籍を問われることもなく公式帝国諸地域間の無制限で自由な往来を暗黙裡に保証されたイギリス帝国の一員、女王陛下の「臣民」として、ユニオン・ジャックの国旗の下で、富裕な上中流階級（ジェントルマン資本家層）だけでなくインド人苦力のような貧しい労働者たちも、新天地での雇用・職・活躍の舞台を求めて帝国内を自由に移動できた。「移民の世紀」であった一九世紀にあって、こうした「特権」を享受できることが、他の欧米列強の植民地帝国や日本帝国にはなかったイギリス帝国の最大の魅力であった。特に英領インドでは、世紀中葉の「インド大反乱」の帰結として一八五八年にヴィクトリア女王（その代理としてのインド総督キャニング）が出した布告が、人種・宗教・言語・文化の違いを超えた平等を掲げる帝国統治の基本原則として、形式的な規定力を持っていた。このインド独自の事情と、支配・統治の普遍性を掲げたイギリス帝国の論理を、被支配民族であるインド系移民達も、自己の社会経済期利害や政治的権利を確保・保全するために最大限利用・活用することが可能であったのである。

ダーバン港騒擾事件——インド系移民の排斥運動

インド系移民の政治的権利抑圧に対するガンディーの抵抗運動は、移民の入国制限、インドへの送還促進を促し、ガンディー個人への強烈な批判と反発を生み出した。それが典型的に露出したのが、一八九六年一二月に彼がボンベイからの蒸気船でダーバン港に帰着した時の上陸阻止、ダーバン港騒擾《そうじょう》事件である（ガーンディー 二〇〇五、デェヴァネッセン 一九八七）。

ガンディーは、一八九六年四月から家族を迎えるためにインドに一時帰国し、ボンベイからインド系船会社ダーダー・アブドゥラー社の蒸気船「クーランド号」で、ほぼ同時に出港したペルシア汽船の大型船「ナーダリー号」と共に、一二月一八日にダーバン港外に到着した。当時西部インドでは腺ペストが流行していたため、両船は港湾保健当局から検疫のため港外の投錨所に停泊するよう命ぜられた。当初数日と予想された待機期間は、意図的に引き延ばされて、両船の約八〇〇名の乗客は、結局二三日間も上陸を許されなかった。ダーバンのインド人コミュニティは、船客救援のため検疫救援基金を組織し、乗客に食糧や毛布を供給した。船会社アブドゥラー社は、植民地政府法務長官に接触し、恣意的な行政措置による検疫期間延長の即時撤回を求めていた。

年が明けて一八九七年一月の第一週に市公会堂で、白人労働者階級を集めて、アジア人の上陸に抗議する一連のデモと集会が開かれた。一部の扇動者による組織委員会は、両船のインド人を本国インドに送還するよう行政府に求める決議で政治的圧力を試みた。行政府と法務長官は、デモによる実力行使には反対しつつ、アジア系移民の流入抑制の立法化を約束していた。

両船が港湾当局から上陸許可を得たことで、一八九七年一月一三日に膠着状態が動き出した。ガンディーと家族は夕方まで船に留まった後、アブドゥラー社の事務弁護士と共に上陸を試みた。彼らはたちまち白人暴徒の一団に取り囲まれ、侮りや弥次の口笛がこだまするなかで腐った魚や卵が投げつけられ、ガンディーのターバンも奪われた。この群衆によるリンチ直前の危機的状況は、偶然通りかかった警察署長夫人の機転に助けられて、警官の護衛の下でようやくインド人商人の家にたどり着くことができた。家族の無事を確認したガンディーは、市警察刑事と相談した上でインド人警吏に変装して群衆の間をすり抜け、その場を脱出したのであった。

ナタール行政府とダーバン市警察は、一八九七年初めの時点では、法治主義を堅持し、インド人移民排斥運動の過激化を抑制する姿勢を堅持した。インド系移民の上陸を水際で阻止するため、移民が乗船した船舶の入港・接岸自体を拒否する戦略は、後に第一次世界大戦期のカナダ自治領バンクーバーで発生した「駒形丸事件」で、帝国を揺るがす大問題に発展した。この事件から三か月後に、植民地政府法務長官はナタール議会に、検疫法強化、インド人移民制限、インド人に対する商業許可証の発行制限を目的とする三つの反インド人法案を提出した。この行政府の方針に対して、ガンディーを指導者とするインド人会議は改めて抗議表明のため、九七年三月一五日付で、この間の事情を詳細に説明し、「帝国臣民」としてのインド系移民の対等の立場・権利を強く主張する次のような請願書を植民地相ジョセフ・チェンバレンに送付した：

イギリス植民地の政府によって、そのような威嚇行為が承認あるいは黙認される事は、ナタール政府に失礼ではございますが、イギリス国制の最も大事にされた原理に反する新たな経験であります。デモの影響は、植民地全体の幸福だけでなく、ヨーロッパ人のイギリス臣民（the European British subjects）と同じくイギリス帝国の一部であると主張する、インド人コミュニティの安寧にとっても、大変な不幸をもたらします。（中略）仮に、帝国政府が、インド人のイギリス臣民（the Indian British subjects）に帝国の全ドミニオン地域（Her Majesty's Dominions）との自由通交原則を認めるのであれば、諸植民地政府の側での非難すべき不公平を排除するため、帝国政府により何らかの見解表明があることを要望いたします。[1]

ほぼ三週間にわたって、ダーバン上陸を阻止されたこの騒擾の経験は、ガンディーに精神的な緊張を強いて深刻な影響を与えることになった。船上での長い待機は、彼の忍耐心と語ってきた理想（白人の憎悪に対する、愛と自己犠牲の精神）の双方を試練にかけた。デモ参加者の白人の憎悪・敵意に直面する中で、彼はそのお返しに白人を憎まぬように格闘した。ガンディーの深い確信は、サティヤグラハ（非暴力抵抗運動）の実践を経て、やがて一九〇九年に出版された『ヒンドゥー・スワラージ』（インドの自律統治）に結実することになった。

「帝国のシンデレラ」からサティヤグラハへ

インド系移民が「帝国臣民」であることを強調したガンディーは、英領インドがイギリス公式帝国の一部であり、正規の帝国構成員であることを内外に示す努力を重ねた。彼の帝国への忠誠心は、南アフリカ戦争での戦争協力で示された。彼は、年季契約労働者を含めたインド系移民の中から約一一〇〇余名の志願兵を集めて「インド人野戦衛生隊」（Indian Ambulance Corps）を組織した。同隊は、戦況が不利な初期段階で活躍し、イギリス軍の負傷者を看護するために最前線で活動して高い評価を得た。

ガンディーとインド人会議の抗議にもかかわらず、ナタールでインド系移民の政治的諸権利は次々と制限されていった。一九〇一年一〇月に彼は、南アにおける自分の使命を当面終えたとしてインドに一時帰国した。だが、南アフリカ戦争直後の再建期の〇二年一二月に、彼は再び請われて南アフリカに戻った。翌〇三年四月からは、最高裁での弁護資格を有する著名な法廷弁護士としてヨハネスブルクに定住し、トランスヴァール居住のインド系移民の権利擁護に本格的に取り組んだ。彼は依然として、イギリス帝国の良心、「帝国臣民」としての諸権利の保証に全幅の信頼を置いていたが、この時期から次第に帝国に対して懐疑心を抱くようになった。

その端緒は、インド人世論喚起のために創刊された雑誌*Indian Opinion*の一九〇三年七月の論説「帝国のシンデレラ」に見られた。その論説でガンディーは、帝国に対するインドの軍事的・財政的貢献が報われない現状に不満を表明した。すなわち、「インドが帝国への負担を求められる一方で、帝国から利益を受けられないのは平等な取引であろうか。……南アフリカの人々は、インド領有でイングランドが得る栄光をイギリス人共通の財産として享受しながら、その栄光に貢献した数百万の英領インド人を絶えず傷つけるつもりなのか」と。(2)

ガンディーのイギリス帝国に対する「反乱」は、一九〇六年八月にトランスヴァール当局がアジア系移民（インド人）登録法案を提出した頃から明確になった。彼は、従来の請願・説得を通じた政策当局への働きかけの限界を認識し、非合理な「悪法」には従わず住民登録には応じない姿勢を明確にし、新たな対抗戦術としてサティヤグラハを編みだした。一九〇六年九月一一日の集会でサティヤグラハの開始が宣言された。同時に彼は、本国の総選挙で新たに成立した自由党政府への政治的働きかけを通じて、現地当局への圧力行使を期待した。だが、〇六年一二月にトランスヴァールは本国政府により自治領の地位を認められ、自治政府はアジア人登録法制定に向けて動いた。結局、同法は翌〇七年三月にトランスヴァール議会で可決され、六月に国王の裁可を得て七月から施行された。

ガンディーは、指紋押捺を含む登録手続きのボイコットを訴えたが、登録法違反で一九〇七年一二月に逮捕、投獄された。トランスヴァール当局は、さらに翌〇八年一月、移民制限法を制定してインド系移民の事実上の締め出しを図った。この暴挙に対して、ガンディーのサティヤグラハは精力的に継続され、スマッツとの政治闘争は激化した。

一九〇九年になると、南アフリカの諸自治領を統合して「南アフリカ連邦」(the Union of South Africa) を創設しようとする動きが現実化した。ガンディーは、連邦結成がインド人問題をさらに悪化させると判断し、本国自由党アスキス政権の介入を期待して、ロンドンでロビー活動を展開した。だが、植民地相クルーは、帝国政府が現地南アフリカの政治家達に、「帝国臣民」としてとしてのインド系移民の権利を認知させることは、国制面で不可能であると認識しており、ガンディーの説得工作は失敗に終わった。ロンドンでの交渉に失望したガンディーは、〇九年一一月一三日にケープタウンへの帰国の途に就いた。その帰国の船中で、わずか一〇日間で書き上げられたのが、彼の代表作『ヒンドゥ・スワラージ』であった。

インド系住民がイギリス帝国諸地域（公式帝国）に移住・居住する権利として主張された「帝国臣民」の論理は、二〇世紀初頭の自治領（ドミニオン）によるアジア系移民排斥の動きが広がる中で、その実態との間に大きな乖離が現れた。それを大きく揺るがした事態が、第一次世界大戦の勃発とガダル党の反英闘争の展開、シンガポールでのインド歩兵連隊の「反乱」である。

四　インド・ナショナリズムと帝国日本

第一次世界大戦とインド軍

インド軍は、一九世紀初頭から「イギリス帝国拡張の先兵」としてアジア・アフリカ諸地域に派兵されてきた。第一次世界大戦でインド軍は、これまでの海外派兵の場合をはるかに超えて、勝利のために多大の貢献をした。一九一四年の大戦勃発時に、インド軍の兵員数は、戦闘要員一五万五四二三名、非戦闘員四万五六六〇名、計二〇万一〇八三名で構成されていた（Pradhan 1978）。開戦とともに、インド軍を主力とするインドの軍事力は即応戦力として動員され、フランス、東アフリカ、ペルシャ湾岸地域およびエジプトに派兵された。

一九一八年一二月末までに、新たに戦闘要員として八七万七〇六八名、非戦闘要員として五六万三三六九名、合わせて一四四万三三七名のインド人が、現地インドで戦争遂行のために募集された。第一次世界大戦を通じて、インド軍関係の兵員数は七倍強に拡張されたのである。同じ期間に、インドから海外には、軍の将兵と非戦闘要員・労務者としての随行者を合わせて、イギリス人二八万五〇三七名、インド人一〇九万六〇一三名、合計一三八万一〇五〇名の人員が（Government of India 1923）、ヨーロッパの西部戦線やメソポタミア、パレスチナなどの中東の戦場に動員された。特に、戦争の後半段階で、中東各地域でのオスマン・トルコ帝国を相手にした軍事作戦では、インド軍が戦闘部隊の主力を務めた。また、ヨーロッパ西部戦線においては、八万九三三五名のインド軍将兵と非戦闘員随行者四万九二七三名、合わせて一三万八六〇八名のインド現地人が、白人の優越感や人種主義的な偏見にはまったくお構いなく、白人相手の戦闘に従事した。こうしたインド軍の帝国防衛・拡張戦への多大な貢献の中で、大戦初期のシンガポールにおけるインド歩兵連隊の反乱は、翌一九一六年四月のアイルランドでのイースター蜂起と並んで、帝国の総力戦を揺るがす衝撃的事件であった。

ガダル党の反英武装闘争の展開

だが、開戦時にシンガポールに移動したマラヤ土侯国守備隊（Malay States Guides）は、パンジャーブ系イスラム兵士が東アフリカ戦線への派兵を拒否し、砲兵を残して元駐屯地に戻された。その背景として、開戦直後から展開されたガダル党（Ghadar Party）の反英武装闘争の間接的な影響があった。ガダル党は、米国西海岸オレゴン州ポートランドに本拠を置き、インド系移民労働者のハール・ダヤル（Har Dayal）が戦前の一九一三年五月に組織した秘密結社で、北米（カナダ自治領・アメリカ合衆国）での人種差別やインド系移民制限に不満を抱くパンジャーブ州出身のシク教徒が主力であった。シク教徒は、「尚武の民」（martial race）として、ネパール出身のグルカ兵と並んでインド軍の主力部隊を構成していた。彼らは平時から各種の優遇措置を受け、シンガポールや香港の直轄植民地では、治安維持にあたる植民地警察を担うと共に、退役兵を中心に北米の太平洋沿岸地域（British Columbia, Oregon, California）への移民を通じて、イギリス公式帝国を超える緊密な人的ネットワークを形成していた。

大戦勃発直後からガダル党は、海外在住のインド系移民に対して、インドに戻り反英武装闘争に着手するよう強力なキャンペーンを開始した。その第一弾として、六〇－七〇名のインド人が、一九一四年八月二九日に、汽船コリア丸でサン・フランシスコを出港し香港に向かった。香港のシク教寺院は、北米やマニラ・上海などアジア諸地域からガダル党員が集結する拠点となった。香港駐留のインド軍第二六パンジャーブ連隊も、こうしたインド革命運動の間接的な影響にさらされることになった。イギリス当局、特にインド政庁犯罪情報局（Department of Criminal Intelligence）（鬼丸 二〇一四、第五章）は、こうした海外からの帰国・インド入国を謀るガダル党員の動きを徹底的に追跡し、新たに緊急に制定したインド人入国管理規定を根拠として、ガダル党員のみならず海外から一時帰国するインド系船客を、船上やコルカタで拘束して収用施設に拘禁した。最終的にインドに入国したガダル党員の数は不明であるが、その数は八〇〇〇名を超えると推定されている（Kuwajima 2006）。

「駒形丸事件」と「コルカタの悲劇」——一九一四年五月－九月

こうしたガダル党による反英武装闘争の展開に最中に起こったのが、「駒形丸事件」である。この事件は、従来は、第一次世界大戦の開戦期に起こった単なる移民騒動として言及されてきた。すなわち、横浜港を出発し三五〇余名のインド系移民（大半がパンジャーブ州出身のシク教徒）を乗せた、香港

バンクーバー港での駒形丸

でチャーターされた日本船「駒形丸」が、一九一四年五月二三日にカナダのバンクーバーに来航したが、移民許可基準を定めたカナダ枢密院令に反するとして、大半の乗客が上陸を拒否された。これに対してインド系移民は、同じイギリス帝国の「帝国臣民」として、イギリス帝国内部の移民は自由であるはずで、それに制限を加えるカナダ枢密院令の違法性を訴えて抵抗した。しかし、ブリティッシュ・コロンビア州上訴裁判所で彼らの訴えは棄却され、上陸はかなわなかった。

結局、駒形丸はバンクーバーの入り江に二か月停泊し、再び太平洋を横断して、横浜、神戸、シンガポールを経由した後、一九一四年九月二六日にインドのコルカタに到着した。既に第一次世界大戦は始まっており、開戦への影響を危惧した現地のインド政庁当局は、駒形丸を九月二八日、カルカッタ近郊の港バッジ・バッジに移動させ、乗客をその出身地のパンジャーブ州へ強制的に送り返そうと試みた。それに抵抗した乗客の中から、当局の発砲により十数名の死者が出る悲劇的な結末を迎えたのである（秋田・細川 二〇二〇）。

この「駒形丸事件」は、第二節で論じた、イギリス帝国自治領におけるインド系移民排斥運動の典型であるが、後半に発生した「コルカタの悲劇」は、ガダル党の反英武装闘争と間接的に関係があるとされてきた。イギリス当局・インド政庁を非難・糾弾する声が湧き上がったが、イギリス植民地当局は、開戦初期のインド軍（シク教徒兵士）動員計画や彼らの戦闘意欲・士気への悪影響を懸念して、シンガポールの海峡植民地政府も含めて徹底した情報統制を試みた。だが、「コルカタの悲劇」は、非公式に張り巡らされたインド系移民のネットワークを通じて、場合によっては誇張された形で、インド現地や東南アジア・東アジア諸地域だけでなく、北米のインド人コミュニティにも伝わることになった。

インド軍歩兵連隊の「反乱」――一九一五年二月

こうして、表面的には安定していたが潜在的には不穏な要因を抱えた開戦期のシンガポールにおいて、一九一五年二月に勃発したのが、駐留インド軍歩兵連隊の「反乱」である（Kuwajima 1991, Sareen 1995）。

反乱を起こしたのは、一九一四年四月四日にインドからシンガポールに到着した第八軽歩兵連隊であった。同連隊は、八歩兵中隊の計八〇〇名で構成され、兵士の大半はパンジャーブ州出身のムスリムであった。開戦後の軍再配置・動員計画により同軍は、一九一五年二月一六日に、香港に向けての移動（移駐）が予定されていた。中国暦の正月休暇であった二月一五日の午後三時に、シンガポール島中部のアレクサンドラ兵営（Alexandra Barracks）で銃声が鳴り響いた。インド人下士官に率いられた中隊が弾薬と銃を奪取して兵営を占拠すると共に、一部はタングリン地区のドイツ兵捕虜収容所や市内中心部の中央警察署に向かった。他の部隊は、マラヤ土侯国守備隊の砲兵部隊に反乱へ参加するよう説得を試みた。反乱軍の一団は、兵営への欧米人接近を阻止するため、港湾施設に繋がる道路を占拠した。しかし、反乱部隊の側に明確な行動計画があったわけではなく、当初狼狽した植民地当局とシンガポール駐屯軍も、迅速な市街地防衛体制を敷いた。その過程で、シンガポール総督A・ヤング（Sir Arthur Young）の支援要請を受けて急遽編成された、現地在住の日本人による義勇民兵隊（special constables後述）は、各所の警察署や市街地の武装警備の面で重要な役割を果たした。

植民地当局と軍の反撃と鎮圧作戦は、後述するように、国際的な軍事協力を得て迅速に展開された。その結果、反乱はほぼ一週間で鎮圧され、反乱部隊を除いた死者の数は、二人のイギリス人中隊指揮官を含めて軍人二一名、民間人二〇名（一名のドイツ軍捕虜を含む）に留まった。反乱勃発一週間後の二月二二日の夕方までに、六一四名の軽歩兵連隊兵士が投降した。軍法会議により、有罪とされた二名のインド人将校、六名の下士官、三九名の兵士が「公開処刑」（銃殺）され、一九〇名の兵士は流刑や長期・短期の禁固刑に処せられて、インド兵の反乱は終結したのである。

日本の反乱鎮圧への協力と日英同盟

シンガポールのインド兵反乱は、第一次世界大戦勃発から約半年後で、軍事情勢が未だ流動的でイギリス帝国の防衛体制も再編過程にある中で勃発した。反乱の原因は、ガダル党の扇動が遠因となったが、直接的には、第八軽歩兵連隊のムスリム兵士達が、連隊の香港移駐命令に不満を抱き、イギリス帝国の戦争目標と海外派兵計画に疑念を抱いたことにあった。特に、一九一四年一一月にオスマン帝国が三国同盟側で参戦してイギリス帝国と交戦状態に突入したことが、ムスリム兵士達の前線での戦闘をためらわせた。ある兵士は、次のような本音を軍医に吐露していた――「我々の給与が苦力の賃金の半分で、我々の妻子が一月あたり二－三ルピーで飢えに苦しんでいる時に、なぜ我々は、イングランドのために戦い、ヨーロッパで殺されねばならないのか?」（Sareen 1995）と。インド軍兵士の「ヨーロッパの戦争」からの距離感とムスリム盟主のオスマン帝国参戦、英領インド植民地統治への不満が、インド軍兵士の戦争協力を躊躇させる要因となった。

このシンガポールの軍事的危機を、イギリス植民地当局（総督）と軍は、日本を含む帝国主義列強の軍事同盟関係、特に海軍の協力支援を通じて乗り切った。反乱三日目の一九一五年二月一七日には、フランス海軍巡洋艦モンカルム号（一九〇名の兵士）と日本海軍巡洋艦音羽丸（三〇〇〇トン）が入港し、陸戦隊が上陸した。一八日には、音羽丸の七六名の日本軍兵士の支援を受けたイギリス軍が、アレクサンドラ兵営を無抵抗のまま奪回した。日本軍の一隊は、反乱軍が占拠した別の兵営に向かい、すすんで投降してきた一二名の兵士を捕縛した。同日夕刻には、ロシアの巡洋艦オーレル号も入港して四〇名の兵士が上陸した。さらに一九日には、二隻目の日本の巡洋艦対馬丸（三三六六トン）が到着して、七五名の兵士が上陸した。翌二〇日には、英領ビルマのラングーンから援軍として、イギリス艦船エダヴァナ号が第四シュロップシャー軽歩兵連隊（六中隊構成）と共に到着した。こうして、日英同盟と三国協商加盟諸国の海軍艦船の急派と軍事的支援を得ることで、イギリス当局は短期間で反乱を鎮圧することができた。

なかでも、日本の軍事的協力は突出していた。一九一五年二月一五日の夜、日本領事藤井実はシンガポール総督ヤングから、日本人義勇民兵隊の編成を要請された。翌朝までに一〇四名が集まり、一七日までに一八六名に達した。義勇隊徴募の過程で、在シンガポールの三井物産、日本郵船、台湾銀行関係者が動き、義勇隊にはイギリス当局から弾薬が支給された。義勇隊は、アレクサンドラ兵営の奪回に協力し、市内南部の総合病院（General Hospital）を攻撃した反徒を撃退した。他方、一九一五年二月一六日深夜に、台湾を本拠とした日本海軍第三艦隊司令部は、シンガポールの英国艦隊司令長官ジェラムが一五日付で発信した支援要請を受け取り、二隻の巡洋艦音羽丸（一七日一八時に到着）、対馬丸（一九日一一時に到着：艦隊司令官土屋金光少将が乗船）をシンガポールに急派すると共に、香港駐留インド軍連隊の反発に備えて、巡洋艦明石丸が香港に向かった。二隻の艦船急派の決定は、日英同盟を通じたイギリスとの協力を重視した大隈重信内閣の外相・加藤高明の決断があった。だが、支援当事者の第三艦隊司令部では、イギリスの「内政」（internal affairs）への干渉を意味した、シンガポールのインド軍反乱部隊鎮圧への協力は、日英同盟の規定に反するとして懸念する動きもあった。

日本海軍の軍事的支援は、反乱の早期鎮圧に貢献したとして、シンガポール総督、植民地当局から感謝されることになった。しかし、当時から日本国内でインド民族運動を支援していた国粋主義者からの批判を招き、後に戦間期英領インドのナショナリストからも、アジア・ナショナリズムの抑圧を目的とした「帝国間協力」として強く非難された。

五　世紀転換期のインド太平洋世界

以上、世紀転換期のインド系移民排斥に関連した諸事件を、同時代に並行的に発生した事態として、グローバルヒストリーの手法で分析してきたが、以下の二点に注目したい。

第一に、ヘゲモニー国家であったイギリス帝国特有の「帝国臣民」の論理が有した、統合と排斥、支配と自立性の両面を兼ね備えた両義的な機能である。イギリス本国政府は、広大な公式帝国支配の普遍性と正当性を主張する論拠として「帝国臣民」の論理を、帝国統治原理として掲げた。地理的移動や定住の自由を保証し、寛容・柔軟に運用されたこの原理は、世界帝国を自認したイギリス帝国の政策当局（official mind）にとって、誇るべき独自性を有していた。他の欧米列強諸国や新興の日本帝国にはない、異民族支配・統治を安定的に維持していくために不可欠の統治原理であった。だが、南アフリカ（ナタール自治領）でのガンディーの行動に見られたように、被支配民族（現地住民）も、自己の権益確保、利益追求のために「帝国臣民」の論理を、積極的に活用・転用することが可能であった。帝国支配の論理を逆手に取って、抵抗や自立の主張を展開できたのである。一九一四年までの二〇数年間にわたるガンディーの南アフリカでの活動は、帝国への信頼と幻滅の狭間で現地インド人社会（商人層と苦力・自由労働者）の権利を擁護するため、戦略的に展開されたのである。

第二に、世紀転換期のインド系移民の商業活動・移住を通じて、東・南部アフリカ大陸を含む環インド洋世界（the Indian Ocean World）と、自由貿易港のシンガポール・香港を結節点としアメリカ大陸につながるアジア太平洋世界（the Asia-Pacific）が徐々に結びつくようになった。杉原が提唱する「アジア間貿易」（intra-Asian trade）の形成と発展、特にインド人商人（印僑）が主導した第一次産品（棉花）や製造品（繊維製品）の輸出入を通じたモノの動きは、インド洋沿岸諸地域と東南アジア海域世界、日本を含む東アジア諸地域を結びつけた。ヒトの移動（インド系移民）は、イギリス公式帝国の枠組を媒介として、北米やカリブ海諸地域（西インド諸島）に及び、インド系移民を連接環としてインド洋と太平洋の二つの海洋世界をつなぐ「インド太平洋世界」（the Indo-Pacific）形成の萌芽が見られた。その過程で、新興の通商国家日本は、経済的には「アジア間貿易」を支える基軸国として、政治外交的には日英同盟を通じた軍事面での対英協力（英領インドを含む対イギリス帝国）政策により、「インド太平洋世界」における帝国共存体制を支えていた。一九一五年のシンガポールでのインド歩兵連隊反乱鎮圧への日本海軍の積極的協力がその象徴的事件であった。

イギリス帝国史と日本史、アジア史をつなぐ、こうした間接的連鎖、関係性を明らかにすることで、我々は初めて、世紀転換期の「インド太平洋世界」のダイナミズムを理解できるのである。

（1） Memorial to Mr. Chamberlain, March 15, 1897, 'To The Right Honourable Joseph Chamberlain, Her Majesty's Principal Secretary of State for the Colonies, London, The Memorial of the Undersigned Indians, Residing in the Colony of Natal' in: *The Collected Works of Mahatma Gandhi, II (1896-1897)*, New Delhi: Government of India, pp. 230–231.

（2） 'The Cinderella to the Empire', Indian Opinion, 30 July 1903, in: *Collected Works III*, pp. 382–384.

【主要参照文献】

秋田茂（一九九八）「植民地エリートの帝国意識とその克服―ナオロジとガンディーの場合」木畑洋一編『大英帝国と帝国意識―支配の深層を探る』ミネルヴァ書房、第8章

秋田茂・細川道久（二〇二〇 出版予定）『駒形丸事件』筑摩新書

鬼丸武士（二〇一四）『上海「ヌーラン事件」の闇―戦間期アジアにおける地下活動のネットワークとイギリス政治情報警察』書籍工房早山
ガーンディー、M．K．（田中敏雄訳注、二〇〇五）『南アフリカでのサッティヤーグラハの歴史1―非暴力不服従運動の誕生』（東洋文庫七三六）、平凡社
杉原薫（一九九六）『アジア間貿易の形成と構造』ミネルヴァ書房
杉原薫（一九九九）「近代世界システムと人間の移動」『岩波講座世界歴史一九　移動と移民―地域を結ぶダイナミズム』岩波書店
デェヴァネッセン、チャンドラン・D．S．（寺尾誠訳、一九八七）『若き日のガーンディー：マハートマーの生誕』未来社
脇村孝平（一九九九）「インド人年季契約制は奴隷制の再来であったのか」『岩波講座世界歴史一九　移動と移民―地域を結ぶダイナミズム』岩波書店
Government of India（1923）*India's Contribution to the Great War,* London
Guha, Ramachandra（2013）*Gandhi Before India*, London: Allen Lane
Pradhan, S.D.（1978）'Indian Army and the First World War', in De-Wit Ellinwood and S.D. Pradhan（eds.）, *India and the World War I*, New Delhi
Kuwajima, Sho（1991）*Indian Mutiny in Singapore*, Calcutta
Kuwajima, Sho（2006）*The Mutiny in Singapore: War, Anti-War and the War for India's Independence*, New Delhi: Rainbow Publishers
Sareen, T.R.（1995）*Secret Documents on Singapore Mutiny 1915*, New Delhi

第四章　戦間期文化国際主義と「新渡戸宗の使徒」

中嶋啓雄

一　国際社会の誕生

ダニエル・ゴーマンの著書の表題（Gorman 2012）が示すとおり、第一次世界大戦後、いわゆるグローバル・ガバナンスの萌芽が見られるようになった。それは具体的には政治面では国際連盟の創設、経済面では従来、孤立主義を堅持してきた新興大国・アメリカ合衆国によるヨーロッパ経済の復興への関与、そして文化面では保健衛生、労働運動から国際政治までさまざまな分野における国際派知識人・専門家の協働という形態を取った。三つ目の文化面におけるグローバル・ガバナンスの萌芽は「文化国際主義」（入江　一九九八）と呼びうるもので、その一端を日本で担ったのが「新渡戸宗の使徒」であった。新渡戸宗の使徒とは、在校生あるいは卒業生として、二〇世紀初めに第一高等学校（一高。

現・東京大学教養学部）の校長（一九〇六－一三年）を務めた新渡戸稲造に多大な影響を受けた一群の知識人を指す。彼らは国際連盟事務次長（一九二〇－二六年）も務めた当時の日本を代表する国際主義者・新渡戸を慕って、アジア・太平洋地域における国際NGOの先駆、太平洋問題調査会（Institute of Pacific Relations: IPR 以下IPRと略記、一九二五－六一年）の日本支部の中枢を担い、また新渡戸も滞在したジュネーブで連盟の一組織、国際労働機関（ILO）の日本政府代表を務める者もいた。当時のジュネーブはジュネーブ国際問題研究所（一九二七年創設）や国際知的協力機関（本部パリ）副所長を務めたアルフレッド・ジマーンがその草創期の教育に貢献した国際・開発研究大学院が置かれ、「ジュネーブ精神」という言葉に象徴されるとおり、まさに文化国際主義の結節点であった。

さて、東西冷戦が終焉した頃から従来は、「理想主義」としてしばしば批判的に論じられてきた両大戦間期の国際主義、いわゆるウィルソン的国際主義が再評価されるなかで、国際連盟やそれを取り巻く両大戦間期の国際関係の研究が再び活発になった。その後、グローバルヒストリーやトランスナショナルヒストリーの研究が盛んになるなかで、E・H・カーの手に成る国際関係論の古典『危機の二〇年』では批判の的となった、『大いなる幻影』（一九一〇年）の著者ノーマン・エンジェルの伝記も刊行されている（Ceadel 2009）。その他、フェビアン協会の普遍的国際機構案の起草者であるレナード・ウルフ（小説家ヴァージニア・ウルフの夫）、初めて国際関係論が教授されたウェールズ大学アベリストウィス校（現・アベリストウィス大学）ウッドロウ・ウィルソン講座の初代担当者である先のジマーン（カーもその後任の一人）といった人物の研究も行われている（藪田 二〇一六、Gorman 2012）。

さらに近年は普遍的国際主義を相対化し、英連邦の「帝国主義的インターナショナリズム」に連盟や国際連合の起源を見出すマーク・マゾワー（二〇一五a、二〇一五b）のような研究者もいる。新渡戸宗の使徒やその系譜に連なる人物についても、鶴見祐輔、高木八尺《やさか》や松本重治、また彼らと共にIPR主催の国際会議に出席した国際法学者・横田喜三郎を対象に研究がなされている（ミニチェロ　一九九三、上品　二〇一一、開米　二〇〇九、Nakajima 2013、片桐　二〇一八）。しかしながら、それらの研究は両大戦間期に国際秩序の形成に寄与した知識人たち、具体的には連盟の知的協力国際委員会（本部・パリ）のアメリカ国内委員会を率いて、パリ不戦条約（一九二八年）を起草した歴史家ジェイムズ・T・ショットウェル（コロンビア大学）や、王立国際問題研究所（今日、その所在からチャタムハウスと通称される。一九二〇年にイギリス国際問題研究所として創設）の中心人物の一人、ライオネル・カーティスといった人物と新渡戸宗の使徒との交友関係について掘り下げた考察をしていない。

また従来、新渡戸宗の使徒はIPR研究の一部として考察されてきた（中見　一九八五、Akami 2002、片桐　二〇〇三）。それらはそれぞれ優れた研究だが、新渡戸宗の使徒を文化国際主義の文脈に位置づけるという本章の問題意識とは、研究の視角が異なっている。なお、IPRイギリス支部を実質的に担ったのが王立国際問題研究所であったことから、新渡戸宗の使徒や彼らが関与したIPRの国際的な位置づけは、王立国際問題研究所やその兄弟組織ともいえるアメリカの有力シンクタンク、外交問題評議会（**Council on Foreign Relations**）との関係において、日本の一部の歴史家も研究対象としてきた（塩崎　一九九八、松本　二〇一四）。だが、日米両国を中心にアジア・太平洋地域に重きを置いているとは言い難い。故に本章ではアジア・太平洋地域の動向に焦点を当てて、新渡戸宗の使徒を文化国際主義の潮流の中に位置づけることを試みたい。

二　新渡戸宗の使徒とその活動

周知のとおり、新渡戸稲造（一八六二―一九三三年）は戦前期の日本を代表する国際主義者である。彼は札幌農学校で校長ウィリアム・S・クラークの薫陶を受けてキリスト教に改宗、東京帝国大学を経てアメリカに渡り、名門ジョンズ・ホプキンズ大学大学院に学んだ。東大入試の面接で、「太平洋の橋になりたい」と述べたというのは有名な逸話である。アメリカ留学中、クエーカー教徒にもなった。さらにドイツに留学して農政学を修め、クエーカー教徒のアメリカ人女性と結婚して帰国した。帰国後は札幌農学校教授に就任し、その後、『武士道』（一九〇〇年）を英文で刊行、続いて一高校長、東京帝大教授に就任し、また、カーネギー国際平和基金の助成を受けた第一回日米交換教授（一九一一―一二年）として、新渡戸宗の使徒の一人、鶴見祐輔を伴って渡米し、九か月にわたり全米各地で百数十回の講演をこなした。そして、第一次世界大戦後には国際連盟事務次長に就任したのである。その新渡戸の一高校長時代、彼の人徳に触れた卒業生や在校生が恩師として仰ぎ、政官界やジャーナリズムの世界、あるいは学界で活躍した。彼らがいわゆる「新渡戸宗の使徒」である。また新渡戸自身、第一次世界大戦後、「米国研究の急務」と題した論考を発表するなかで、彼らの中心であった鶴見祐輔、前田多門、高木八尺、松本重治らは、日本のアメリカ研究の土台を作った（斎藤　一九七八、中嶋　二〇一六）。

新渡戸宗の使徒の中で、まず筆頭に挙げられるべきは鶴見祐輔であろう。彼は新渡戸が日米交換教授として渡米した際、秘書役で随行した。彼にとって初めての訪米であった。新渡戸は同郷（岩手県）

出身の台湾総督府民生長官、後藤新平の招きで、世紀転換期に台湾の製糖業振興に大きな役割を果たしたが、その縁で後藤と親密になり、鶴見に後藤の娘を結婚相手として紹介することもしていた。因みに新渡戸は日本の植民地政策に批判的な見解を一部保持しつつも、啓蒙的帝国主義とでも呼ぶべき思想を持っていた。彼からすれば東アジアの文明国である日本が台湾を植民地にするのは当然であり、自らを「朝鮮人の友」と呼びつつも、後述のとおり朝鮮の評価は台湾のさらに下であった（北岡　一九九三）。

とまれウッドロウ・ウィルソン大統領に心酔していた鶴見は、一九一六年の再選に際して、一高弁論部の後輩の蠟山政道や北岡寿逸《じゅいつ》と共に「火曜会」（英名・ウィルソン倶楽部）を組織し、毎月、自宅に各界の著名人を招いて講演会を催すようになった。同会では一三歳で渡米し、オレゴン州立大学を卒業後、外交官を経て満鉄総裁に就任した松岡洋右、アメリカの『ネーション』誌を模した雑誌『国民の友』を創刊するジャーナリストの徳富蘇峰といったアメリカに縁のある人物が講演した。第一次世界大戦直後に訪米し、マーガレット・サンガー（一九二二年には来日もしている）の知遇を得て、産児制限運動に携わるようになる鶴見の姪の石本シズエ（後の加藤シズエ）（Takeuchi-Demirci　2018）も同会の会員であった。火曜会は一九一九年から二年半余りの鶴見の長期米欧出張中、また一九二四年から翌年にかけてのアメリカ講演旅行中の休眠期を挟んで、一九二〇年代末まで活発に活動した（北岡　一九七五）。

東京帝大法科大学卒業後、鉄道院に勤務していた鶴見は、一九一八年九月、ニューヨークに向けて旅立ち、その後、数度米欧間を往復し、一九二一年四月に二年半ぶりに帰国した。その間、東京市長に就任した岳父・後藤新平の命を受けて、ニューヨークで市政改革について調査した際、前年来、知遇を得た当代のアメリカを代表するアメリカ史家・政治学者チャールズ・A・ビアードに相談し、結局、彼は後藤により日本に招聘されることになった。当時、ビアードはニューヨーク市政調査会の市吏養成学校の理事として実務にも関わっていた。

ビアードは家族を伴って一九二三年九月から翌年三月まで日本に滞在し、新設の東京市政調査会に助言しつつ、全国の主要都市で講演し、またいくつかの大学で市政学を講義した。その際、東京市の第三助役であったのが、鶴見の同期で後に日米文化関係において重要な役割を果たす前田多門である。アメリカ留学中にビアードに面会していた日本のアメリカ研究の祖、高木八尺（東京帝国大学法学部助教授）もこの訪日に際して、ビアード夫妻と親しく交わる機会を持った。日本の行政学の草分け的存在で、新渡戸宗の使徒ときわめて近しい関係にあった先の蠟山も、訪日中のビアードから多大な影響を受けた。鶴見は自らの後藤新平伝で次のように記している。

当時東京帝大法学部の年若き助教授であった蠟《(ママ)》山政道は、ビアード到着の翌日、「ビーアド博士の来朝は、従来国家行政のみに関心を持っていた我が国民の注意を、都市行政に転ぜんとする一新紀元を画するものとして、重大なる意義を持つものと存じます」という意味の書翰を筆者に寄せた（鶴見　二〇〇六）。

ここに東大を中心としながらも、日本にアメリカ研究者集団が誕生したと言っても過言ではなかろう（Nakajima 2013）。帰国して数か月後、関東大震災が東京を襲うと、震災復興院総裁に就任した後藤に請われて、短期間ではあるがビアードは再来日を果たした。

その翌年、いわゆる排日移民法が制定されると新渡戸は「排日移民法の行わるる間は二度と米国の土地を踏まぬ」と宣言したが、官職を辞していた鶴見は渡米し、ウィリアムズ大学（マサチューセッツ州ウィリアムズタウン）で開催される政治学協会の年次大会やコロンビア大学の寄付講座で講演した。さらにその後、カーネギー国際平和基金の助成を得て、一年数か月にわたり、北米各地を講演して回った（鶴見　一九二七）。鶴見はアメリカから高木に宛てた英文の手紙（一九二五年五月二九日付）で、次のように記している。

一九一一年の最初のアメリカへの旅行以来、サタデー・イブニング・ポスト〔誌〕に論文を書くことは一四年来の私の希望でした。去る二月、「日本とアメリカ」と題された私の最初の論文がその雑誌に掲載された際、私の希望は満たされました。……私は貴兄がいつかアメリカに来て、私たちの共通の師、新渡戸稲造博士が何年も行ってきた仕事を継続することを切に望みます（高木文庫）。

こうして鶴見は日本随一のアメリカ通となった。そうしたなかで一九三一年、鶴見は『現代米国論』を出版し、「機械文明」の拡大を通じた「世界のアメリカ化」を論じた。その序文でビアードは、「彼は西洋で教育を受けた多くの日本人よりも完全に合衆国とヨーロッパを知っている」と紹介している

（中嶋　二〇一六）。鶴見は一九二〇年代半ばから三〇年代後半にかけて、数度にわたり北米やヨーロッパ、オーストラリアへの講演旅行に出かけ、日本支部が代表団を派遣したＩＰＲの一連の国際会議にもホノルル（一九二五年、二七年）、京都（二九年）、杭州・上海（三一年）、バンフ（三三年）、ヨセミテ（三六年）とすべての回に出席した。彼は一九二〇年代末に政治家に転身し、戦時中、時流に乗ったため、戦後は公職追放されたが、一九三〇年代後半になっても長男・俊輔、長女・和子――それぞれ戦後を代表する知識人の一人となる――をアメリカの高校や大学に留学させていた。

鶴見と一高・東大で同期の前田多門も代表的な新渡戸宗の使徒の一人である。後藤の招きで内務省を辞し、東京市助役に就いていた彼は、市側でビアード招聘の世話役を担った。そして、その仕事を終えるやいなや、一九二三年から二六年までＩＬＯの日本政府代表として、新渡戸が連盟事務次長として滞在していたジュネーブに派遣された。さらに彼はＩＰＲ京都会議、杭州・上海会議――満洲事変直後であったため、当初、計画された杭州ではなく、出席者の安全を比較的確保しやすい上海で開催――では、日本支部理事長の新渡戸を補佐した。前田は京都会議では王立国際問題研究所の先のカーティスの知遇を得

アメリカ講演旅行を終えて帰国した鶴見祐輔。家族と共に自宅の玄関前で。
（鶴見祐輔『北米遊説記』大日本雄弁会講談社）

IPRバンフ会議
（前列中央に新渡戸稲造、左端に岩永裕吉、後列は左から３人目が鶴見祐輔）

た。また、彼は同会議において、同研究所研究部門長で後に文明史家として名を馳せ、新渡戸宗に連なる後述の松本重治が創設・運営した戦後日本の知的交流の拠点、国際文化会館にも招かれるアーノルド・トインビーとも出会った。

カナダ・ロッキー山脈の保養地バンフで開催された第五回ＩＰＲ会議の後、新渡戸がヴィクトリア（ブリティッシュ・コロンビア州）で客死すると、前田は日本支部の理事長代理を務めるようになった。さらに一九三八年から太平洋戦争の勃発まで、ニューヨークのロックフェラー・センターに開設され、日本政府の宣伝機関の役割も担った日本文化会館（ジャパン・インスティテュート）の事実上の初代館長に就任した。同会館は官民一体で一九三四年に設立されていた日本初の国際文化交流事業実施機関、国際文化振興会（通称ＫＢＳ）（一九三四年）が設置を計画し、内密に外務省の資金で運営された機関である（芝崎　一九九九）。その間、渡米した高木と共にプリンストン（ニュージャージー州）で開催されたIPR中央理事会に出席し、日中戦争に対する批判的動きを止めさせようと努めたが、四面楚歌のような状況に直面した。高木の渡航費用の一部は、会議で日本政府の行動が議題になった際、「適切な修正と助言に乗り出す」目的で外務省が助成していた。つまり、当初から外務省の財政的支援を受け、元来、限定的であったIPR日本支部の非政府的性格は、日中戦争の最中という外的環境もあり、この頃、さらに薄まっていた（中見　一九八五、斎藤ほか　一九八五）。新渡戸宗の使徒は文化国際主義を信奉していたが、当時、「国民外交」と呼ばれた戦前期日本に特有の官民一体の文化外交に密接に関与していたのである。

その高木も代表的な新渡戸宗の使徒であり、一九一八年にチェイス・ナショナル銀行頭取A・バートン・ヘボンの寄付で東京帝国大学法科大学に開設された（正式には一九二三年に設置、一九二四年に開講）米国憲法、歴史及外交講座（通称、ヘボン講座）の初代担当者として、日本における戦間期文化国際主義の結節点に位置した人物の一人であった。高木は東京帝大法科大学卒業後、大蔵省に勤務していたが、ヘボン講座の初代担当者として恩師・新渡戸から声をかけられ、一九一九年から二年半余りアメリカに留学し、その後、ヨーロッパでも学んで一九二三年に帰国して、ヘボン講座を担当するようになった。ヨーロッパ留学中、実父・神田乃武《ないぶ》の学友で著名なアメリカ史家J・フランクリン・ジェイムソンの推薦で第五回世界歴史家会議（於・ブリュッセル、一九二三年）にも出席し、両大戦間期のアメリカを代表する国際主義者である先のショットウェルの知遇を得た。同会議に出席した後、彼はイギリスに渡り、同じくジェイムソンの紹介で古典的アメリカ論『アメリカ共和国』（一八八八年）の著者ジェイムズ・ブライスにも面会した（Nakajima 2013）。

高木はバンフ会議で横田と共に、連盟非加盟のアメリカ、ソ連や連盟を脱退した日本を中心に地域的集団安全保障を規定する太平洋協定を締結し、アジア・太平洋に地域的国際機構を創設することを提唱した。しかしながら、IPRの国際会議に代表団を送っていた英仏両国や連盟を軽視するそのような主張は、容易には受け入れられなかった。なお、高木を師と仰いだ人物として、一九二〇年代半ばの米欧留学（一九二三－二七年）を経て、新渡戸宗の使徒、岩永裕吉がイギリスの通信社ロイターの「報道帝国」（Akami 2012）に対抗すべく設立した新聞聯合（後の国策会社・同盟通信）の上海支局長（一九三二－三八年）――上海は北東アジアにおける情報戦の中心であった――に就任する松本重治がいる。

他に日本のILO脱退決定（一九三八年、正式な脱退は一九四〇年）までの二年余り、ジュネーブで帝国代表事務所長を務める先の北岡なども新渡戸宗の使徒に挙げられる。また、最後に一高弁論部で鶴見の後輩であった蠟山について述べておきたい。戦前期の彼は対米戦争に至る重要局面で三度、首相を務めた近衛文麿のブレーンの一人で、近衛の掲げた「東亜新秩序」を擁護した「東亜協同体論」で知られる。だが、欧米（主にイギリス）に留学（一九二五－二七年）した彼の論は、先のウルフの「機能主義に基づいた国際政府論」の影響も受けており、元来、国際主義的な側面を持っていた（酒井二〇〇七）。そもそも近衛自身が一高で新渡戸の薫陶を受け、彼の追悼集にも寄稿していることから、蠟山も新渡戸宗に連なる存在と理解できよう（前田・高木編 一九三六）。

二　戦間期文化国際主義の生成

　両大戦間期の文化国際主義を先導したのは、前世紀初め以来の覇権に陰りが見えていたとはいえ、やはりイギリスであった。具体的には、戦間期文化国際主義の一つの中心であった王立国際問題研究所の前身ともいえる『ラウンド・テーブル』誌（一九一〇年創刊）を取り巻く面々は、主として元来、南アフリカ高等弁務官アルフレッド・ミルナーに任命された、彼の後輩にあたるオクスフォード大学出身の若手官僚であった。知独派のミルナーによるそうした若手官僚・知識人の育成は「幼稚園（**Kindergarten**）」と呼ばれた。カーティスはその一番弟子ともいうべき存在で、彼と共にＩＰＲイギリス支部を牽引したフィリップ・カーも「幼稚園」に招き入れられた一人であった。南アフリカ戦争でのイギリス帝国の苦戦に危機感を抱いたミルナーは、英連邦、さらにはその延長線上に国際連邦を構想し、「幼稚園」出身者はそれを具現化しようと行動したのであった。それはマゾワー（二〇一五b）が論じているように当初、白人の人種的優越感に基づき社会改良を志向する帝国主義の一部であった。

　やがて、『ラウンド・テーブル』誌に集う面々には、第一次世界大戦中に外務官僚として連盟を具体的に構想したジマーンら第二世代が加わり、その影響はジマーンの左派との繋がりからアメリカの『ニュー・リパブリック』誌副編集長ウォルター・リップマン（政治評論家）、さらには同誌の創刊者で『アメリカ生活の将来性』（一九〇九年）の著者としても知られるハーバート・クローリーにまで広がっていく（塩崎　一九九八）。後藤や鶴見がビアードに初めて遭遇したのが、一九一九年五月、クローリーがニューヨークで開いた、鶴見の愛読する同誌のパーティーであったことを想起すると、この時代の文化国際主義の有り様がうかがい知れよう（北岡　一九七五、Nakajima 2013）。

さて、カーティスはイギリス代表団の一人としてパリ講和会議に臨み、そこで国際問題研究所の創設を提唱し、主要各国にその支部を置くことを構想した。だが、フランス代表団には英米両国のような国際問題の専門家集団がおらず、またイタリアや日本は国際政治を俯瞰するそうした構想に積極的に関わろうとしなかった。それ故、結局、イギリスとアメリカでのみ構想の具体化は進展した。最終的にイギリス国際問題研究所（一九二六年以降、王立国際問題研究所）と外交問題評議会として、構想は具現化した。その際もイギリス国際問題研究所の創設が先行し、今日に至る形態で外交問題評議会が発足したのは、それより半年余り遅れ一九二一年に入ってからであった。王立国際問題研究所についでは、一九二〇年代半ばにはオーストラリアにも支部が開設された。さらに一九二八年にはカナダ国際問題研究所、一九三二年にはオーストラリア支部を発展的に解消するかたちでオーストラリア国際問題研究所が創設された（塩崎　一九九八）。なお、後者は実質的にＩＰＲのオーストラリア支部としても機能することになる（Cotton 2012）。

このように国際秩序形成に近い部分で文化国際主義的活動を牽引したのは英米両国であったが、周知のとおり、連盟本部と連盟の機関で唯一、のちの国際連合の専門機関となるＩＬＯは本部を大陸ヨーロッパのジュネーブに構えた。連盟は一九二二年、知的交流のための委員会を組織する目的で連盟に非加盟であったドイツを含むヨーロッパ各国、同じく連盟非加盟のアメリカ、またラテンアメリカやアジアからも知識人を招いた。その結果、ジュネーブに知的協力国際委員会（ユネスコの起源）が設置され、また姉妹機関として一九二六年には知的協力国際機関がパリに設立された。各国には知的交流国際委員会の国内委員会も設置され、イギリスではジマーンが活動を牽引し、連盟事務次長としてジュネーブに滞在していた新渡戸は知的協力国際委員会の日本代表を兼任した。アメリカではショットウェルが、ロックフェラー財団の助成を得て、コロンビア大学に国内委員会の事務局を構えた（入江 一九九八）。文化国際主義とアメリカとの関係について付言すれば、鶴見が講演したウィリアムズ大学で毎年、開催される政治学協会大会は、一九二〇年代の国際政治論議の中心であった。また、その政治学協会大会と前節で言及したコロンビア大学の寄付講座の双方で、初代講師を務めたのは駐米大使も務めた先のブライスであった。

ところで第一次世界大戦直後、知的協力の分野を先導しようとしたのは二〇世紀初めに組織され、ブリュッセル（ベルギー）に本部を置いていた国際協会ユニオン（UAI）であった。しかしながら、この分野での連盟との協力は、どちらが主導権を握るかで折り合いがつかず、結局、「わが国の栄光、多様な文明の交差点にあるという状況のため」（外相アリスティド・ブリアン宛の文相レオン・ベラール書簡）連盟常任理事国フランスが動きだすと、同国主導で知的協力国際委員会ならびに知的協力国際機関が創設されることになった。その意味で文化国際主義とて権力政治と無縁ではなかったが、連盟事務局で一連の折衝に当たったのは、アジアの新興国である日本出身の新渡戸その人であった（廣部 二〇〇七）。

このように第一次世界大戦後、国際問題についてのいわゆるシンクタンクの創設については、両大戦間期にパクス＝アングロサクソニカ（英米両国による平和）を形成した英米の知識人が主導したが、大陸ヨーロッパのジュネーブやパリは広く知的協力の面で、やはり、世界の中心であったといえよう。

しかしながら、新渡戸も重要な役割を果たしたこの時代の文化国際主義には西洋中心主義という弊害があった。次節ではその問題点を、アジア・太平洋地域の状況に即して考えてみたい。

四　アジア・太平洋地域の文化国際主義をめぐる諸問題

文化国際主義は、ウィルソン外交を評した「新外交」という表現に象徴されるように、帝国主義・植民地主義や勢力均衡に代わる新たな国際秩序を模索するものであった。しかし、そこには一つの限界があった。それは植民地の扱い、究極的には人種主義の問題である。両大戦間期のアジア・太平洋地域のトランスナショナルヒストリー研究を牽引する存在の一人、赤見友子はいわゆる自由主義的国際主義を「連盟以後の国際主義」(post-league internationalism) と呼んでいるが、そこには両大戦間期の国際主義は真の意味で自由主義的とは言いがたいという含意が込められているように思われる (Akami 2002)。赤見は近年、「帝国間」－「植民地間」関係をこの時代の国際関係の重要な要素と捉えている (Akami 2017)。

事実、両大戦間期に文化国際主義の主要な担い手であった国際派知識人は、たとえば帝国主義の修正版ともいいうる連盟下の委任統治体制に声高に反対を唱えることはなく、特にイギリス帝国出身者はそれをおおむね是としていた。そもそも委任統治体制は、パリ講和会議に際してイギリス首相ロイド・ジョージ（自由党）の秘書を務めたフィリップ・カーが構想し、全権団に加わった南アフリカ自治領のアフリカーナ、ヤン・スマッツ首相が具体化したものであった。とりわけ赤道以北を日本、赤道以南をイギリス帝国自治領のオーストラリア、ニュージーランドが委任統治することになる旧ドイツ領太平洋諸島に適用されたスマッツ案のC式は、実質的な植民地化に近く、ウィルソンの「非併合主義」と「民族自決主義」は後退を余儀なくされた。なお、C式の条文作成は、イギリス植民大臣として全権団にも加わったミルナーが主導していた。

因みに鶴見は一九三七年七月から一〇月までオーストラリアに滞在し、教育についての国際会議に日本を代表して出席すると同時にシドニー、キャンベラ、メルボルン、ブリスベーンの各都市で講演した。その中には、日本が委任統治している赤道以北の南太平洋諸島とオーストラリア、ニュージーランドが委任統治している赤道以南の南太平洋諸島の関係を論じたものもある（上品　二〇一二）。一九三〇年代後半、日本は南太平洋諸島の軍事基地化を推進していた。そうしたなかで、彼も現地住民の視点からではなく、あくまでも日豪関係の一環として南太平洋問題を論じていた(2)。

日本全権団が連盟規約に人種平等案を盛り込もうとしたのも西洋諸国と対等な地位を獲得することが目的で、他のアジア・太平洋地域の住民にも適用される普遍的理念として人権を掲げていたからではなかった。全権団には若き近衛が随行していたが、彼がパリに赴く直前に発表した論考「英米本位の平和主義を排す」が問題にしたのは、英米両国の「自己に好都合なる現状維持」であって、植民地を含むアジア・アフリカ諸地域の解放ではなかった。著名なアフリカ系アメリカ人活動家W・E・B・デュボイスは、「二〇世紀の問題はカラー・ラインの問題である」（『黒人の魂』一九〇三年）と喝破していたが、両大戦間期の国際派知識人は、それに真正面から向き合うことができなかったのである。デュボイスは第二次世界大戦期に至っても、「現代の世界で最悪の人種問題」を統括する存在としてス

マッツを批判していた（マゾワー　二〇一五b）

ＩＰＲの国際会議への朝鮮代表団出席に対する新渡戸宗の使徒の煮え切らない態度も、そのような人種主義的思考の一環と捉えられる。朝鮮はハワイで開催された初回の会議（一九二五年）に招待され、代表団を派遣していた。ＩＰＲを構想したハワイのＹＭＣＡ関係者は、倫理的責任感の強い自由主義的プロテスタントであり、一九世紀後半から二〇世紀初めにかけて、多くの宣教師が東アジアやインドに渡ったなかで、ＹＭＣＡは朝鮮で強い影響力を持っていたからである。朝鮮は同様にハワイで開催された第二回会議（一九二七年）にも代表団を派遣した。しかしながら、京都で開催された第三回会議（一九二九年）には「客員」として出席したものの、次の第四回会議に代表団を派遣したのを最後に不参加となるのである（中見　一九八五、Akami 2002、Griffith 2018）。

朝鮮による代表団派遣については、初回の会議で代表団団長の沢柳政太郎が「少々頭を痛め候事ハ、矢張り朝鮮問題ニ有候」とＩＰＲ日本支部創設を主導した渋沢栄一に手紙を送り、会議の議題には上らなかったが、「米国ニ帰化　候《そうろう》　徐Jeisohn〔Jaisohn〕氏参り、……独立の単位として承認を得んと、内部ニ可なり運動」していたと報告していた（渋沢青淵記念財団龍門社編　一九六二）。いわゆる開化派であった徐載弼《ソジェピル》は日本に留学した経験があり、甲申政変後は金玉均《キムオッキュン》らと共に日本に亡命したが、その後、アメリカに渡って医師になり、実業家としても成功し、国外から朝鮮の独立を画策した人物であった。だが、第二回会議で新たに規約が採択され、植民地（「人種的……諸団体」）は宗主国（「主権国」）の同意がなければＩＰＲの会議に出席できなくなってしまった。これに対し、ＩＰＲの中央事務局長ジョン・マール・デイヴィスは高木や日本ＹＭＣＡ事務局長の斉藤惣一と連携して、規約改正なしに朝鮮代表団を受け入れる方策を検討した。デイヴィスは日本でハワイの宣教師の家系に生まれ育ち、アメリカの大学を卒業後、二〇世紀初めにＹＭＣＡの宣教師として、日本に再び戻り活躍した人物である（Griffith 2018）。その結果、朝鮮代表団は規約の改正、すなわち参加資格を「主権国」から「国」に変更することについてのみ発言する「客員」として京都会議に出席した。しかし、結局、ジェローム・グリーンが委員長を務める規約改正委員会は、全会一致でなければ規約を改正できない旨、規定する規約改正案を提示し、ＩＰＲ中央理事会はそれを承認した。高木は同会議を回想して、「すばらしいジェソン（Philip Jaison《ママ》）」と徐に言及しながらも、「われわれとしては一グループとして認めるわけにはいかないからと言って、表にあらわれないうちに帰ってもらった」と述べている（斎藤ほか 一九八五）。朝鮮は二年後のＩＰＲ杭州・上海会議にも代表団を派遣し、自らの主張を繰り返したが、朝鮮代表団の出席を認める改正案は日本の反対で中央理事会で否決され、以後、朝鮮から代表団が派遣されることはなかった。

　デイヴィスや彼同様、宣教師の子として日本で生まれ育ったグリーン、また新渡戸や宗教的には内村鑑三門下で新渡戸の影響も強く受けた無教会の基督者であった高木、斉藤といったＩＰＲ日本支部の自称「自由主義」派は、朝鮮を懐柔しつつ、同国の代表団が何らかのかたちで出席する方策を模索した。だが、彼らとて朝鮮代表団の出席について、宗主国である日本との間で扱いに差を設けるという留保条件をつけていた。ＩＰＲ日本支部の保守派、アメリカ代表団の中でもＩＰＲが模倣したウィリアムズタウン政治学協会に繋がる東部エスタブリッシュメントに属するショットウェルら、またＩＰＲイギリス支部の一部の者は、朝鮮代表団の出席そのものが日米関係を悪化させることを懸念した。

元来、「個人の資格」で参加する「民間機関」として発足したIPRであったが、その理念と現実の間には大きな溝が横たわっていたといえよう。

さらに述べれば、日本支部は一九三三年から翌三四年にかけて、IPRを通じて、満洲国を国際社会に認知させることまで画策した。他のイギリス帝国自治領に先駆けて一九二九年、日本に在外公館を開設したカナダ政府が満洲事変に批判的でなかったのを良いことに、一九三三年、カナダのバンフで開催された第五回会議に満洲国から代表団を派遣させようとしたのである。日本支部が引証基準としたのは、一九二〇年代を通じてイギリス帝国からの変容を遂げつつあった英連邦（コモンウェルス）で、カナダ、オーストラリア、ニュージーランドといったイギリス帝国自治領はそれぞれ国際連盟に加盟し、また各IPR支部を持ち、その国際会議に代表団を派遣していた。だが、王立国際問題研究所カナダ支部を内包するカナダ国際問題研究所がその役割を担ったIPRカナダ支部では、反日本人移民感情が強く、日本に批判的な者が多かった。一九三三年半ば、IPR日本支部を通じて満洲国の意を受けた日本外務省が、満洲国によるバンフ会議への代表団の派遣をIPRカナダ支部の関係者に打診したが、拒否された。その後も日本支部は満洲国による代表団派遣を引き続き模索したが、一九三四年、IPR事務局長エドワード・C・カーターが、各国支部訪問の一環として日本と満洲国を訪れ、その結果、中国支部の反対も見越して、満洲国による代表団派遣は時期尚早という結論に至った（片桐　二〇〇三、高光　二〇一九）。

アジア・太平洋諸国の中では中国が第二回会議以降、IPRに代表団を派遣しており、規約制定後、アメリカ支部の同意を得て、植民地のフィリピンが代表団を派遣していた。アジア・太平洋地域に植民地を持つイギリスは第二回会議以降、同じくフランスは第五回会議以降、またオランダとオランダ領東インドもヨセミテ（カリフォルニア州）で開催された第六回会議（一九三六年）に代表団を派遣した。しかしながら、フランス領インドシナは独自に代表団を派遣しておらず、オランダ領東インドを代表していたのも、現地住民ではなく植民地政府のオランダ人であった。つまり、アメリカを含む諸帝国間関係に各植民地の意向が一部反映されていたとはいえ、カナダ、オーストラリア、ニュージーランドといったイギリス帝国自治領に囲まれたアジア・太平洋地域の諸植民地（イギリス領、フランス領、オランダ領、日本領）住民の声はほとんど伝わらなかったといえよう。事実上の植民地ともいうべき日本、オーストラリア、ニュージーランドの委任統治下にあった南太平洋諸島の住民の意向にも耳が傾けられることはなかった。

ウィルソンは第一次世界大戦中に発表した講和一四か条の第五条で「植民地の……すべての問題を決定する際に、関係する住民の利益が、……〔植民地〕政府の……要求と対等の比重を持たなければならない」と述べていた。しかしながら、彼は人種隔離政策が採られていた南部出身で、人種問題については元来、その漸進的解決を望むという意味で保守派であった。アメリカは一九三四年のタイディングズ＝マクマフィー法によって、フィリピンの一〇年後の独立を規定した。とはいえ、反植民地主義のうねりがアジア・太平洋地域に広がるのは、国際派知識人の間でも戦後を待たなければならなかったのである。新渡戸宗の使徒の主たる関心も、あくまでも「日米関係を中心とする北北関係の調整」（油井、二〇一六）であった。

五　新渡戸宗の使徒と戦後

新渡戸宗の使徒やその系譜の中で中枢を占めた者の多くは、自由主義者を自称していたにもかかわらず、ＧＨＱ／ＳＣＡＰ（連合国総司令部）により戦後、一時的に公職から追放された。鶴見や前田は終戦の翌年の公職追放令で一九四六年一月から一九五〇年一〇月まで、松本は言論機関の幹部にまで及んだ改正公職追放令で一九四七年一月から一九五〇年八月まで、蠟山も一九四七年一二月から翌年五月まで追放されたのである。戦後直後の一九四五年一〇月中旬、近衛が新憲法の起草を一時的にＧＨＱ／ＳＣＡＰから依頼された際、高木や松本も彼のブレーンとして同席していた。そして近衛の憲法改正要綱には、彼らの考えた国民主権を否定した立憲君主制（君民同治）が反映されていた（岡村　一九七九、有賀　二〇〇三、油井　二〇一六）。両大戦間期に新渡戸宗の使徒が具現化しようとした文化国際主義が、中国や韓国の犠牲の上に成立するものであったことと併せて、こうした点にも彼らの自由主義の限界があったのではなかろうか。

もっともたとえば前田は終戦直後、初代文部大臣を務め、追放中も東京市政調査会会長に就任し、一九四八年二月には太平洋戦争前から日本人と絶交状態にあったビアードを再度、日本に招聘することを企図した。ビアードは健康上の問題を理由に断り、同年九月には逝去するが、彼の逝去前後から高木や鶴見は妻メアリー・リッター・ビアードと手紙のやりとりを始め、新渡戸宗の使徒とビアード家との交友は復活した（中嶋　二〇〇八、Nakajima 2013）。

松本も追放中、高木を助けてアメリカ学会の創設（一九四七年）に尽力し、また、ビアードの『共和国』を翻訳して、出版した（ビーァド　一九八八）。追放が解除された半年後、松本はダレス講和使節団に文化問題顧問として参加したジョン・D・ロックフェラー三世と再会した。ロックフェラーは高木やIPR京都会議でロックフェラー同様、書記を務めた松本と会談し、「全員IPR京都会議に出席していた」と日記（一九五一年二月一六日付）に書いている。その後、松本はロックフェラー財団の助成を得て、周知のとおり、戦後日本の文化国際主義の中心であった国際文化会館（東京・六本木）の開設・運営に残りの人生を捧げることになる。

行政学者として独特の機能主義的地域主義を掲げて、東亜新秩序や大東亜共栄圏の理論武装を担った蠟山も戦後、その延長線上にある機能的統合論に基づきアジアの脱植民地化を考察するようになった（酒井　二〇〇七）。なお、彼は東大退官後、冷戦期のアメリカの対日文化外交において重要な位置を占めると同時に戦後の文化国際主義の産物でもあった国際基督教大学（ICU）に一九六三年、日本初の大学院行政学研究科が創設される際、科長として招き入れられている。

知的交流国際委員会を発展的に解消して創設されたユネスコ（国連教育科学文化機関。本部パリ）について言えば、日本の加盟が承認された第六回総会（一九五一年）に首席代表（当初はオブザーバー）として出席し、日本代表として加盟受託書の原簿に署名したのは前田であった。彼は冷戦の狭間で中立性を重視しつつユネスコ国内委員会の創設にも尽力し、その初代会長を務めた。松本も同委員会の委員や副会長を務め、第一一回総会（一九六〇年）には代表の一人として出席している。

戦前期の新渡戸宗の使徒は、文化国際主義を信奉しながらも「国民外交」に密接に関与していた。だが、第二次世界大戦期、IPRアメリカ支部や外交問題評議会は対日占領政策の策定にも寄与し、さらに戦後、アメリカの文化外交が戦前の日本といわば攻守所を変えて一種の帝国性を帯び、広報外交（パブリック・ディプロマシー）の様相を強く呈するようになるなかで、新渡戸宗の使徒の文化国際主義はようやく本格的に開花したといってよかろう。

（1）IPRでは、各国からの参加者を単に「集団（group）」と呼称し、その一員も「会員（member）」とだけ呼ばれた。IPRのNGOの先駆としての性格を示す事実だが、本章では便宜上、各国から派遣された集団を代表団と表記した。各国IPRも正式の名称は「評議会（council）」だが、同様に便宜上、「支部」と表記した。

（2）南太平洋諸島の委任統治と日米豪関係については、高原（二〇〇六）及び等松春夫、大井知範の論考（「二〇世紀と日本」研究会　二〇一八）を参照。

【参考文献】

未刊行史料

高木八尺文庫、東京大学アメリカ太平洋地域研究センター図書室

John D. Rockefeller 3rd Diary, RG 5-John D. Rockefeller, 3rd Papers, ser. 1, Rockefeller Family Archives, Rockefeller Archive Center, Sleepy Hollow, N.Y.

刊行史料（本章が扱う人物の著書や回顧録、追悼集を含む）

北岡寿逸編（一九七五）『友情の人鶴見祐輔先生』北岡寿逸

斎藤眞ほか編（一九八五）『アメリカ精神を求めて―高木八尺の生涯』東京大学出版会
渋沢青淵記念財団龍門社編（一九六一）『渋沢栄一伝記資料』三七巻、渋沢栄一伝記資料刊行会
鶴見祐輔（一九二七）『北米遊説記』大日本雄弁会講談社
鶴見祐輔（一海知義校訂、二〇〇六）『正伝　後藤新平』第七巻、藤原書店
前田多門・高木八尺編（一九三六）『新渡戸博士追想集』故新渡戸博士記念事業実行委員
ビーアド、C・A（松本重治訳、一九八八）『アメリカ共和国―アメリカ憲法の基本的精神をめぐって』みすず書房
堀切善次郎編（一九六三）『前田多門―その人・その文』東京市政調査会
松本重治（一九九二）『わが心の自叙伝』講談社
蠟山政道追想集刊行会編（一九七七）『追想の蠟山政道』中央公論社事業出版

著書・論文

有賀貞（二〇〇三）「高木八尺におけるアメリカと日本」『キリスト教と諸学』一九巻、一二三－一三七頁
入江昭（篠原初枝訳、一九九八）『権力政治を超えて―文化国際主義と世界秩序』岩波書店
上品和馬（二〇一一）『広報外交の先駆者・鶴見祐輔　一八八五－一九七三』藤原書店
岡村忠夫（一九七九）「高木八尺におけるアメリカと日本」『アメリカ研究』一三号、一二六－一四四頁
開米潤（二〇〇九）『松本重治―最後のリベラリスト』藤原書店
片桐康夫（二〇〇三）『太平洋問題調査会の研究―戦間期日本ＩＰＲの活動を中心として』慶應義塾大学出版会
片桐康夫（二〇一八）『横田喜三郎　一八九六－一九九三―現実主義的平和論の軌跡』藤原書店
北岡伸一（一九九三）「新渡戸稲造における帝国主義と国際主義」大江志乃夫ほか編『統合と支配の論理』岩波講座　近代日本と植民地4

北岡伸一（二〇一九）「戦前のＩＬＯと北岡寿逸」『ワークアンドライフ：世界の労働』四四号、三二‐三七頁
酒井哲哉（二〇〇七）『近代日本の国際秩序論』岩波書店
斎藤眞（一九七八）「草創期アメリカ研究の目的意識―新渡戸稲造と『米国研究』」細谷千博・斎藤眞編『ワシントン体制と日米関係』東京大学出版会
塩崎弘明（一九九八）『国際新秩序を求めて―ＲＩＩＡ、ＣＦＲ、ＩＰＲの系譜と両大戦間の連携関係』九州大学出版会
芝崎厚士（一九九九）『近代日本と国際文化交流―国際文化振興会の創設と展開』有信堂
高原秀介（二〇〇六）『ウィルソン外交と日本―理想と現実の間　一九一三‐一九二一』創文社
高光佳絵（二〇一九）「戦間期カナダ外交における『太平洋問題調査会』についての予備的考察―満洲国バンフ会議参加問題を中心に」『アジア太平洋討究』三五号、三一‐一三頁
中嶋啓雄（二〇〇八）「チャールズ・Ａ・ビアードと日米関係―国際主義と孤立主義」『ＥＸ　ＯＲＩＥＮＴＥ』一五巻、一一九‐一三五頁
中嶋啓雄（二〇一三）「チャールズ・Ａ・ビアードの反『帝国』論再考」秋田茂・桃木至朗編著『グローバルヒストリーと帝国』大阪大学出版会
中嶋啓雄（二〇一六）「歴史的視座から見たアメリカ学会」『アメリカ研究』別冊　五〇周年記念特別号、一一‐二五頁
中西　寛（一九九〇、一九九一）「二十世紀国際関係の始点としてのパリ講和会議（一）、（二）・完―若き指導者たちの国際政治観」『法学論叢』一二八巻二号、四八‐七七頁、一二九巻二号、三九‐六二頁
中見眞理（一九八五）「太平洋問題調査会と日本の知識人」『思想』七二八号、一〇五‐一二七頁
「二〇世紀と日本」研究会編（二〇一八）『もうひとつの戦後史―第一次世界大戦後の日本・アジア・太平洋』千

倉書房
廣部泉（二〇〇七）「国際連盟知的協力国際委員会の創設と新渡戸稲造」『北海道大学文学研究科紀要』一二一号、一－二一頁
マゾワー、マーク（依田卓巳訳、二〇一五ａ）『国際協調の先駆者たち―理想と現実の二〇〇年』ＮＴＴ出版
マゾワー、マーク（池田年穂訳、二〇一五ｂ）『国連と帝国―世界秩序をめぐる攻防の二〇世紀』慶應義塾大学出版会
松本佐保（二〇一四）「『ラウンド・テーブル』運動とコモンウェルス」―インド要因と人種問題を中心に」山本正・細川道久編『コモンウェルスとは何か―ポスト帝国時代のソフトパワー』ミネルヴァ書房所収
ミニチェロ、シャロン（升味準之輔翻訳協力、一九九三）「知識人と政治―高木八尺と松本重治、一九三一－一九四一」有馬学・三谷博編『近代日本の政治構造』吉川弘文館
藪田有紀子（二〇一六）『レナード・ウルフと国際連盟―理想と現実の間で』昭和堂
油井大三郎（二〇一六）『未完の占領改革―アメリカ知識人と捨てられた日本民主化構想』増補新装版、東京大学出版会
Akami, Tomoko（2002）*Internationalizing the Pacific: The United States, Japan, and the Institute of Pacific Relations in War and Peace, 1919–45*. London: Routledge
Akami, Tomoko（2012）*Japan's News Propaganda and Reuters' News Empire in Northeast Asia, 1870–1934*. Dordrecht, Netherlands: Republic of Letters
Akami, Tomoko（2017）"Imperial Polities, Intercolonialism, and the Shaping of Global Governing Norms: Public Health Expert Networks in Asia and the League of Nations Health Organization, 1908-37." *The Journal of Global History*, vol. 12, no. 1, pp. 4–25

Ceadel. Martin (2009) *Living the Great Illusion: Sir Norman Angell, 1872–1967.* Oxford: Oxford University Press

Cotton, James (2012) "Rockefeller, Carnegie, and the Limits of American Hegemony in the Emergence of Australian International Studies." *International Relations of the Asia-Pacific*, vol. 12, no. 2, pp. 161–92

Gorman, Daniel (2012) *The Emergence of International Society in the 1920s*. New York: Cambridge University Press

Griffith, Sarah M. (2018) *The Fight for Asian American Civil Rights: Liberal Protestant Activism, 1900–1950.* Urbana, Ill.: University of Illinoi Press

Nakajima, Hiroo (2013) "Beyond War: The Relationship between Takagi Yasaka and Charles and Mary Beard." *Japanese Journal of American Studies*, no. 24, pp. 125–44

Sasaki, Yutaka (2010) "Foreign Policy Experts as Service Intellectuals: The American Institute of Pacific Relations, The Council on Foreign Relations, and Planning the Occupation of Japan during World War II." In G. Kurt Piehler and Sidney Pash, eds., *The United States and the Second World War: New Perspectives on Diplomacy, War, and the Home Front*. New York: Fordham University Press

Takeuchi-Demirci, Aiko (2018) *Contraceptive Diplomacy: Reproductive Politics and Imperial Ambitions in the United States and Japan*. Stanford, Cal.: Stanford University Press

第五章　日仏関係から見る世界史（一八五八年－一九四五年）

――世界市場と国際的地位をめぐって――

岡田友和

一　日仏関係史から見る多様な帝国

第二次世界大戦後、日本とフランスはそれぞれ東アジアと西ヨーロッパの国際秩序形成に大きく関与した。日本は、ＧＨＱ（連合国軍最高司令官総司令部）の指導下で民主化を進め、日米安保条約のもと、冷戦期には西側諸国の一員として朝鮮戦争やベトナム戦争のためにアメリカ軍に基地を提供した。他方で、フランスは、マーシャル・プランの援助を受けて復興し、ＮＡＴＯ（北大西洋条約機構）やＥＵ（欧州連合）のひな型となるＥＥＣ（欧州経済共同体）やＥＣ（欧州諸共同体）などの西ヨーロッパを統合する機構を創設した。日本とフランスには共通点がある。いずれも第二次世界大戦によって一度国家が壊滅状態に陥ったこと、その後に復興した国家であること、そして戦前に強い国力と国際的な影響力をもっていたことである。両国が第二次世界大戦後に急速に復興を遂げ、冷戦体制の中で再び国際的地位を得ることができたのは、一九世紀から二〇世紀前半の国際的な市場や秩序の形成において、随所に、ときに手を取り合いながら重要な役割を演じ続けてきたからであった。しかしながら、この日仏関係の歴史は第二次世界大戦の混乱の中で埋もれてしまったようにみえる。なぜなら、両国はいずれも第二次世界大戦の「敗者」とみなされてきたからであった。しかし、日本はともかくもフランスが「敗者」とみなされたとはどういうことか。

第二次世界大戦の終了直後、フランスは日本に賠償請求を行っている。それは、一九四五年三月に日本軍がインドシナでクーデターを起こしてフランスに甚大な被害を与えたことに対する賠償請求であった（宮下　二〇一五）。ナチス・ドイツによる占領から解放され、西ヨーロッパ一の大国として再び台頭したいフランスは、敗戦国の日本から十分な賠償を受けてインドシナに復帰し、ここを東アジア最大の工業地帯にしようと考えていた[1]。ところが、東京のＧＨＱに日本への賠償請求を訴えたフランスの代表団は、アメリカからその提案を一蹴されてしまう。その理由は、戦時中に対独恭順のヴィシー政権下にあった「フランス国」が連合国に承認されていなかったことと、ド＝ゴール将軍率いる自由フランス軍が太平洋戦争に参加して日本と交戦しなかったからであった。フランスの解放の後、「フランス国」は崩壊したが、フランスがナチス・ドイツに加担した事実が消えることはなかった。確かに、ノルマンディー上陸作戦に参加してドイツ軍を相手に勇敢に戦った自由フランス軍のルクレール将軍は、一九四五年九月二日に東京湾上のアメリカ戦艦ミズーリで行われた日本の降伏文書調印式にフランス軍の代表として参列したが、彼は連合国の代表という立場で署名したのではなかった。連合国にとって、フランスが真の「戦勝国」と呼ばれることには少なからず抵抗があったはずである。それゆえに、戦後に連合国が与えたささやかな冷遇はフランスのプレゼンスを著しく低下させることにつながり、フランスを東アジアから遠ざけてしまった。このことが、日本とフランスのあいだに結ばれてきた長い関係の歴史までを覆い隠す要因になったと考えられる。

しかし、だからといって、戦前と戦中に日本とフランスの果たした歴史的役割のすべてが無視されてよいというわけではない。日仏関係は、歴史の転換期にいちいち登場してくる。たとえば、一九世紀半ばにヨーロッパとアジアをつなぐ国際市場の形成過程において、一九世紀末に植民地をめぐって国際秩序が大きく転換する帝国主義の時代に、二〇世紀前半に世界大戦の趨勢を決める大事な局面で、そして、解決が困難な課題を二〇世紀後半に遺すことになった二度目の世界大戦で、日本とフランスの奇妙な関係は姿を現し続けていたのである。

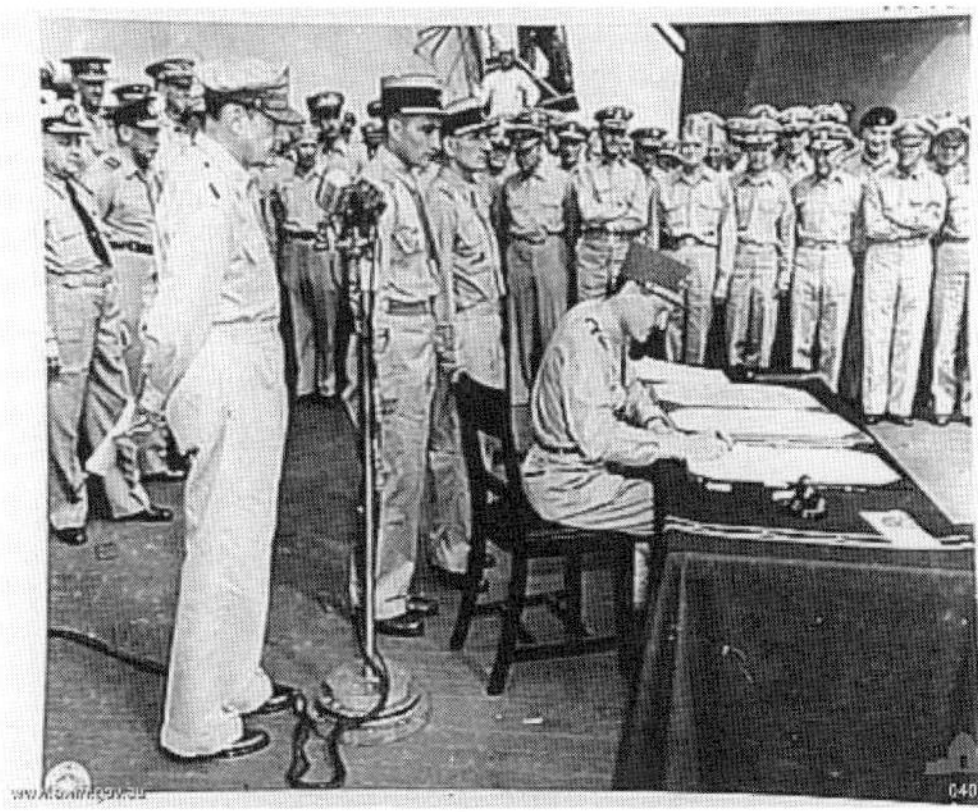
日本の降伏文書に署名するルクレール将軍

加えて、日仏関係史は、一九世紀後半以降に近代世界システムの「ヘゲモニー国家」とされてきた英米両国（秋田 二〇〇三）との比較において、同時代の多様な帝国の権力構造と、帝国間の協力や競合の実態を明らかにする事例研究の対象となりうる。二〇世紀前半期のアジアは、各地で長期にわたって絶大な影響力を保持したイギリスをはじめとして、アメリカ、オランダ、ドイツ、ロシア、フランスそして日本などの列強各国が入り混じり割拠する時代にあった。これら多様な帝国は、それぞれが異なる戦略のもとにみずからの権力の拡大と行使を望んだのであるが、その権力とは、必ずしも一つの帝国がみずからのためだけに求めるものではなく、異なる帝国同士が互いに協力することによって求めるような複合的な形態をとる場合もあった。本章では、帝国の多様性を念頭に置き、日本とフランスの両帝国がアジアにおいてどのように形成され、どのようなプレゼンスを発揮するようになったのかを、世界市場と国際的地位の二点に注目しながら、一九世紀半ば以降の一〇〇年近くにわたる長期持続的な観点から検討してみたい。そこから日仏関係が果たした歴史的な役割もまた浮かび上がってくるはずである。

二　フランスの東アジア進出と日本

まず、日本とフランスが最初に接触した一八五〇年代にまで遡ってみよう。なぜ日仏両国は接触したのか。その問いに答えるためには、一九世紀のフランスに起こった産業革命から眺めてみなければならない。フランスの産業革命はイギリスより一世紀遅れて一九世紀半ばに訪れた。全国で鉄道が建設され、工場の機械化と大量生産化が進められた。なお、この頃のフランスの主要な産品には衣料品があった。ファッションの国といわれるゆえんであるが、とくに中部の都市リヨンは絹織物で有名であった。リヨンは多くの銀行が創設された国際商業の中心であり、そこで生産される絹織物はフランスの経済を支える主力商品であった。絹の原料となる生糸は、フランス南部ラングドック地方などの養蚕業者によって製糸が行われ、リヨンの工場で織物にされた。ところが、一八五〇年代にヨーロッパ一帯で微粒子病という蚕の幼虫に寄生する細菌が流行すると生糸の生産ができなくなってしまった。リヨンの絹織物工場は軒並み閉鎖・倒産する事態に陥ってしまい、絹織物業という国家の基盤産業が危機に陥った。これは、フランスの危機といっても過言ではなかった。

第二帝政期のフランス政府は、生糸を確保するために商業大臣やリヨンの商工業関係者、銀行家を招集して協議し、生糸が輸入できそうな場所へ調査団を派遣することにした。はじめは中近東に目がつけられたが、微粒子病の影響で大量の生糸は手に入らなかった。次にインド大陸が注目されたが、ここは世界各国から生糸の輸入業者が殺到していて大量購入は難しい。調査団はそのまま東へ向かい、中国の上海・香港を目指した。ここに大量の生糸の在庫があることは知られていたが、中国の生糸市場はイギリスに独占されていたので、ここでも生糸を大量に仕入れることが難しかった。[2]結局、調査団は新たな生糸市場を求めて中国よりさらに東にある日本へ向かう。これが日仏両国のファースト・コンタクトとなった。フランスは、日本に上質な生糸が大量に生産されていることを確認すると、即座に大使を日本へ派遣して一八五八年に日仏修好通商条約を締結させた。[3]これで喫緊のフランスの生糸問題は解決したかにみえた。

ところが一つの問題が浮上した。フランスはそれまで遠く極東に足を伸ばしてくることなどほぼなかったので、大量の生糸を日本からフランスへ定期的に輸送する手段を持っていなかった。フランスはインド亜大陸（ポンディシェリーとシャンデルナゴル）に植民地をもっていたので、インドと日本を結ぶ航路を確保できればよかったのだが、それでもその道のりは遠く、せめて途中に中継のための基地がほしかった。それゆえに、フランス皇帝ナポレオン三世は、「ロンドンを経由せず極東からの絹の直輸入を容易にする」ために「シナ海域に海軍・通商基地＝植民地を建設する」ことを公言したのである（権上　一九八二）[4]。こうして、日本−インド間の中継基地としてフランスが目をつけたのが、インドシナ半島の南端にあるサイゴンであった。折りしも、インドシナでは宣教師の殺害という事件が発生したところであり[5]、この機に乗じてフランスはインドシナの植民地化を決めたのである。

ところで、明治維新以降の日本の近代化について考えるとき、資本主義的世界市場と国際政治への強制的包摂が主要な要因であったことはいうまでもない（芝原　一九八一）。不平等条約を結ばされた日本であったが、生糸のような自国産品が思いのほか外国に売れることがわかると、開国をして世界市場に乗り出した。そのアピールをするための格好の場となったのが万国博覧会であった。万国博覧会は、単にさまざまな物品を集めて展示するだけではなく、各国が近代技術の進歩を競いながら交じり合い、世界市場を大きく拡大させる場となっていた。開国後の日本は、早速、一八六七年と一八七八年にパリ万博に参加している。万国博覧会は外交の場にもなっていた。一八六七年の日本は幕末であり、徳川昭武（水戸藩最後の藩主）が幕府代表として参加したが、同時に薩摩藩も琉球国という立場で参加し、それぞれが独自にフランスやイギリス、ドイツなどを相手に外交活動を行った（寺本　二〇一七）。この時の日本は、新規参入ながら、それなりに自信をもって万国博覧会に挑んだようであるが、まだ物珍しさでしか注目されず、自国をどのように世界に認識させていくのかが後の課題とされた。

三　インドシナの植民地化と日仏協約

明治政府下の日本は、フランスから技術を導入し、リヨン近郊出身のポール・ブリューナなどのフランス人技術者を雇い入れ、一八七二年には官営の富岡製糸場を設立するまでになった。富岡製糸場で生産された生糸は世界各地に輸出されたが、一九〇〇年の輸出量は中国を抜いて一万トンを超え、一九三〇年には三万トン近くに達して世界一位となった。フランスの日本産生糸の輸入貿易額は、一八四七年〜五六年にわずか一〇フランであったが、一八五七年〜六六年は一万一九〇四フランに、次いで一八六七年〜七六年は一一万一四六八フランに急増し、その後、一八七七年〜八六年は三万六〇九四フランに減少した[6]。生糸貿易が活発化する一八六八年〜六九年に日本で起こった戊辰戦争の際にはインドシナのサイゴン米が日本に輸出されるなど、フランス（インドシナ）と日本のあいだでは双方から新たな貿易輸出入品が取引されるようにもなったが、ヨーロッパにおける微粒子病の流行がおさまると、日本産生糸の需要が低下した一八八〇年代以降に両国の関係は以前よりも希薄になり、一九世紀末の日本はフランスよりもイギリス、そしてドイツへ接近していくことになった。一八七一年の普仏戦争に勝利したプロイセンの強さに感銘を受けた日本陸軍は、それまでにモデルとしていたフランス陸軍の軍隊制度をプロイセン式に変更したほどであり、兵器や軍需品を製造するための原料の輸入先もフランス以外の国に変えられた。しかし、二〇世紀になると日仏関係はインドシナの植民地化をめぐって再び強められることになる。以下では、その過程を眺めていきたい。

一八七〇年にプロイセン・ドイツに敗北したフランスは、第二帝政を終えて、第三共和政に変わる。

アルザスとロレーヌの一部（モーゼル）を切り取られ、パリ・コミューンの混乱を乗り越えた後、祖国の再興と富国強兵のためにフランスが目をつけたのは植民地の拡張であった。とくに植民地を通じた経済活動は、フランスを確実に発展させてくれると信じられるようになっていた。こうして、第三共和政期のフランスは、アフリカからインド洋やオセアニアに至る全世界に植民地拡張の手を伸ばし、前節でみたように、アジアではすでにインドシナのサイゴンがフランスの手中にあった。フランスは、そこからさらに北へと支配の領域を広げようと試みていた。

しかし、仏本国の議会では、もはや日本から絹を輸入する必要もないのにインドシナ全土を征服して何になるのか、征服戦争の過程でかなりの軍人が死亡したが一体誰にその責任がとれるのか、というようないわゆる「トンキン問題」が浮上していた。この無計画とも思える植民地拡張事業をめぐっては、当時の首相であったジュール・フェリーが失脚するほどに国内政治が混乱した（Ozouf 2014）。熱狂的に植民地拡張を進めようとした一部の政治家たちは、インドシナ北部への進出の過程で一八八三年から一八八五年にかけて起こった清仏戦争がフランスにこれほど甚大な被害をもたらすとは思っていなかったにもかかわらず、フランスの議会は最終的にはインドシナ全土を支配することを承認した。インドシナ北部国境の先にある中国南部の領域がとても魅力的に思えたからであった。国際政治や国際経済の場において、英、独、露などの列強に対抗しなければならないフランスにとって、中国へ進出するための足がかりとしてインドシナを支配下に置くことは戦略的に必要なことであった。

一九世紀末の中国は鉄道外交の最盛期だった。列強諸国は、鉄道建設によって中国内陸部に平和的に浸透し、沿線地域での政治的経済的影響力を拡大して、「勢力圏」を築こうとした。鉄道外交は、鉄道沿線地域の鉱山採掘事業、産業開発、フランス工業製品の輸出市場の確保、中国における経済的文化的影響力の拡大、中国物産の輸入、工業原料の調達などの利益をもたらすと同時に、中国におけるイギリスの商業的経済的な優位を打ち破ることが期待された（篠永 二〇〇八）。実際に、一八九七年にフランスはベルギーと共同で北京から漢口を結ぶ京漢鉄道と、また、英独と共同で武昌から広州を結ぶ京広鉄道の建設事業を獲得している。この壮大なプロジェクトのために、フランスは極東シンジケートを創設し、本国有数の鉄鋼や建設、鉱山開発事業の諸企業を結集させた。フランスの最終的な思惑は、中国の中央部を南北に縦断する鉄道網をインドシナまで結びつけて東アジアに巨大なフランスの勢力圏を築き上げることであった。こうしてみると、なぜフランス政府が国内世論と対立してまでインドシナの支配を強行したかったのかがわかる。それゆえに一八八七年にインドシナ連邦を成立させたフランスは、即座にハノイから中国との国境地域までのアクセスを可能とする雲南鉄道の敷設事業に着手したのである。結局、東アジアにおける巨大勢力圏の建設は実現しなかったが、二〇世紀に入るとフランスは普仏戦争の敗北から立ち直ったかのように見えた。

中国への進出を試みたフランスは、インドシナという基地＝植民地を持続的に安定させておく必要があった。そして、東アジアで効果的にプレゼンスを発揮するためには、フランスが単独で立ち回るよりもインドシナの近隣のどこかの国と協力したほうが良いだろうと考えるようになる。そこで目をつけたのが日本だった。日本の知名度は、一八九五年の日清戦争と一九〇五年の日露戦争の勝利によってすでに世界的なものとなっていた。フランスは、東アジアにおいては日本が良きパートナーになりうると考えており、日本に対してしばしば好意的な態度を示していた。たとえば、日清戦争後の講和会議では、仏独露の三国干渉により日本は遼東半島を手放すことになったが、この時、高圧的な態度で「遼東半島を手放せ」と迫った独露に対してフランスは温和な態度で接したという（シムズ　二〇一〇）。こうした態度は一九〇七年の日仏協約に結実する。[7] この協約により、フランスはインドシナ半島の支配と中国南部における「勢力圏」を日本に承認させ、その代わりに満洲における勢力圏を日本に対して承認した。また、日本はフランスから最恵国待遇を受けることを約束され、一八五八年の日仏修好通商条約締結以来の不平等条約の撤廃という悲願の達成に大きく近づいたのである。

日本とフランスの相互的最恵国待遇による関係構築は、「日本人」の国際的地位を高めることに貢献した。日仏協約が締結される前は、日本人はフランスから「アジア系外国人」や「特権的アジア系外国人」などの名称の身分を与えられており、日本人がインドシナなどのフランス領へ行ったときには別の出稼ぎ労働者のアジア人などと一緒にされることがあり、しばしば不当な扱いを受けることがあった。日本政府は、この扱いに抗議を重ねてきた結果、日仏協約以降（より具体的には一九一一年の改正日仏通商航海条約によって）、「日本人」がフランス領内において「ヨーロッパ人」と同等の待遇を受けることを認めさせた。フランスは外務省や植民地政府に通達して、関係各所に日本人とヨーロッパ人を同一視することを徹底させており（松沼　二〇一二）、実際に、一九三六年のハノイ市の人口調査表には、「日本人」が「ヨーロッパ籍外国人」としてインド人、オセアニア人、フィリピン人およびアメリカ人、アフリカ人、ヨーロッパの各国籍と同じグループに分類されている（岡田　二〇一五）。ここから、日本の協力を望んだフランスの態度が読み取れる。日仏関係が国際的地位の序列を明確にする要因の一端となった、ということもできるだろう。

四　第一次世界大戦期における日本軍の欧州派兵

これまでの経緯をみると、フランスと日本は相互の「国際的地位」の向上のために協力的・協同的な関係を築こうとしてきたようにみえる。だが、それは根本的には互いの利用価値を考慮した打算に基づく関係で成り立っている。第一次世界大戦の最中に両国が軍事面で接近した事実も、そうした文脈の中で理解できる。

第一次世界大戦は、ヨーロッパの戦争という印象があるが、想像以上に世界中を巻き込みながら展開された。ドイツの同盟国と連合国の戦いは、はじめは最新兵器で武装したドイツが優勢な状況で進んだ。この戦況に危機感を抱いた連合国側とりわけフランスは、早くからある一つの可能性について、国内あるいは連合国とのあいだで議論を開始していた。その可能性とは、日本陸軍の欧州派兵であった。とくにフランスとロシアは、この可能性に強い期待感を示したという。それは一九一四年に日本軍がドイツの租借地である青島（膠州湾）を陥落させた事実が裏づけていた。この翌年にはフランスを中心とする連合各国の大使や外交官が日本政府に戦争参加を打診している。フランスでは、日本陸軍の派兵を実現させるためにメディアを利用した戦略的キャンペーンが行われるほどであった（以下、松沼　二〇一七を参照）。たとえば、週刊新聞『イリュストラシオン』は、「日本の陸軍に援軍を求めることは恥ではない、八〇万人の日本軍を陸・海路半々で輸送できる、戦費をおさえられる、戦争を早く終わらせることができる」などと論じている。また、日刊紙『プティ・ジュルナル』は、「これほどよく訓練され、規律正しく、勇敢で強い、英雄的な日本軍は、どれほどの支援をわれわれにもたらすであろうか」と日本軍を褒めたたえている。また、保守系新聞『ル・タン』には、「日本の軍事貢献の対価は、日本に経済・貿易上の見返りが与えられる以上の価値がある」と書き綴られた。松沼（二〇一七）は、第一次世界大戦におけるフランスの「日本への期待」について次のように指摘している。「開戦時には誰も想像しなかった大規模な死と破壊にみまわれ、いわゆる西部戦線の大半がフランス領内に深くくいこんで膠着し、戦争が冬に突入するなかで、日露戦争以来の伝説的なオーラに包まれた日本軍が遠方から来て突破口を開いてくれることへの期待が、フランスに光を与え士気を維持高揚させるという効果は、世論の圧力により政府を日本との外交交渉に踏み切らせるという見通しとともに、メディアや政治指導者の狙いであっただろう」と。

こうしてみると、フランスにとって、日本陸軍の欧州派兵は差し迫った戦況下における奇策であったとは考えられない。この時代にフランスや他の欧米列強は、世界各国の軍事力を把握しており、また各地の国際関係を視野に入れたグローバルな政治感覚を持ち合わせていた。連合国にせよ、ドイツの同盟国にせよ、どちらの陣営にとっても日本の参戦は戦況を大きく変えうると認識されていたのである。日本もまたそのようなグローバルな感覚を持ち合わせていた。[8] それゆえに、日本国内の世論には「欧州の戦争に参加すべし」という声も少なからずあったようだが、日本陸軍はそれにとらわれずに参戦のメリットとデメリットを慎重に検討し、ヨーロッパの主戦場における戦況や国際関係を綿密に分析した結果、欧州派兵を拒否する決断を下したのである。

それでも、ドイツ海軍が無制限潜水艦作戦を再開した戦争の後半になると、連合国は公式な外交ルートをとおして日本に参戦を要請するようになり、日本はこの問題を検討せざるを得なくなる。結局、連合国の要請に対して陸軍はなお応じなかったが、海軍は政治的な思惑から応じた。参戦の見返りとして山東半島とドイツ領南洋諸島の領有が期待されたからである。第一次世界大戦は、実際に交戦状態に至った戦争とともに、「見えない戦争」や「武力行使なき戦争」としての外交戦をも含みこんだ「複合戦争」であったという（山室　二〇一一）。連合国が日本軍に参戦してほしい舞台は、ソンムの主戦場だけにあるわけではなかった[9]。一九一七年一月から三月にかけてイギリス、フランス、ロシアと秘密条約を結んだ日本は、インド洋と地中海に艦隊を派遣した。地中海に派遣された第二特務艦隊は、巡洋艦一隻と駆逐艦一二隻で編成され、マルタ島を基地とし、アレクサンドリア－マルセイユなどの間で連合国にとって重要な軍隊輸送船の直接護衛を引き受けたのである。その護衛回数は総計三四八回、護衛した船舶数は七八八隻、兵員は七〇万人に達し、被雷した船舶から七〇七五人を救助するなどした。その戦功は高く評価され、日本海軍の支援は、連合国側の戦況を有利に転換する上に大きな影響を与えたと指摘されている（平間　一九九八）。第一次世界大戦期における日仏関係は、連合国からの要請も含め、日本の国際的地位を上昇させるきっかけをつくった。これにより日本は、アジアで列強に並びうる帝国としてのプレゼンスを高めることになったのである。

五　日仏文化交流機関の設立

一九三五年に国際学会への参加や海外の大学の視察のために六か月半にわたり東アジアを周遊したパリ大学医学部のエミール・ブラム教授は、日本にも立ち寄り、九州帝国大学、岡山医学校、大阪帝国大学、東京帝国大学、北里研究所、慶應義塾大学、東北帝国大学を訪れている。そこで日本人の医学研究者と交流し、多くのことを学んだと報告書に記している。[10] 興味深いのは、この教授がかなり広範囲に数多くの大学へ視察に行くことができたことである。第四章にも述べられたように、この時代の学術的交流は個人的な関係の上に比較的自由に結ぶことができたのではないかと思われる。この頃にはエール・フランス航空の極東線も開通しており、フランス－インドシナ－日本のあいだの移動時間はかなり短縮されていた。

一九世紀末の日清戦争以降、フランスは日本を戦略的パートナーの一国として認め、水面下で何度も同盟関係の交渉を続けてきた。一九三〇年代になるとフランスはインドシナを介して日本との経済関係を強化しており、インドシナの日本に対する輸出貿易額は一九一七年に一七〇〇万フランであったが、一九三三年に一九三〇万フラン、一九三五年に二六三〇万フラン、一九三七年に四八三〇万フランと増加を続けた（満鉄東亜経済調査局　一九四二）。また、日本からは三井物産や三菱商事、日本綿花などの商社がインドシナに進出して継続的に人員を配置しており、おもに石炭の輸入量を増やしていた。このような経済活動は、日本軍が進駐した一九四〇年以降、別の商社をインドシナに誘致して貿易を拡大するための基盤となった（湯山　二〇一三）。

日仏関係は、一九三一年の満洲事変勃発と翌年の日本による満洲国建国、そして三三年の日本の国際連盟脱退を受けても危機的な状況に陥るほどにはならなかった（以下、和田ほか　二〇〇二を参照）。実際、国際連盟の特別総会において対日勧告案が提出された時も、フランスは賛成票を投じたのであるが、後にフランス外相がその理由を弁明しており、日仏の友好関係の継続を望んでいる。フランスの下院では、一九三二年に日本との関係を積極的に強化しようとする親日グループ（「グループ・フランコ・ジャポネ」）が形成されており、これが議会内のソ連に接近しようとする嫌日グループと対立していた。また、フランスの議会内におけるこのように好意的な状況を把握した日本も、フランスにおける親日グループと良好な関係を築いておく必要があったので、国内における親仏グループの確立を急いだ。日仏両国は、相手が本当に最良のパートナーとなりうるのかどうかを模索しながら、互いに保険をかけていたのである。

日本側では、一九三四年に満鉄（南満洲鉄道）鉄道部パリ派遣員の坂本直道（坂本龍馬の曾孫）が中心となり、徳川家達《いえさと》公爵を総裁、曽我祐邦《すけくに》子爵を会長として東京に日仏同志会が設立された。日仏同志会は、満鉄を後ろ盾に豊富な資金源を活用し、多くの政治家や知識人を参加させ、日仏両国間の親善を促進するために、ひいてはフランスの親日派グループと密接な関係を築いて日本の国際的孤立を防ぐために活動した(11)。その最も大きな活動の一つは、日本の文化を紹介するためにフランス語で書かれた雑誌『フランス・ジャポン』をパリで発刊したことであった。一九三四年一〇月に創刊されたこの日仏文化交流誌について、日仏同志会は、これが「日仏同志会と満鉄の共同の対外宣伝」のための機関誌であるとしている。満州で満鉄と癒着する関東軍や、国際的孤立を避けたい日本政府にとって、フランスのパリで発刊されるこの雑誌には政治的な宣伝の意味合いが強かった。しかし、なるべく露骨なプロパガンダを避け、文化雑誌の純粋性と権威を守り通す精神が尊重された。結局、海外ではこの雑誌は「文化のカモフラージュをまとったプロパガンダ誌」であることが認知されていたようだが、編集に著名な仏文学者の松尾邦之助や小松清、日本学者のアルフレッド・スムラー、作家のクロード・ファレル、画家の藤田嗣治などが加わったことで文化雑誌としての体裁を保った。しかし、この日仏文化交流の役割を担った雑誌『フランス・ジャポン』は、一九四〇年四月にその発刊を終える。第二次世界大戦の勃発とともに世界の情勢が大きく変化しはじめたからであった。

六　日仏プロパガンダ戦争

長いあいだ良好と思われていた日仏関係に決定的な亀裂が生じた。一九四〇年六月に首都パリが陥落し、フランスにナチス・ドイツへの恭順を示すヴィシー政権が成立すると、仏領インドシナは同年九月に日本軍によるいわゆる北部仏印進駐を許した。フランスの植民地の中にはペタン元帥の率いるヴィシー政権ではなく、ド＝ゴール将軍の率いる自由フランスに与する植民地もあったが、インドシナ総督ドゥクーはヴィシー政権への支持を表明した。これ以降、五年間にわたってインドシナは日本とフランスの共同統治を受ける。アジアにおける勢力圏を拡大し、やがて起こると予想された太平洋戦争（＝大東亜戦争）に備えたい日本は、無理に戦争をして疲弊するよりも、フランスと共同でインドシナを統治するほうが得策と考えた。実際に日本は、一九四五年三月九日にクーデター（明号作戦・仏印処理）を起こすまでインドシナ全土におけるフランス宗主権の尊重とフランス行政の現状維持が最良の政策であると信じていた。この国（インドシナ）に保たれていた秩序と平穏を温存して利用することが、対外貿易のための重要な販路と同時に、産業に必要な原料と国民にとって必要不可欠な食糧の供給を日本に保証する根本的な条件だったのである（横山　一九四五（二〇一七））。

一九四一年には日本軍の南部仏印進駐が開始された。この日本軍の行動に対して、英米両国は強い懸念を表したという。インドシナが連合国に対立する枢軸国の影響下に入ってしまったからである。ここに、戦後にフランスが複雑な立場に置かれた理由がある。インドシナ政府は、ヴィシー政権への忠誠から日本との共同統治を受け入れざるをえなかったが、インドシナに在住するフランス人の中にはド＝ゴールを支持することを望む者も少なくなかった。フランスは、日本軍がインドシナの行政に一切関与しないことを条件に進駐を承認したことから、すべての政治的・社会的な活動を制限されたわけではなく、むしろ体力があるうちにできるだけ日本の勢力を弱めようと試みる傾向があった。

日仏共同統治のなかで、フランスはインドシナの現地人をフランス側に引きつけ留めるために「フランスとインドシナの歩み寄り政策」をとり、教育、出版、映画、演劇、ラジオなどのあらゆるツールを利用したプロパガンダ・キャンペーンを行っている（Namba 2012）。その中には、フランス人がそれまで公式に使っていた「現地人」を指す《アンディジェーヌ》というフランス語の使用を禁止し、以後、彼らに対しては敬語で話さなければならないというような取り組みもあった。

他方で、日本側でも、とりわけベトナム人の支持を得るために「保護者」の立場を前面に押し出し、ベトナム人ナショナリストへの接触を積極的に試みながら、こちらもラジオや映画、出版などを利用したプロパガンダ政策を展開した。一九四五年三月九日の日本軍によるクーデター以降は、双方が反仏・反日のプロパガンダ戦争を激化させ、そこに連合軍やベトナム人共産主義者も加わって複雑な様相を呈した。日仏双方のプロパガンダについては、それぞれの植民地論を絡めても論じられた。フランスは、植民地化によって現地に与えられる恩恵や、ヴィシー政権の新しい思想価値、本国と植民地

ラジオ・サイゴンの収録風景

の連帯などを強調し、日本は、汎アジア思想や、日本の高度な文化と技術、きたるべき太平洋戦争の勝利などを強調した。

　このプロパガンダ戦争の特徴は、相手国を貶めるような批判の応酬ではなかったところにある。この争いは、両大戦間期に築かれた交流関係の破綻の結果であり、文化による覇権争いが極度に政治化したものであった。単純にどちらの国がより優れているのか、国際的に影響力が強いかをアピールしたうえで、どちらの国につくほうが有利なのかを決めさせることが争点であった。したがって、このいずれのプロパガンダにおいてもインドシナの「国民」の主権については触れられていない。ベトナムでは、日本軍によるクーデターの後、バオダイ皇帝を中心とする阮朝をベトナム帝国として独立させる計画が日本軍の助言によって進められたが[12]、これは、「国民」のあいだに十分なコンセンサスを得られたわけではなかった。結局、日本による大東亜共栄圏の構想や、フランスによる共和主義的な愛国心の植えつけの試みは、帝国主義的政策の延長上に展開された排他的な勢力圏争いでしかなく、その中ではいずれの勢力にも与しようとしない者は淘汰された。それゆえに、太平洋戦争における日本の敗戦が間近に迫った頃には、ベトナムの北部地域から侵入してくるベトミンの関係者と疑われた者は、共産主義者であると反日主義者であるとにかかわらず無差別に逮捕された（横山 一九四五（二〇一七））。このインドシナにおける「内部分裂」が日仏共同統治のもたらした結果であった。その影響は、やがてベトナムと世界を「南北」と「東西」に分断させる争いへ発展していくのである。

七 帝国の競合・協力・妥協

Namba（二〇一二）は、一九四〇年から一九四五年までのインドシナにおけるフランス人と日本人のおおよそ五年間の共存を競合、協力、妥協、抵抗、干渉という言葉を用いて表現している。これらの言葉は一九世紀半ば以降の日仏関係史の一〇〇年間にも当てはまる。日本とフランスは、近代以降に世界が緊密に交じり合い、敵対しあう時代のうねりの中で微妙な距離をとりながら関係し続けてきた。その関係史を逐一掘り下げていくことには一定の意義があるだろう。しかし、より興味深いのは、東西の両極に位置した二つの国が各時代の転換期に果たしてきた歴史的役割である。日仏関係史の争点は、二か国間の関係を超えたところにある。日仏関係は、世界市場を拡大させ、国際秩序を構築する要因となり、国際的地位の序列を定め、帝国主義を容認して発展させると同時にその崩壊を招き、そして冷戦構造を形成させる火種となったのである。

では、帝国の多様性に注目するとき、アジアでプレゼンスを発揮した日本とフランスの二つの帝国には一体どのような特徴が見出されるだろうか。まず共通する特徴としては、いずれの帝国もみずからの権力の拡大と行使にかんして慎重であったことが挙げられる。これは、他の列強との衝突を避けるためであり、常に「周囲の顔色を伺いながら」対応を決定しなければならなかったからである。フランスの場合、インドシナがアジアで唯一最大の拠点であったが、その周囲を取り囲むように存在したとりわけイギリス帝国といかにうまくやっていくかが重要であり、ヨーロッパの情勢によってはドイツやロシアなどにも妥協することを余儀なくされた。そのような慎重さは経済活動にもあらわれており、フランスは一九世紀末からアジアに市場を拡大し、インドシナを介してアジア各国のみならずヨーロッパやアフリカ、アメリカへも産品を輸出する貿易を展開したものの、その実態は輸出入産品の半分以上は宗主国のフランスと取引をするという保護貿易に依存していた。

他方で、世界進出が遅れた日本はフランス以上に慎重であったが、その分、国際関係の構築には戦略的かつ柔軟に対応した。日本がフランスや他の列強とも等しく適度な距離をとりながら巧妙に国際関係を構築してきたことは、三国干渉による妥協や第一次世界大戦期の陸軍派遣をめぐる日本の対応に表されている。むしろ、日本に積極的に接近していたのは、アジアでプレゼンスを高めたいフランスの方であった。結局、慎重な姿勢を崩さない日仏両国は互いの距離を大きく縮めることはなかったが、両者は互いに相手の国際的地位を認め合うことでみずからのプレゼンスを高めていくことになった。日本が帝国として台頭してきた決定的な要因として日仏関係があったわけではないが、それはアジアにおける帝国間のパワーバランスを再構築することに少なからず影響を与えたはずである。日本は、フランス帝国の権力を利用しながら少しずつ勢力を拡大していった。その延長上で、日本帝国は、やがてインドシナをめぐってフランス帝国と衝突することになるのである。

日本とインドシナの経済関係が強化された一九三〇年代に、すでに二つの帝国の衝突ははじまっていた。たとえば、日本は一九三二年以降にインドシナとの石炭貿易を拡大させたが、取引を行っていた三井物産は国内への輸入だけではなく、マレー半島の海峡植民地への海外向け輸出販売も積極的に行っていたという（湯山　二〇一三）。このような貿易構造は、日本がインドシナの石炭市場の一部を奪っていたことを示している。また、国際連盟を脱退した後に、日本は国際的孤立を防ぐために奔走したが、そのために満鉄の派遣員がパリでプロパガンダ活動を行っていたという事実は注目に値する。仏語雑誌『フランス・ジャポン』の刊行によって、日本の国際的地位を守るための活動がフランス帝国の首都で行われたのである。

日本のプロパガンダ活動は、第二次世界大戦期に汎アジア主義を基礎とした大東亜共栄圏構想を打ち出してゆく。インドシナを舞台に日本とフランスのあいだで繰り広げられたプロパガンダ戦争は、それぞれの帝国の威信と正当性を賭けた戦いであった。もっとも、この時にフランス帝国はヴィシー派とド＝ゴール派に分裂していたので、前者を支持するインドシナで展開されたプロパガンダは十分な効果を与えられなかったかもしれない。しかし、いずれにせよ、二つの帝国の主義や思想が同じ領域内で同時に発信されて衝突するという事態は世界の関心を集めた。両者の戦いは、どちらの帝国を支持するのかをインドシナの住民だけでなく全世界の人々に問うものであった。周囲の顔色を伺い続けてきた日本とフランスにとって、国際的な支持を取りつけることがインドシナの統治権と帝国の正当性を保障してくれる証明書であった。そのプロパガンダのために重要な役割を果たしたツールの一つとして、ラジオ・サイゴンの放送があった。ラジオ・サイゴンの番組は、フランス語だけでなくベトナム語（北部方言・南部方言）や中国語（広東語）、英語そして日本語でも放送された。二つの帝国のプロパガンダは、多言語放送によって世界に向けて発信され、そこから世界の人々は日本とフランスがつくりだした二つの帝国のせめぎ合う姿を想像したのである。

日仏プロパガンダ戦争の結末はすでにみたとおりである。グローバルなレベルで展開された二つの帝国の正当性を問う争いは、結局、インドシナの住民からも、国際社会からも支持を得ることができず、両帝国を崩壊に導いた。帝国の権力が消えた後のインドシナには、新たな権力に抵抗するナショナリズムが生まれ、アジアの国際秩序がまた再編される。日仏関係史は多様な帝国の特徴の一部を示したに過ぎない。帝国の多様性を明らかにするためには、それぞれの権力構造をより詳細に分析する必要があり、また別の帝国との組み合わせによる比較検討が求められるだろう。

(1) フランスは日本から現物賠償を利用しようと試み、アルミニウムやレーヨンの製造工場、魚の加工工場などの工場設備、あるいは工作機械を日本からフランス領に移設しようとした。日本を経済的に弱体化させることで「インドシナがアジアの工業生産地として取って代わることができるのではないか」と期待していた(宮下 二〇一五)。

(2) 上海・香港で生糸の購入自体は可能だったが、購入するにしても、その生糸は一旦ロンドンへ輸送され、関税をかけられてから販売されるため余計なコストがかかった(権上 一九八二)。

(3) 一八五八年一〇月九日に、フランス側全権ジャン・バティスト・ルイ・グロ男爵と日本側全権水野忠徳・永井尚志《なおゆき》・井上清直・堀利熙《ほりとしひろ》・岩瀬忠震《ただなり》・野々山鉦蔵《しょうぞう》のあいだで締結された。その主な内容はアメリカなど他の列強が結んだ条約と同じであり、外交官の派遣、江戸・神戸・長崎・新潟・横浜の開港、領事裁判権の承認、(日本側に不利な)輸出入税(関税)の設定などが定められた。

（4）中国の近くに貿易の拠点となる海軍基地を建設するという計画は、すでに一八四三年に政治家のギゾーによって唱えられており、彼の指示のもとで調査が行われた際には琉球諸島が基地の候補になった（上原　二〇〇一）。

（5）インドシナでは、一六世紀頃からカトリック宣教師が布教活動を行っていた。イエズス会宣教師のアレクサンドル・ド・ロード（一五九一年－一六六〇年）やパリ外国宣教会のピニョー・ド・ベーヌ（一七四一年－一七九九年）などがいた。

（6）引用したデータは日本とシャムから輸入された貿易額の合算（権上　一九八五）。

（7）一九〇七年六月一〇日に、パリで駐フランス大使栗野慎一郎とフランス外相ステファン・ピションのあいだで調印された。フランスによるインドシナの支配を容認した日本は、当時、独立運動のためにインドシナから日本へ留学に来たベトナム人青年の受け入れを拒否して協約を守った。

（8）その感覚は一層野心的でさえあった。大戦の初期に首相であった大隈重信は、艦艇や陸軍の派兵に積極的で、「この際はドンドン参加し必ず其保証というか、匹敵する賠償を約束すれば良いではないか、二個師団位スエズに遣りマダガスカルか仏印を此方へ貰《もら》ふ事を約束してやれ」と述べている（平間　一九九八）。

（9）一九一六年六－一一月にフランス北部のピカルディ地方を流れるソンム河畔で、連合国のフランス軍・イギリス軍とドイツの同盟国軍による第一次世界大戦における最大の会戦が行われた。その損害は両軍合わせて一〇〇万人を超えた。

（10）フランス国立海外領文書館、植民地省Guernut史料群、史料番号22。

（11）日仏文化交流としては、すでに一九二四年に渋沢栄一と駐日フランス大使であったポール・クローデルの尽力によって東京の恵比寿に日仏会館（Maison Franco-japonaise）が創設されていた。

（12）チャン・チョン・キムを首相とするフランス式の教育を受けた専門家で構成された新政府が設立された。新政府メンバーの特徴は、経済的、社会的な分野では進歩主義者であったが、政治的な分野では非常に民族主義的であった。

ただし、外国嫌いの排外主義者であるよりもむしろ国際主義者であり、また専制的であるよりも民主主義的であった。

【参考史料・文献】

フランス国立海外領文書館（Archives Nationales d'Outre-Mer）、植民地省（Ministères des Colonies）Guernut 史料群、史料番号二二。

秋田茂（二〇〇三）『イギリス帝国とアジア国際秩序―ヘゲモニー国家から帝国的な権力構造へ』名古屋大学出版会

上原令（二〇〇一）「一九世紀中葉のフランス極東政策と琉球」『沖縄県立図書館・史料編集室紀要』第二五号

岡田友和（二〇一五）「植民地期ハノイにおける街区の住民―一九三〇年代の小商工業者層を中心に」『アジア経済』第五六号第一巻、アジア経済研究所

権上康男（一九八二）「フランス資本主義と日本開港」石井寛治・関口尚志編『世界市場と幕末開港』東京大学出版会

――（一九八五）『フランス帝国主義とアジア　インドシナ銀行史研究』東京大学出版会

篠永宣孝（二〇〇七）「駐日大使クローデルとフランスの極東政策」『早稲田政治經濟學誌』No.368, 2-2

――（二〇〇八）『フランス帝国主義と中国―第一次世界大戦前の中国におけるフランスの外交・金融・商工業』春風社

芝原拓自（一九八一）『日本近代化の世界史的位置―その方法論的研究』岩波書店

寺本敬子（二〇一七）『パリ万国博覧会とジャポニスムの誕生』思文閣出版

羽田正編（二〇一六）『グローバルヒストリーと東アジア史』東京大学出版会

平間洋一（一九九八）『第一次世界大戦と日本海軍―外交と軍事の連接』慶應義塾大学出版会

松沼美穂（二〇一二）『植民地の〈フランス人〉第三共和政期の国籍・市民権・参政権』法政大学出版局
――――（二〇一七）「第一次世界大戦初期における日本陸軍の欧州派兵問題―フランス外交の視点から―」『思想』No.1121
満鉄東亜経済調査局編（一九四二）『改訂　佛領印度支那篇』日本出版配給株式會社
宮下雄一郎（二〇一五）「フランスと東アジア 1945-1951年―「第二次世界大戦の論理」と「冷戦の論理」のはざまで―」細谷雄一編『戦後アジア・ヨーロッパ関係史』慶應義塾大学出版会
山室信一（二〇一一）『（レクチャー 第一次世界大戦を考える）複合戦争と総力戦の断層―日本にとっての第一次世界大戦』人文書院
湯山英子（二〇一三）「仏領インドシナにおける日本商の活動―一九一〇年代から一九四〇年代はじめの三井物産と三菱商事の人員配置から考察―」『経済学研究（北海道大学）』六二（三）
横山正幸（白石昌也・難波ちづる・岡田友和・白井拓郎・訳、一九四五（二〇一七））『外交官・横山正幸のメモワール―バオ・ダイ朝廷政府の最高顧問が見た一九四五年のベトナム』早稲田大学アジア太平洋研究センター
シムズ、リチャード（矢田部厚彦訳、二〇一〇）『幕末明治日仏関係史』ミネルヴァ書房
和田桂子・松崎碩子・和田博文編（二〇一二）『満鉄と日仏文化交流誌『フランス・ジャポン』』ゆまに書房
Namba, Chizuru（2012）*Français et Japonais en Indochine (1940–1945). Colonisation, propagande et rivalité culturelle*, Karthala
Ozouf, Mona（2014）*Jules Ferry. La liberté et la tradition*, Gallimard

第六章　泰緬鉄道建設をめぐる戦争記憶の比較史

――日本人将兵、イギリス人捕虜、ビルマ人労務者――

池田一人

泰緬鉄道とは、日本軍がアジア太平洋戦争中の一九四二年六月から一年四か月で建設した、タイとビルマ（ミャンマー）[1]間の全長約四一五キロの鉄道である。日本軍による突貫工事に駆り出された連合軍捕虜と現地労務者に、多大な犠牲者を出したことがつとに知られている。とくに英豪蘭各国の元捕虜からの告発によって、戦争責任と贖罪、和解という重いテーマに日本社会が向き合うことになった。その一方で、現地の労務者からの告発はあまり聞かれず、証言も多くない。研究者によるいくつかの論考が見られるものの、現地では忘れ去られようとしている。これはいったいなぜか。

本章では、泰緬鉄道の連合軍捕虜と日本軍将兵、労務者の経験と記憶を比較検討してみたい。戦争の記憶がおのおの個人によっていかに語られ、あるいは語られず、その国家と社会にどのように引き継がれ再解釈され、何を残したのかを考えてみたい。ここではとくに、戦後ビルマ社会におけるナショナリズムの性質と様態という問題に引き戻す。戦争記憶を比較するグローバルヒストリーの試みであるが、その考察の成果をビルマの地域研究にフィードバックすることに主眼がある。

一　泰緬鉄道建設の労働力と犠牲

泰緬鉄道の建設

一九四一年一二月のアジア太平洋戦争の開戦後、日本軍はただちに東南アジアに侵攻し、以後三年半にわたって占領下に置いた。ビルマへは四二年一月にタイ・ビルマ国境を越えて進軍、三月にラングーンを陥落させ、六月にはビルマ全土に軍政を発布する。

タイとビルマ間の鉄道は当初、「大東亜共栄圏」内の経済線の一環として構想されていた。しかし、四二年六月初旬のミッドウェー海戦に敗けて日本軍が制海権に危機を感じるなか、ビルマ作戦の作戦鉄道として急速に具体化した。同月二〇日に大本営が「泰緬連接鉄道建設要綱」を決定し、二八日には工事が始まっている。工事を担当したのは、南方軍第二鉄道監部下の第五（鉄五）と第九の鉄道連隊（鉄九）、第一鉄道材料廠、第四と第五の特設鉄道隊であった。鉄九はタイ側の起点ノーンプラドゥクから国境手前のニーケまでの二六二・五キロ、鉄五はニーケから国境を越えてビルマ側の起点タンビュザヤまでの一五二・四キロを担当した。鉄道資材は主に日本軍占領下の東南アジア各地から現地調達、車両は日本からC五六型機関車二〇輛と現地機関車や貨車が使われた。そして労働力として、多数の連合軍捕虜と現地東南アジアの労務者が徴用された【地図】。

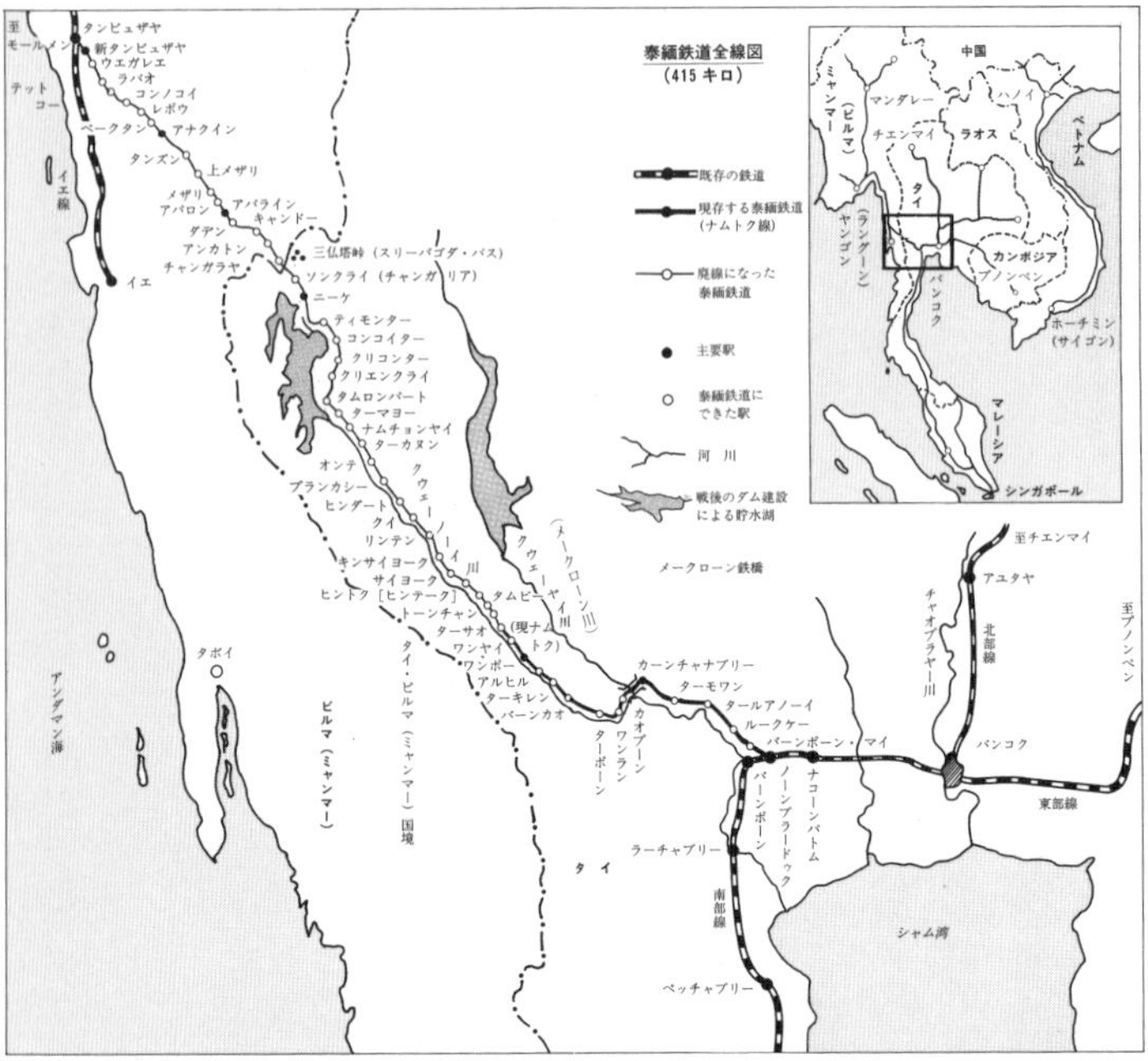

地図　泰緬鉄道全線図　吉川利治『泰緬鉄道』(同文館出版、1994年)。

当初の工期は四三年末までを見込んでいたが、戦況悪化により四か月短縮が目論まれ、最終的には一〇月二五日に完工している。タイ国鉄が「平地でも八年以上かかる」と考えていた、密林地帯を切り開く難工事をわずか一年四か月で終わらせたのは、ひとえに大量に投入された労働力の酷使によるものであった。ここに、戦後、泰緬鉄道建設が日本軍による戦争犯罪として記憶され、告発され、論じられてきた問題の原点がある。

労働力の構成

建設に関わった人員は日本軍側で約一万二五〇〇人、労働力として約六万二〇〇〇人の連合軍捕虜、推定二〇数万人の現地人労務者が徴用された。連合軍捕虜の内訳は、イギリス人約三万、オランダ人約一万八〇〇〇、オーストラリア人約一万三〇〇〇、アメリカ人約七〇〇などである。労務者は主としてタイ、蘭領であった東インド（現インドネシア）のジャワ、英領であったマラヤ（現マレーシア）とビルマから動員された。その数は資料によりばらつきがあるが、タイ人とタイ華僑が三万、マレー人とジャワ人が八万五〇〇〇、ビルマ人は一〇万六〇〇〇とされる。他にもベトナムからの労務者がいたという。ビルマとマラヤ、ジャワからの動員数はとくにあいまいである。労務者の動員数は、捕虜の三～四倍で、建設の主力であった。

死者数は日本側で約一〇〇〇人であったのに対して、捕虜で約一万二四〇〇人であった。イギリス人将兵の死亡率は二五パーセントに達して、第二次世界大戦のイギリス全軍の死亡率五・六パーセントをはるかに超え、日本軍の残酷さを戦後イギリス側に印象づけた。だが、労務者では死者の割合はさらに高かったとされ、マラヤ人とジャワ人では二～三人に一人は死亡したと推定されている。しかし、詳細は不明のままである。「枕木一本につき一人の死者」と言われるほど、多大な犠牲者を出した工事であった。

日本軍は計画当初から、日本軍の捕虜となってシンガポールの収容所に収容されていたイギリス軍とオーストラリア軍の将兵を主要な労働力として想定していた。さらにジャワとスマトラのオランダ軍とアメリカ軍捕虜も徴用した。タイ側では四二年六月に最初のグループ三〇〇〇人が到着し、一〇月半ば以降から移送が本格化した。捕虜たちは、建設工区ごとに設置された俘虜収容所の分所に分散収容された。四三年六月の時点ではタイ側に六つ、ビルマ側に二つの分所があった。戦後の連合軍統計によれば、タイ側には五万人余り、ビルマ側には一万人余りが送り込まれた。

しかし、労働力は捕虜だけでは足りなかった。タイ側では、四二年に現場周辺の農民らが雇い入れられたほか、泰国中華総商会を介して四三年三月に、「苦力《クーリー》」と呼ばれる華人労務者の募集が一人日給三バーツなどの条件で始まり、五月下旬までに一万五〇〇〇人あまりが送り込まれた。華人に加えて七月にはタイ人の労務者がタイ全土から約一万四五〇〇人が集められ、八月以降も追加募集があったという。完工後には機械修理などの熟練工が募集されている。タイ側の労務者たちについては、日本軍とタイ政府・民間機関のあいだで調達と募集が折衝されて資料も残っている。

ビルマ側の労務者についても記録からある程度の状況が把握できるが、上記総数は推定数でしかない。ビルマではイギリス植民地政府が排除されたのち、植民地下で初のビルマ人首相を務めたバモオを長官とするビルマ行政府が、日本軍によって設立されていた。現地部隊が現場地域で調達した労務者以外は、バモオ政府の調整によって大規模にビルマ全土から集められている。四二年一二月に「労務者募集福祉委員会」が結成され、翌四三年二月末までに下ビルマの各県から約一万四〇〇〇人が集められた。しかし、輸送中の逃亡者も多く、三月以降数次にわたって募集が行われたという。泰緬鉄道建設の労務者は、「汗の兵隊（チュエタッ）」の名で呼ばれていた。

マラヤとジャワからの労務者に関する記録はさらに少ない。タイ側の記録によるとマラヤ人労務者の最初のタイ到着は四三年四月であるというが、後年のマレーシアとインドネシアでの研究者による聞き取り調査では、四二年にも送り込まれた労務者が多くいたことが判明している。それでも、南方軍野戦鉄道司令部の司令官の石田少将は、「馬来（マレー）苦力は逃げたり帰ったりしたが、延数九万に達して居る」と記している。これらの労務者は、日本軍が占領した英領マラヤのプランテーションからのインド系や中国系の労働者が多かった。

泰緬鉄道完工までの一年四か月のうち、主たる犠牲者は難工事区間に従事した後半の時期に集中したようだ。捕虜は四二年一〇月頃から一年、労務者は四三年二月以降から八か月程度の期間である。

二　連合軍捕虜の記録と日本軍

連合軍捕虜の強制労働の実態については、その詳細がよく知られている。労役のさなかに捕虜が日記やメモ、スケッチをして隠し持ち、戦争直後には連合軍が現地調査と裁判を行い、帰還した捕虜は手記を著して、日本軍の戦争犯罪を告発したからである。そして、戦後に研究対象となって、広い見地から研究が深められてきたからである。むろん、その全容はここにとても書ききれるものではない。以下では、捕虜側記録の中心となる建設労働と日本兵の扱い、傷病等の概要について、わかる限り客観的状況を添えながら概観したい。おもにタイ側の工区の状況が中心となる。

強制労働

四二年一〇月までの四か月間、鉄道建設の初動段階で現場に到着したのは、タイ側はシンガポールから移送されたイギリス軍捕虜三〇〇〇人余り、ビルマ側はオランダ軍捕虜一二四〇人であった。シンガポールのチャンギー俘虜収容所に収容されたイギリス人の間には、すでに赤痢や脚気、皮膚病、栄養失調が広がっており、日本軍から「食料と医療事情の良いタイへ行きたいか」と誘い出されて、志願者がタイにやってきたという。甘言による誘い出しは、この最初の一団にいたローリングスも、一〇月に到着するチョーカーも同様に証言している。ローリングスは立錐の余地のない貨車に詰め込まれ、四、五日後にタイ側起点の建設基地バーンポーンに到着した。そして休むまもなく、すぐに奥地へ向かって雨季のさなかに行軍させられたという。

タイ側に最初に到着した三〇〇〇人はまず、カーンチャナブリーまでの区間の工事に従事したようである。カーンチャナブリー警察の一二月一五日付報告には、ほとんどの捕虜が同郡内に配置されている様子が言及されている。ローリングスらはまず収容所となる場所を切り開き、そして一日一二〜一六時間、礫石を割り、樹木を伐採し、鉄道路盤をつくる作業を毎日繰り返した。到着時にはすでに赤痢患者がいた。衛生状況が悪化する雨季であることから最初の四か月にも一定数の死者が出たであろうが、タイ俘虜収容所の記録では一三人にとどまっている。

一九五七年に映画化された「戦場にかける橋」で有名となるメークローン（クウェー、クワイ）川の橋は、一二月に木橋が完成した。近くのチョンカイ収容所の捕虜が動員され、並行して鉄橋も建設されて四三年五月に完成している。橋のあるカーンチャナブリーは、メークローン川を渡りクウェーノーイ川沿いのジャングル地帯に線路を敷設する建設工事と捕虜管理の拠点となり、この周辺にカーンチャナブリー、ターマカム、チョンカイの三つの俘虜病院も設置された。病院はビルマ側にも二つ、タンビュザヤとレポーにあった。いずれも密林地帯に入る手前、平地に設置されたということになる。のちに、傷病者が増えるとここでの惨状が捕虜の手記に言及されることになるが、すくなくとも密林地帯沿いの現場の状況よりはましであった。

捕虜の大量移送は四二年一〇月から始まり、工事もこの頃から本格化した。翌二月には大本営から工期短縮命令が下され、半年で完工させるために捕虜を「スピードー」という言葉で作業に駆り立てていった。運良くカーンチャナブリーの病院に収容された病身のチョーカーが「決して戻りたくない北の方」とした、密林の山中が建設の中心となっていった。ここからタイ側鉄九の分担境ニーケまでは二三〇キロあまり、捕虜収容所の数で言うと三〇弱（四三年六月時点）であり、一収容所が八キロ前後の工事を担当した計算となる。

木を切り倒し、路盤を作るために土手を築いて、硬い岩を掘り崩しながら切り通しをつくり、峡谷や溝に中小の橋を渡すなどの作業を、原始的な道具のみを使って行うことになった。現場では毎日の作業進展量が定められ、時間内に終わらない場合には夜通し作業に従事させられた。それが一八時間に及ぶこともあった。

日本兵による捕虜取り扱い

日本兵による監視と捕虜取り扱いは苛烈であり、工期短縮が厳命されたのちにはそれが倍加した。殴打は普通のことであり、病気などで衰弱して倒れ込んでも容赦無く打擲《ちょうちゃく》を受けたという。捕虜の多くが赤痢に罹患していたが、重篤と判断されても現場に駆り出され、失禁しつつ働かされることもしばしばであった。働きが悪い捕虜には、重い石を頭上に持たせて立たせ続ける「石持ちの罰」などが科せられたという（チョーカー 二〇〇八）。過度な残虐行為のため、作業現場で死亡する者もいた。建設現場以外の場所でも、日本側の捕虜取り扱いは過酷であった。ビンタや肉体的虐待は日常であり、私刑と殺害も広く報告されているが、捕虜にとってもっとも記憶されるのが、後述の食事と病気に関しての虐待である。

監視の日本軍兵卒のなかに朝鮮人軍属が含まれていることを、捕虜たちはよく知っていた。そして彼らが日本人の差別を受けており、それゆえに日本人よりも厳しい態度で捕虜に接するのだと、看取する証言もある。実際、泰緬鉄道の朝鮮人軍属の問題は、日本軍の体質にかかわる問題として論じられる。彼らは朝鮮半島から二年契約で来るものが多かったという。

日本軍の軍事・精神文化が、工期短縮の厳命という状況とともに、泰緬鉄道での捕虜虐待の下地にあったことは確かであろう。小菅信子はこれについて的確にまとめている。日本軍において上官の命令・任務は天皇の命令であり、どんなに理不尽であろうとも抗命は不可能であり、必ずや遂行するべき「所命必遂」の特性があった。捕虜になることは万死に値する恥だと教えられており、四一年一月に「生きて虜囚の辱めを受けず」とする戦陣訓が東條英機陸相の名前で公布されている。ここから、泰緬鉄道の捕虜に対しても極端な蔑視が生まれた（チョーカー　二〇〇八所収）。

もちろん、日本兵の中には教養あるもの、欧米文化に理解のあるもの、捕虜に同情をもって薬品や食料品を頻繁に融通する将兵もいて、捕虜側の証言にも少数であるが言及されている。しかし、日本軍の構造的な暴力と軍事文化の中ではごく例外的であった。

雨季と傷病、死者

鉄道建設は現場で鉄道連隊が指揮管理を行ったが、捕虜の管理は「俘虜収容所」が受け持ち、捕虜への食料支給と居住環境がその管理に委ねられた。収容所の監視員はほとんどが朝鮮人軍属であった。四三年に入ると監視兵の不足、労働力の不足、工期短縮で、負担は捕虜と労務者の側にしわ寄せされた。三月までの頃、内海愛子が引用するところでは「司令部に医者はいない、病院は思うように配置できない、俘虜のジャングル行軍は徒歩」という状況になっていた。ある事例では、収容所に鉄九が捕虜一八〇〇人を引き継いだ時点で一〇〇〇人が患者だったという。しかし、この三月の時点で第二分所の食料は「半定量」で、一日あたりコメ二五〇グラム、副食乾魚、生野菜は三分の一、乾燥野菜を配給、これが一か月続いた（内海　一九九四所収）。

雨季の到来が過酷な労働と貧弱な食料事情、劣悪な医療事情に追い討ちをかける。四二年の雨季にはまだ送り込まれる捕虜も少なく、カーンチャナブリー以北の工区も着工されていない。しかし、四三年の雨季は捕虜にとって過酷であった。この年の雨季は一か月早く、タイでは四月中旬に訪れ連日雨が降った。現場が水と泥にまみれたのみならず、収容所と名付けられたニッパ椰子や竹で作られた掘っ立て小屋の中では、通路まで沼地のようになった。オーストラリア軍の資料でも、この四三年四月から三、四か月が建設期間で最悪であったとされている。

病人が増えるにつれて各収容所は、コレラ患者などを隔離して便宜的な「病棟」としたが、雨季には惨状を呈した。たとえば、イギリス捕虜のブラッドレーの隊は最も奥地のニーケの現場まで徒歩で移動している最中、ビルマ国境にほど近いコンコイターを通過している。そこにはコレラ患者数百人が詰め込まれていて、地面は糞尿まみれでハエが黒くたかっていた。地面に穴を掘っただけのラトリーンと呼ばれた簡易トイレは、雨季には増水して無数の蛆虫とともに一帯に溢れ出したという。いずれの収容所でも広く証言される状況であった。

捕虜と労務者が苦しんだ傷病には、赤痢やコレラ、ジフテリア、マラリアなどの伝染病と熱帯性潰瘍などがあった。赤痢はもっとも一般的であり、シンガポールの収容所からこれを患っているものが多数いた。四二年一一月にビルマ側で発生したコレラは、国境を越えてタイ側に広がったという。コレラに罹患すると体重減少と人相の変わりようははげしく、数時間前までツルハシを振り上げていたのに、発症するとすぐに立ち上がれなくなった。タイ側のコレラのピークは四三年六月頃だった。過少に見える数字である。日本軍はほとんど実質的な対策を講じなかったと、吉川は評価している。熱帯性潰瘍は、肉を腐らせ骨を露出させる皮膚病である。傷口をおおうガーゼや包帯も消毒薬もなく、むろん抗生物質などの治療薬もなかった。潰瘍が進行するとあとは手足を切断せざるを得なくなった。

捕虜の被害について付言すれば、もっとも多くの死者を出したのはシンガポールのチャンギー捕虜収容所から鉄道建設に従事した、イギリス人とオーストラリア人の合計七〇〇〇人のF部隊であった。このうち二六四六人が死亡し三七・八パーセントの死亡率を示した。この部隊は泰緬鉄道の最深部の第四分所での労役に従事していた。

三　労務者の記録

詳細で豊富な捕虜の証言と記録に比して、労務者の記録はおどろくほど些少である。当事者自身による積極的な証言と出版は、ビルマのリンヨン・ティッルウィンの著作以外にめぼしいものは見当たらない。彼らの労役実態の大部分は、日本軍の記録や捕虜の証言、戦後の連合軍の調査、後世の研究者による調査などが伝えてきた。当事者自身の記録がなぜあまり残されなかったのかという、この点に本章の関心の出発点はある。したがってここでは、労務者たちの労役実態とともに、これらの記録が誰によってどのように採取されたのかにも注意を払いつつ、まとめてみたい。

タイ

まずタイ国内での徴用については、吉川利治の研究に一章を割いて詳述されているものの日本軍とタイ行政側の資料分析が中心となって、労務実態の記述は多くない。四二年六月の起工から日本軍は地元のタイ人農民を雇い入れ、作業を始めた。九月には「泰緬連接鐵道建設ニ関スル協定」が結ばれて、日給などの条件が合意される。しかし、一二月に、日本兵による僧侶の殴打からはじまる、タイ民間人と日本兵が多数死傷した「バーンポーン事件」が発生してタイ人労務者は建設現場から脱走してしまった。これを補うように翌三月からタイ華人の雇用が始まるのは既述の通りである。

東南アジアで唯一植民地化を免れ独立を保っていたタイは、日本軍進駐とともに形式的には対等な軍事同盟によって日本軍を迎え入れ、それゆえに日本軍の泰緬鉄道建設でもタイ政府の協力を得ることができた。タイのピブーン政府は陰に陽に日本軍の威迫を受けていたが、各所で消極的なかたちで中小の抵抗が行われていたことは従来、指摘されるところである。このような自国政府による政策的裁量と消極的抵抗は、タイ人労務者の酷使に対する歯止めとしてある程度作用していたと思われる。

その一方で、遠くタイに連れてこられた蘭領東インドと英領マラヤの労務者は、建設が進むほどに連合軍捕虜の待遇と変わらない扱いを受けるようになっていた。

東インド

蘭領東インドでは、日本占領期をとおして日本軍の労役従事がひろく行われた。日本語の労務者は現地で発音もそのままに「ロームシャ」として定着し、今日でもこの単語はよく認知されている。研究も行われているが、泰緬鉄道の例と同様、他の場所での労務に従事したロームシャの記録は自発的に語られることは少なく、研究者の調査やジャーナリズムの告発によって明らかにされてきた。

日本占領期にジャワ島で徴用されたロームシャは二〇〇万人以上、一五〜四〇歳の労働人口の八パーセント、移動可能な人口の一七パーセントを占めた。倉沢愛子の研究調査には泰緬鉄道のロームシャの証言が採録されている。ジャワ島チレボンの労働のつもりで応じた証言者は、日本軍にだまされて他のロームシャ一五〇〇人とともに泰緬鉄道建設現場に連れて行かれた。重症患者や労働できないものは生きたまま埋められた。反日抵抗したが鎮圧されたという。結局一九五九年にインドネシア政府の援助で帰国できるまで、タイにとどまることになった（内海　一九九四所収）。

マラヤ

英領であったマラヤからの労務者については、一九九〇年に日本で発足した泰緬鉄道研究会に参加した中原道子が詳しい現地調査と研究を行っている。九一年夏にマレーシアで新聞広告を出して証言者を募り、九〇人から話を聞いたという。証言の規模と質からいって、中原研究に比肩するマラヤ労務者の研究はほかに見当たらない。

まず労務者徴用については、プランテーションが日本軍による格好な調達先であった。まとまった数の労働者がいて、居住区はたいてい、奥深い人目のつかない場所にあった。日本軍はこれに目をつけて、トラックで労働者を挑発していった。ゴム・プランテーションで採液作業をするタッパーであった当時一九歳のインド系男性は、四二年のある日、家のそばを歩いていたところ、日本兵の一団に遭遇して有無を言わさず連行され、泰緬鉄道の現場で働かされた。彼は半ズボンにサンダル、上半身裸の格好であったが、シャツを支給されたのは半年も経ってからだったという。

タイ側の建設拠点バーンポーンに到着したマラヤからの労務者たちは、まず検便と検疫を受け、そして種痘とコレラの予防注射を打たれた。そこからは何日も行進し、ようやく建設現場に到着した。インド系の労務者は家族でやってくるものも多く、乳飲み子を抱えた女性や年端のいかぬ子供、一二、三歳くらいの子供も多数含まれていた。キャンプの宿泊小屋は捕虜の掘っ立て小屋と変わらず、椰子の葉で屋根を葺き竹材で床を作った簡易なものであった。便所も穴を掘り竹の板を渡しただけのもので、すぐに汚くなって、みな森へ入って灌木のなかや草むらで用を足したという。食料事情はキャンプによって異なった。供される食事は酷いものが多かったらしいが、思い出したくもないという人もいれば、タイのコメはうまかったという証言もあるという。また、川に近いとタイ人が船に食料を乗せて行商に来た。

労働時間は八時間から最長二〇時間ということもあった。ジャングルを切り開く、地面を掘る、掘り返された土や岩を運ぶ、枕木やレールを運ぶという作業に従事した。賃金についてはつねに問題があった。不規則で支払われないこともしばしばであった。

医療事情も酷かったが、捕虜より若干ましであったのはいくつかの医薬品は手に入れることができた点であった。蚊帳の支給はなくマラリアや下痢は日常的であった。病気になって労働ができなくなると賃金が支払われず、したがって栄養補給もできない。熱帯性潰瘍は捕虜と同様、労務者にも恐れられた。糞便処理が適切ではないため、体を洗い飲み水にする川の水はすぐ汚染され、赤痢やコレラの感染症がすぐにキャンプ全体に広がった。コレラが発生すると患者は隔離され、放置されて死んだ。ひどい時には一日に何十人も死んだ。

中原が引用するマラヤ労務者の死者数は、日本側資料に基づくと七万八〇〇〇人あまりの徴用者数に対して三万弱、死亡率は三八パーセントである。しかし、イギリス軍資料に基づくとマラヤ人で五一パーセント、ジャワ人で四〇パーセントになるという。中原が聞き取り調査をした証言では、同じプランテーションに帰還した人々は総じて二〇~三〇パーセントとしたものが一番多かったという。九〇人面接して五〇パーセントの帰還率があったのは一例のみとしている。

ビルマ

ビルマ人労務者の記録が文学作品として残されている点で、他地域の労務者の記録とは異色である。リンヨン・ティッルウィンによる一九六四年の『死の鉄道の上で』と、同じ著者による一九六八年の『死の鉄路――泰緬鉄道 ビルマ人労務者の記録』の二点である。後者は同年の国民文学賞文芸部門で第二席の賞を受賞している。文学作品と評価されているものの、基本的には体験に基づく当事者の証言である。ただ、日付が明示されていないので、いつ頃の出来事かは、記述の内容から相対的に判断するしかない。

泰緬鉄道の労務者は、ビルマでは汗の兵隊（チュエタッ）と呼ばれていた。行政長官バモオの自伝によれば、日本軍に協力したアウンサンらビルマ・ナショナリストの軍隊「ビルマ独立義勇軍（BIA）」は、日本軍隷下の補助的軍隊である「ビルマ防衛軍（BDA）」に再編された頃、「血の兵隊（トゥエタッ）」と呼ばれていた。BDAは翌四三年八月のビルマ「独立」に際して「ビルマ国民軍（BNA）」とさらに呼び改められたが、日本軍に対する信頼を急速に失い、その一年後にはアウンサンが主導する地下抗日運動の拠点組織となっている。汗の軍隊は当初、誇りを込めて血の軍隊に比肩して、盟友日本の統治に協力する活動という意味合いが込められていたのかもしれない。しかし、その労役の内実が伝わり広まると否定的な語感のみが定着していった。

リンヨン・ティッルウィンは志願して汗の軍隊に加わっている。彼は一九一七年生まれで二五歳の時、すなわち四二年頃にエーヤワディー管区ニャウンドンで加わっていて、汗の軍隊のイメージが悪化する前であったろう。出身地別の各グループには宣伝主任、分隊長、班長、一般労務者の区別があり、彼は宣伝主任であった。ヤンゴン経由でビルマ側建設拠点のタンビュザヤに至り、そこからパヤートンズ（三塔峠、タイ・ビルマ国境）まで、建設の進展に合わせてビルマ側の工区を奥地へと進んだ。ともに労務に就いた労務者にはビルマ族だけではなく、地元のカレン族やモン族もいた。

現場監督は「クメカ」という名の日本兵だった。朝の朝礼に遅れるとビンタが飛び軍靴で蹴飛ばされ、立ったり座ったりの運動、遅刻者当人には「石持ちの刑」が科せられた。処罰は決まって一人ひとりではなくグループ全体に科せられたという。監視は捕虜よりも緩く、地元のモン人の行商が来て物を買うことができた。あるモン人の行商たちは捕虜と物々交換をしたことを咎められ、その罰の末に二人は死に一人は気がふれてしまったという。時が経つに連れ状況はますます厳しくなり、日本人は労務者の健康にまったく意を用いなくなり、食料も衣料品も医薬品もなくなってしまった。

雨季の最中、増水したタッエイン川に橋梁を立てる工事は酷かった。三昼夜ぶっ通しで行われた。やがてコレラ、そして天然痘すら発生した。天然痘に罹ったのは若い労務者で助けたかったが、結局キャンプから放逐されてしまった。だが、野生の象やコレラ、天然痘よりも日本人をなにより恐れるようになっていた。

捕虜には何度も遭遇している。彼らはシンガポールや香港から来たと聞いた。たくさんの捕虜の遺体も目にした。みなボロボロの服装で、靴を履かないものもいた。脱走した捕虜もいた。タバコをあげたところ代わりの品物を差し出してきた。あとで日本兵に露見するとどうなるかわからないので頑として受け取らなかったら、悲しそうな顔をされた。泰緬鉄道が開通後、決死の覚悟で仲間と二人で逃亡し、モーラミャイン（モールメイン）経由でヤンゴンまで戻ったところで物語は終わる。

四　日本と欧米における泰緬鉄道の戦後

イギリス人を中心とした捕虜の証言と各地の労務者の記録を拾い集めて概観してきたが、それでは、おのおのの戦後、泰緬鉄道の経験がどのような記憶となり、それぞれの個人と社会のなかでどのような出来事や問題性となって展開してきたのか。

泰緬鉄道建設の経験と記憶は、捕虜たちの母国社会と使役側の日本社会において、戦争にかかわる深刻な問いかけを長らく投げ続けてきた。泰緬鉄道建設が戦争犯罪として告発されることになるきっかけは、連合国軍側がこの事案を把握し、戦後真っ先に裁判でこれを裁いたところから始まった。

連合軍の調査と裁判

連合国側が泰緬鉄道建設での捕虜徴用を知ったのは、四四年後半になってからであった。鉄道建設が終わって大半の捕虜が現場を離れたのち、九月に日本に向かっていた輸送船団が連合軍の攻撃を受けた。撃沈された楽洋丸には、泰緬鉄道に従事していた一三〇〇人のイギリス人とオーストラリア人の捕虜が乗っていた。日本人生存者は他の輸送船に救出されたが、捕虜は見捨てられたという。捕虜一四九人がアメリカ潜水艦に救助され、オーストラリアに運ばれた。彼らの証言によって捕虜使役を知ったイギリス政府は、一二月に在京のスイス公使を通じて日本外務省に厳重な抗議を行った。

連合軍は日本の敗戦後すぐに調査団を派遣し、現場に埋葬された捕虜の墓地調査と整備を行い、鉄道建設の強制労働を裁く裁判の準備をした。BC級戦犯の裁判は四六年にシンガポールで始まった。チャンギーの収容所に集められた日本人三〇〇〇人のうち、泰緬鉄道関係者が約二〇〇〇人を数えた。裁判の結果死刑に処せられた三二人中二五人が、泰緬鉄道にかかわる捕虜収容所の軍人・軍属であった。チャンギー収容所では立場の逆になった連合軍兵士による日本人収容者への虐待があった。裁判も勝者の正義に基づいた不公平なものであったという意見がある一方、その逆の主張もある。その評価はともかく、連合軍側にとっては、日本軍の戦争犯罪告発について泰緬鉄道が突出して重要であったことはわかる【写真1】。

写真1　戦後整備されたタンビュザヤの連合軍墓地
（宇田有三撮影）

イギリス人捕虜たちの戦後

泰緬鉄道の記憶が社会的に呼び起こされたのは、ピエール・ブールの五二年のフランス語小説『戦場にかける橋』が五四年に英訳され、五七年に映画化されて好評を博したことが大きかった。この英米合作のハリウッド映画は、第三〇回アカデミー賞作品賞を受賞している。原作者のブール（映画「猿の惑星」の原作者でもある）は、四三年、日本占領下の仏領インドシナで捕虜となっていたが泰緬鉄道の現場は体験していない。モデルとなったメークローン川の架橋建設は時代考証を無視した、ハリウッド流の英雄譚に書き換えられており、これが旧捕虜と旧日本軍将兵側にそれぞれの反発を引き起こした。

イギリスでも戦争経験の手記や回想録の出版が多いが、捕虜経験については圧倒的多数が泰緬鉄道に関するものであると小菅はいう（チョーカー 二〇〇八）。これらの手記は泰緬鉄道についての直接的な事実とともに、イギリス人捕虜にとって、戦後の泰緬鉄道記憶がいかなるものであったかを語る証言ともなっていて、終戦直後から一貫して出版されてきた。苛烈な戦争経験は往々にしてトラウマとして事後の当事者の沈黙を生み出すが、手記・回想記の出版にはトラウマ記憶の救済という側面もある。また、時期ごとに特徴があり、対日謝罪・補償請求運動が盛んに行われているときには、運動を擁護するような手記も出された。本章で参照しているキンヴィクやゴードン、ローリングス、チョーカーらの書物も一連のイギリス戦後史の流れの中で出版されてきたもので、時代性を読み取ることも可能であろう。これらの記録に共通に読み取れるのは、『戦争にかける橋』が捨象している捕虜の経験の過酷さであり、旧日本軍の捕虜取り扱いへの告発であった。

泰緬鉄道の記憶は、日英関係に長らく影響を及ぼし続けた。七〇年代に日本の対英投資が本格化し七一年には昭和天皇が訪英するが、イギリスのガーディアン紙は泰緬鉄道の強制労働を引き合いに天皇を非難した。エリザベス女王の夫君の叔父で、東南アジア総司令部の最高司令官であったマウントバッテン伯爵は、天皇との面会を取り消して大衆の拍手喝采を受けたという。八八年の天皇重体、翌年の崩御の際も大衆紙を中心にイギリスでは辛辣な記事が掲載された。九五年の対日戦勝五〇周年にも、日本代表がイギリス政府主催の平和と和解の式典に招待されることはなかった。

かといって、このようなイギリス社会の風潮が、「必ずしも元捕虜への支援や称賛、あるいは対日戦史への知的関心を十分に呼び起こしたわけではなかった」（前掲書）。元捕虜は自分たちが「忘れられた」存在であるという感覚に苛《さいな》まれつづけた。捕虜たちは、日本と名のつく全てを嫌う頑強派、補償を求める穏健派、「過去を忘れようとする決意を、そして未来のために生きようとする決意をした者たち」の三種類がいたと、小菅と同様、日英和解に積極的に取り組んだ英文学者の斎藤和明はいう（木畑 二〇〇三所収）。

イギリス社会の対日態度に変化の兆しが現れるのは、九八年の平成天皇のイギリス公式訪問以降の頃からであった。このころ、五四年に日本政府がスイス人抑留者に対して二〇〇〇ポンドの補償を行い、五五年にはイギリス政府が日本配慮を優先して賠償交渉をしなかった史実が明るみに出た。これを受けて、対日補償請求派は、日本政府ではなくイギリス政府に補償を迫る方針転換が行われ、最終的には元イギリス軍捕虜あるいはその配偶者に対して一万ポンドの特別慰労金が支払われることになった。これ以降、イギリスの報道は対日批判をトーンダウンさせ、日本とアジア諸国との戦後和解への関心を少し高めることになったという。

戦後日本にとっての泰緬鉄道

戦後の日本側の泰緬鉄道建設への思いの振れ幅は、そうとう広いものであるように見受けられる。

南方軍鉄道隊参謀長の任にあった広池俊雄（一九〇二－？）が七一年に出版した『泰緬鉄道――戦場に残る橋』は、そのタイトルに件の映画に対する意識が見て取れる。本書の主題はあくまで泰緬鉄道の「世紀の建設」事業総体の詳細な叙述であり、日本軍鉄道連隊が誇る技術的な偉業ともいうべき到達に関する記録という性格が濃厚である。映画で描かれた架橋技術に欠如した日本軍、というイメージを断固拒否し、戦後の戦争法廷での裁きには勝者の報復を見て取る。捕虜の扱いについては何度か触れられるが、「残念」「天災と人災」という程度である。最後に、「本書の目的は…大犠牲の原因と、その責任の解明」にあったが現場外で起こったことに記述の重きを置きすぎた、したがって「俘虜収容所におけるなまなましい俘虜の生活状態…は、もっと取り入れたかった点でした」と弁明する。

広池と対照的に、永瀬隆（一九一八－二〇一一）は捕虜の告発に泰緬鉄道にまつわる経験の意味を見出した。彼は四三年九月からカーンチャナブリーの憲兵分隊に通訳として勤務し、鉄道開通後にはマラリアに罹患して、ジョホールバルの陸軍病院で半年静養している。四四年に現場復帰して敗戦までそこで勤務し、捕虜の拷問をともなう通訳などに従事した。しかし、鉄道沿いに奥地に行ったことがなかった。敗戦直後の四五年九月、連合軍側の墓地調査行に通訳として同行したことが彼の後半生を決定づけた。復員後、英語教諭の職についたが、六三年以降はタイを毎年のごとく訪問して、贖罪と和解の活動をライフワークとした。

七六年、永瀬は元捕虜と日本軍関係者たちとの再会を計画する。永瀬は捕虜の手記に多く目を通して「その怨念が日本人が想像している以上にすさまじいもの」であることを知っていた。同時に日本側にも、「戦犯裁判で報復をうけたとかんじ、これまた逆にうらんでいる者」もいた。イギリスのメディアや極東元捕虜協会からは激しい拒絶を受け、日本の外務省からも執拗に中止要請を受け、バンコクの日本人会からも批判をされたという。しかし、元捕虜側はオーストラリア人一八人、イギリス人三人、アメリカ人二人、日本側は五一人の参加を得た。この「再会」ののち、元捕虜たちとの交流が生まれた永瀬は、ローリングスらの著書を翻訳し関係の書籍を出版する。また、七九年には、A級戦犯が合祀される靖国神社境内に泰緬鉄道を走ったC五六機関車が展示されると聞いて抗議活動を行い、八五年にはタイで供養の寺院を奉納するなどの活動を続けた。

広池と永瀬の二つの態度は、アジア太平洋戦争を経験した旧軍将兵のあいだに分有される考え方と感じ方の二つの極と考えられるだろう。おそらくは、広池の見方がより広く共有されてきた。空中戦の飛行機乗りや大砲の撃ち合いの戦艦乗り、後方で作戦を立案し補給を調整する将校と異なり、戦場で敵と相まみえて生々しい肉弾戦を知る陸兵・一兵卒にはより深いトラウマ記憶が残ることは指摘される。これが広池と永瀬の戦後を分ける、初発の戦争体験の違いかもしれない。しかし、これら二つの態度の違いは、日本の行った東南アジア占領と対米戦争全般について、さらには中国や朝鮮半島、台湾での植民地支配や戦前の軍国主義について、そして日本の「戦後」とその社会について、その見方と歴史観のバリエーションという広大な地下水脈でつながっている。

かように巨大な戦後論へ立ち入ることはできないが、八〇年代以降、戦争に関する記憶が社会的に再活性化されるもろもろの出来事の中で、泰緬鉄道の研究が盛んになってきたことはいえよう。八〇年代の教科書問題と九〇年代の慰安婦問題、徴用工問題など、韓国と中国の「戦後」が日本の「戦後」と接触し互いに激しい反応を起こしてきていることは、周知の通りである。戦後五〇年を機に各国でBC級戦犯の裁判記録が公開となったこともある。また、「すでに戦後ではない」という戦後清算論は八九年の冷戦終結による、日本におけるアメリカの位置づけの変化とも関係をもつ。

五　現代ビルマにとっての泰緬鉄道

では、東南アジアの労務者にとって泰緬鉄道の経験といかなるもので、それはいかにおのおのの当事者と社会に記憶されているのか。ここでは主として日本占領後のビルマについて見ていきたいが、その前に「労務者」という存在が、記憶の語り手としてはそもそも「捕虜」とは異なった質を持っていることを指摘しなければならない。

言及される労務者

我々の関心は、泰緬鉄道の労務者が、一部を除いて当事者自身は積極的に証言を残さず、基本的に他者から言及される存在であったという点にある。捕虜の記録にはちらりと言及されることがあるが、管見のかぎりまとまった記述はない。永瀬隆は、日本側で最初に労務者について意を向け贖罪活動に取り組んだ一人であった。七六年の捕虜たちとの「再会」の際、外国人記者から労務者についての詰問を受け、永瀬は彼らの存在が意識されるようになったと書く。労務者への注目は、とくに泰緬鉄道の意味を学術的に問い直すようになる九〇年代以降の中原や内海などの諸研究の中でもなされるようになる。しかし、捕虜を中心とする研究に比べると、労務者研究は進んでいるとは言い難い状況にある。

「労務者」は、「捕虜」に比して、確固とした集団性と主体性が欠如している。捕虜のイギリス軍、オーストラリア軍、オランダ軍、アメリカ軍、使役側の日本軍は明確な命令系統と高度な組織性を備えた軍隊であり、戦争経験によりなみある社会集団にも増して堅い結束、高い忠誠心と主体性をそなえる。社会も戦争の担い手を顕彰し、彼らの告発が社会に共有される蓋然性がある（しかし、イギリスの捕虜はそうならなかったし、ベトナム戦争の復員兵のように、無視され孤立することも多い）。ところが、労務者はあくまで、労働現場にさまざまな動機と経路、関わり方によって集められた、まとまりのない人々を外から仮に名付けただけの集団性でしかない。だから無前提に「捕虜」と同様の主体性を求めること自体、的はずれであろう。

東南アジアで日本軍の強制労働という場にいっとき偶然に集められただけの人々が、組織を結成し、社会に告発し、さらに集団訴訟を起こした事例は、労務者の母数から言って極端に少ない。そのひとつに、マレーシアの華人・宋日開らによる告発[3]がある。八六年に、三年八か月の建設従事の未払い賃金の支払いを求めて日本政府に訴え出た。九〇年代以降、東アジアでは韓国の元慰安婦や元徴用工による告発が顕著になるが、東南アジアとの比較研究が待ち望まれる。

東南アジアの特有の過去の観念や諦観を指摘するむきもあろう。東南アジアの庶民にとって、王朝期からのいくさは耐え忍ぶべきものでしかなかった。王者の歴史も庶民のいくさの苦しみに無頓着である。上座部仏教のビルマやタイでは来世がリアルであり、自然、人々は輪廻転生という名の未来志向である。荼毘に付された遺骨と遺灰は単なる廃棄物となる。庶民の死者には墓はない。祖父母までは知っていても、それ以前の祖先の名を知らないことはふつうだ。このような世界では過去はいともたやすく忘却され、こだわりがない。人類学的手法で泰緬鉄道建設からの帰還者のコミュニティに入れば、生々しい記憶が共有されていることにたどり着けるかもしれない。それも時の経過とともに埋没し忘却されていくだろう。だが、このような、労務者という集団性解説や東南アジア庶民の本質論的な世界観理解だけでは、説明が尽くされたことにはならない。

ビルマ・ナショナリズムと消費文化

東南アジアの労務者たちはみずから積極的に証言を残してこなかったが、そのなかでビルマのリンヨン・ティッルウィンの文学作品は異色である。ビルマ語でのビルマ人労務者への言及は他にもいくつかなされていて、多くが文学の領域でなされている。戦争直後のマウンティンによる『あの三年』(四五年)、同じ著者による有名な『農民ガバ』(四七年)、ミャワジィ『血の河はあふれ』(六四年)などであり、いずれも物語の背景の一部として描かれ、筆者は実際に体験していない(深江 二〇一六)。著名な文学者ルドゥ・ウー・フラも「死の鉄路」という短文を書いているが、これは汗の軍隊募集体制などを概観した程度のエッセイである。彼の小説『颪とともに』にも物語の一部に採用される。マラヤやジャワ、タイでも、この程度の言及ならば雑誌記事などで見出されるかもしれない。

では、異例のリンヨン・ティッルウィンの著書は何のために書かれたか。本書のまえがきには「侵略戦争をうけた国民のさまざまな災禍や悲劇のさま」「ファシズムの悪逆非道ぶり」が執筆の動機となったことが開陳され、あとがきにもほぼ同様の内容が繰り返されている。戦争の悲劇と「日本の軍国主義者たち、悪しきファシズム体制」を批判して、対照的に独立の指導者アウンサンを称揚する。本文でもそちこちに顔を見せる「ファシスト日本」は、これに対抗して打ち破り、ビルマを独立に導いたアウンサンとタキン党ナショナリストたちの栄光と表裏一体の関係で描かれる。つまり、本書はビルマ・ナショナリズム称揚の小説である。

泰緬鉄道の記憶が強固にむすびつくところのビルマ・ナショナリズムは、ネーウィン時代にこそ、はじめての神話化のきっかけをつかんだのではないか。ウー・ヌの主導した独立後一四年間の「議会制民主主義期」を経て、六二年、ネーウィン将軍がクーデターによって政権を奪取した。以来、半世紀にわたってビルマは軍の支配下に置かれることになる。ウー・ヌ政権の混乱に辟易していた民衆は、当初、アウンサンの仲間で「三〇人の志士」[4]の一人であったネーウィンを静かに支持したが、その政権には正統性が欠如していていた。したがって、この時代になってはじめて、日本占領下の輝かしいビルマ・ナショナリズムの記憶と物語が、政権維持の具として政治利用をされ始めたのではないか。同様に、「パンロン会議」という諸民族協和の物語もはじめて政治利用され、ネーウィン政権下で、そのビルマ式社会主義イデオロギーの解説書にお目見えする（菊池　二〇一八）。そして、リンヨン・ティッルウィンは国民文学賞の二席を獲得するのだ。

写真２　死の鉄道博物館（宇田有三撮影）

ネーウィン政権二六年間と八八年以降の新軍事政権を批判する民主化運動では、アウンサンとタキンのイメージが絶対化していった。「アウンサン」は軍政批判、ひいてはありとあらゆる現状批判の鑑となり神話となった。ビルマにおける日本占領期の歴史研究は、つねにアウンサン称賛をともなう。ビルマ独立後の民族問題は、アウンサンとタキンらの失政に大きな原因があるが（池田　二〇一七）、この論はビルマでは一顧だにされない。その娘スーチーもまた、父の神話を基盤に政権を維持できる。ビルマ・ナショナリズムの絶対化は社会のすみずみまで浸透し[5]、泰緬鉄道の記憶はこの文脈をおいてほか、社会的に喚起されることはない。

さて、二〇一一年の民政移管以後の今日、泰緬鉄道は、ビルマで活性化してきた大衆消費文化の商品となりつつもある。民政移管によって検閲制度が廃され、古い書物の再版が続く。アウンサンとビルマ・ナショナリズムは盤石の人気を誇る出版ジャンルであり、泰緬鉄道関係の書物も再版されている。だが、独立ビルマの学校教科書にあった「死の鉄道」泰緬鉄道の叙述はすでに消滅して久しい。その史実を知らない若者も増えて、泰緬鉄道はおおかた、忘却の淵にある歴史上の一事件でしかない。

写真３　同博物館の日本兵石膏像と機関車
（柳田泰撮影）

他方、日本の戦争犯罪を記念する泰緬鉄道の地タイのカーンチャナブリーは巡礼の聖地となり、首都バンコクから至近にあって一大観光地に成長した。そして、泰緬鉄道建設を証言するＪＥＡＴＨ博物館(6)の成功を見て、ビルマ側建設拠点のタンビュザヤにも「死の鉄道博物館」が二〇一六年一月四日、ビルマ独立記念日に開館した。日本時代の記憶と戦跡が商品化される背景には、ビルマ・ナショナリズムが確たる根を下ろした一方、日本による対東南アジアＯＤＡがほぼ役割を果たして終了に向かい、各国政府が日本に気を使わなくなったという経済事情もあるかもしれない【写真2】【写真3】。

記憶の比較史から見えること

日本とイギリス、ビルマにおける泰緬鉄道の記憶の戦後史は、かくも異なる。泰緬鉄道をめぐる戦争の経験は、戦後のイギリスと日本に、戦争犯罪と責任、贖罪と和解とは何かを長く、重く続く問いかけとして残してきた。ところが、ビルマにおける泰緬鉄道をめぐる戦争記憶の様相には、拍子抜けするような「不在」があった。これをいかに理解するべきなのか。

ビルマの泰緬鉄道の記憶はなぜかくも平板で、なぜ一様にナショナリズムにのみ回収されるだけか。長きにわたる軍政下の言論空間の不在、個人的経験が社会に共有され昇華される経路の不在という点に還元し、そこに市民社会の未成熟を見るのは容易い。だが同時に、これらの「不在」は、我々がビルマの歴史を見るときに、ついつい学ぶべきものとして刷り込まれている予断、すなわち反省すべき戦争犯罪と贖うべき罪、達成されるべき和解、形成されるべき市民社会という先入観が、検討に先立ってその目線に混入していることに気づかせてくれる。

そこではじめて、我々はあらためてビルマ人にとっての泰緬鉄道とは、第二次世界大戦の経験とは何だったのだろうと虚心坦懐に問う地域研究のスタート地点に回帰できる。戦争の記憶が一貫して回収される先のビルマ・ナショナリズムとは、いったいなにか。否定されることなき英雄としてのアウンサンのナショナリズムとは何か。ナショナリズムの言語によってのみこれらの問題が翻案されているように見え、それが底浅く浅薄にしか見えていないのであれば、我々はまだ、ビルマの戦争体験とそのナショナリズムを理解していないのではないか。これらの現象の背後にある、ビルマ社会に固有の過去の現在へのよびおこし方とその論理、その現代的な態様を検討し尽くしていないのではないか。

このような意味でのビルマでの戦争記憶の研究、ビルマの大衆ナショナリズム研究はまだ手掛けられていない。

また、イギリスと日本の社会と個人に長く重く課せられてきた戦争犯罪と責任、贖罪と和解に関する問いは、他者の土地を借りて行われた戦争であてがわれた問いであった。であるならば、同じ重みをもって、ビルマにとっての植民地主義と日本占領の意味がイギリスと日本に問われなければならないだろうことは言を俟たない。

(1) 一九八九年、軍事政権が国民の同意なしに英語国名をUnion of BurmaからUnion of Myanmarに変更したことにより、ビルマとミャンマーの呼称が政治問題化した。しかし、おのおのにおおよそ対応するビルマ語のバマーとミャンマーは、口語と文語表現程度の相違しかない。本章ではビルマで統一する。

(2) 八〇人という説もある(永瀬 一九八六)。

(3) 彼はロームシャとしてヌグリスンビランのセレンバンから徴用された七八〇人のグループの一人であった。ほとんどが華人とインド人で、マレー系はごくわずかだった。四六年七月に帰還できたのは四九人であったという。

(4) 日本陸軍の諜報機関である南機関から軍事教練を受けるため、密かに選抜されたタキン党の若者たち。「アウンサン」と「タキン党」にならぶビルマ・ナショナリズムの象徴。

(5) だが近年、アウンサンのイメージは少数民族によって相対化され始めている。地方で建設される橋にアウンサンの名前が拒否され、アウンサン銅像の設置に異議が起こっている。

(6) カーンチャナブリーにある日本軍による泰緬鉄道建設の記録を展示した博物館。Japan, England, Australia, Thailand,

Hollandの頭文字を並べ、死の鉄道（Death Railway）を想起させるネーミングを冠している。

参考文献

池田一人（二〇一七）「ミャンマーにおけるカレン民族問題の起源とタキン史観に関する覚書き」『えくす・おりえんて』第二四巻、二七ー六一頁
内海愛子、ガバン・マコーマック、ハンク・ネルソン（一九九四）『泰緬鉄道と日本の戦争責任』明石書店
木畑洋一、小菅信子、フィリップ・トウル編（二〇〇三）『戦争の記憶と捕虜問題』東京大学出版会
菊池泰平（二〇一八）『パンロン会議再考ービルマ独立交渉期におけるシャン政治の展開（一九四五年半ば〜一九四七年二月）』大阪大学言語文化研究科言語社会専攻修士論文
ジャック・チョーカー著、根本尚美訳／小菅信子、朴裕河、根本敬（二〇〇八）『歴史和解と泰緬鉄道ー英国人捕虜が描いた収容所の真実ー』朝日新聞出版
中原道子（一九九三）「東南アジアの『ロームシャ』ー泰緬鉄道で働いた人々ー」高崎宗司他編『岩波講座近代日本と植民地5　膨張する帝国の人流』岩波書店
永瀬隆（一九八六）『「戦場にかける橋」のウソと真実』岩波ブックレットNo.69
――（一九八八）『ドキュメント・クワイ河捕虜墓地捜索行ーもうひとつの「戦場にかける橋」ー』現代教養文庫、社会思想社
広池俊雄（一九七一）『泰緬鉄道ー戦場に残る橋』読売新聞社
深江佳子（二〇一六）『戦後ビルマにおける泰緬鉄道の記憶』大阪大学言語文化研究科言語社会専攻修士論文
吉川利治（一九九四）『泰緬鉄道ー機密文書が明かすアジア太平洋戦争ー』同文舘出版
リンヨン・ティッルウィン（田辺寿夫訳、一九八一）『死の鉄路ー泰緬鉄道、ビルマ人労務者の記録』

ルドゥ・ウー・フラ、河東田静雄（一九八二）『風とともに』井村文化事業社
レオ・ローリング、永瀬隆訳（一九八四）『イラスト・クワイ河捕虜収容所―地獄を見たイギリス兵の記録―』教養文庫、社会思想社

第二部　「時代」を問い直す

第七章　バウンドする伝播のネットワーク

――ウマ、火薬兵器、蒙古襲来――

向　正樹

一　バウンドする伝播のネットワーク

本章では、ウマ、火薬兵器、蒙古襲来という三つのテーマを中心に、時代や地域をバウンドする伝播のネットワークを辿る。この三つを選択したのは、これらが筆者の専門分野であるモンゴル時代（モンゴル帝国の時代）と深く関係し、かつ近代日本の国民意識の形成にとって重要であり、また日本の大学教育における日本史と世界史の接続を探るうえで新たな発展性をもつテーマと考えるからである。

ここでは、同一時期の直接かかわりあうアクタント（人・生物・モノ）のあいだを遺伝的特徴、技術、アイデア、イメージが伝わることを「伝播」といい、それを可能としたアクタントのあいだの結合をネットワークと呼ぶ。そして、かなり離れた時代・地域に達しているような伝播の現象を「バウンド」(英語のbounce)と呼ぶ。ウマの進化のような生物学的な変化、騎馬戦術や火薬兵器などの技術革新がバウンドすることは稀であり、巨視的にはバウンドに見えても、その裏には見えざる伝播の連鎖がある。しかし、イメージのような非実体的なものは、運ばれ、伝わるモノを媒体として、時間や地域をバウンドしやすい。新たな伝播を誘発する決定的な刷新はどのようにして起こるのだろうか。バウンドが起こる(または、そのように見える)ような状況はどのようなものか。これらが中心的な問いとなる。

バウンドする伝播のネットワークの歴史では、ひとつの連関がある「刷新」を可能とし、またそれが「翻訳」され伝播することで新たな連関が作り出されていくさまを追う。アクタントが刷新や伝播のネットワークに加わる際には「翻訳」をともなう。まず次節でこうした基本的な概念について述べる。次に、ウマ、騎馬遊牧民、火薬の三つのものの出現、進化、刷新、伝播を跡づける。そのなかで、可能な限りそれにかかわるアクタントの連関=ネットワークをみる。人、生物、モノなど刷新や伝播の媒介者であるアクタントを可能な限り明るみに出す。そして、騎馬戦術、火薬兵器のその後のさらなる刷新や伝播、新たな組み合わせの出現、蒙古襲来像の形成と再編について述べる。そこでは、技術やアイデアが時代や地域をまたいで伝わりゆくさまが描かれる。

二　基本的な概念　全体性からネットワークスの視点へ

閾値《いきち》

カール・マルクスから、イマニュエル・ウォーラーステイン（二〇一五）、ビッグヒストリーで知られるデヴィッド・クリスチャン（二〇一五）まで、ある種の閾値（スレショルド）を超えることによって起こるシステム全体の変容を時代の区切りとする議論がみられる。こうした議論では、社会階級、世界経済、宇宙ないし地球全体がシステムとして全体性をもつことが前提となるようにおもわれる。これに対し、伝播のネットワークの視点では、閾値は世界構造の変容をもたらしたりするわけではないが、伝播のネットワークのさらなる拡大を促進したり可能にしたりする。ただし、伝播のネットワークの範囲は、時代によって異なる。閾値は、地理的要因のような伝播の発生を決定づけた条件に関わる場合もあるが、ある種の刷新がそれに関係していることもある。閾値のなかには、刷新が伝播可能な範囲の拡大に寄与する場合もある。

刷新と伝播

本章における刷新と伝播の概念は、ウィリアム・H・マクニールやジャレド・ダイアモンドの議論にアレンジを加えたものである。マクニールはかつて、文明の波及効果を軸に、マクロな関係性の歴史を描き、その後も、ヒューマン・ウェブの拡大過程といった観点から地球規模の歴史を描いている。マクニール（二〇〇一）は『世界史』序文で、文明の波及効果について述べている。

そこでは、強力な文明が隣接しあう人々にもたらす攪乱《かくらん》作用に着目し、また、受容の過程でみられる「翻訳」についても触れている。一方で、その文明から周辺へという叙述は、ある種の中心－周辺の観点に支配されている。

ジャレド・ダイアモンド『銃・病原菌・鉄』は、旧大陸と新大陸の運命を分けることとなった主要なものの伝播の多くを論じている。その中には銃やウマについての記述もある。これらは本章でも取り上げられるトピックであり、伝播のネットワークの歴史の先行研究として裨益するところが多い。ただし、本章のいうバウンドする伝播のネットワークの歴史は、ダイアモンドのようにもてる者、もたざる者の違いを論じるような二項対立的な問いを立てるわけではない。代わりに、より一般的に人類全体にとって重要な刷新がいかにして時間や空間を超えて、異文化の境界を超えて連鎖する（または、そのように見える）のかを考察する。

翻訳

本章でいう翻訳の概念は、ジェリー・H・ベントリーの社会的転向（ソーシャル・コンバージョン）論に基づく。ベントリーによれば、社会的転向とは、前近代において、ある人間集団が外来の文化伝統を取り入れたり、それに適応したりするプロセスである。それは、個々人の精神的・心理的経験をいうのではなく、ある社会全体の変革につながるような現象である。(1) ただし、本章では、「社会」の全体性に目を向けるのではなく、個別具体的な「刷新」のネットワークを探る。ベントリーはさらに、社会的転向はシンクレティズムなしには説明が困難ないし不可能であるとする。これはまさに本章で

表1　シンクレティズムが起こるプロセス

プロセス1	外来の文化が、それがもともと発展してきたところの政治的・社会的・経済的な文脈から切り離され、断片化されて入ってくる。
プロセス2	特定の要素が選ばれ、(イ) 取り入れる、(ロ) それに適応する、(ハ) もしくは強調される、またはかれら自身の目的にあわせて利用する。
プロセス3	外来の文化が理解され、説明されるとき、その本来の構成要素が分解され、新たな言葉で言い換えられ、新しいやり方で組み立て直される（翻訳)。そうして外来の文化が（新たな）政治的・社会的・経済的秩序の中に統合される。
プロセス4	新しい「文化的境界線」（カルチュラル・バウンダリーライン）が引かれる

出所：Bentley、1993

いうところの翻訳を言い換えたものである(2)。ベントリーはシンクレティズムを、外来の伝統が、それがよってきたる場所から遠く離れた国において可知で有意味、かつ魅力的なものになるように相異なる文化伝統の要素をブレンドすることとし、その具体的なプロセスを表のように説明する【表1】。

このように異質なものどうしの出会いが新しいかたちを生み出す働きこそが本章でいう刷新である。このシンクレティズム（本章でいう翻訳）は、地域を超えた伝播に際して見られるだけではなく、時代を越えた伝播においても観察される。

さらに、ベントリーは、病気・技術・武器・原料はたやすく急速に（文化的・地理的な）境界線を越えて伝播するいっぽうで、信念や価値観といったものはより緩慢に、より多くの困難をともないながらでしか、これらの境界線を越えることができなかったという（Bentley 1993）。

以上のような分析視角を念頭におきつつ、次節以下では具体的な伝播の歴史を紐解いていこう。

三　ウマの誕生から遊牧騎馬民の出現まで

ウマの誕生から家畜化まで

近代以前の長いあいだ、遊牧騎馬軍団が強大な力をもち、ユーラシア大陸全体の歴史展開に大きな役割を果たした。遊牧騎馬軍団の成立が実現するまでにはいくつかの閾値を超えなければならなかった。ウマの登場、ウマの家畜化、騎馬遊牧民の登場がそれである。そこには地球の気候という条件も関わっているとされる。

ウマの登場までは、気の遠くなるような時間を要した。この段階の刷新は、環境に対する遺伝子（突然変異）による適応により生じた。ウマ科（ロバ、シマウマを含む）の動物の先祖とされるのは、五四〇〇万年前に生息していたヒラコテリウムである。中型犬ほどのサイズの草食動物で、前足の蹄《ひづめ》が四つ、後足には三つあった。次の五〇〇〇万年の間に多くの変化が起きた。まず体が大きくなり、蹄が一つになった。いまから五〇〇万年前、現在のような姿のウマ科が出現し、最初の閾値を超えた。

ウマ科は草を丈夫な顎と歯で効率的に咀嚼《そしゃく》し、胃で分解したのち、後腸の微生物がセルロースを分解し、栄養分を盲嚢《もうのう》で吸収する。そのため、ウシなど他の草食動物のように反芻《はんすう》のための時間を必要とせず、動きながらでも消化することができた。また、反芻動物であれば餓死してしまうような栄養分の乏しい草しか生えていない草原で生存することが可能であった。草を食みながら周囲を見渡すため頭部が縦長になったおかげで、切歯と臼歯の間に銜《くつわ》をかませるのに必要な隙間を生じた。走ることに適応した長い脚と丈夫な蹄のおかげで、オープンスペースの草原で遭遇する肉食動物から逃れることができた。それらの特徴が、その後の歴史においてウマが人類との関わり合いのなかで果たす重要な役割を可能とした（シャリーン　二〇一二、本村　二〇一三、フランシス　二〇一九）。

第二の閾値である家畜化が起こるまでのあいだ、ウマ科には苦難が待ち受けていた。もともとウマ科はユーラシアにもアメリカ大陸にも分布していた。しかし、約一万年前、最終氷期後の完新世になってアメリカ大陸ではウマ科が絶滅した。気温の上昇によって植生が変化して草原が森林となり、馬の生存には適さなくなり、人口の増えた人類による狩猟の対象ともなった。新井才二によれば、もともといた多くのウマ科の種のうち、現存するのはエクウス・カバルス一種だけである。従来、ウマの家畜化の起源の候補とされたのは、現在の家畜馬の直接の祖先とみられるターパンの分布地域であった黒海北岸や東欧、中央アジアであった。その後、北欧、西欧、アナトリア、北西イラン、コーカサス、レヴァントなどにも野生馬が分布していたことが確認され、現在それらすべてが候補となりうる状況となっているという。しかし、多くの考古学的証拠から、ウマの家畜化により、第二の閾値が超えられたのは前四千年紀の中頃とみられている（草原考古研究会　二〇一九）。

騎馬遊牧民の出現

第三の閾値である騎馬遊牧民の登場までは、いくつかの段階があった。まず、遊牧という生活形態の発生である。藤井純夫によれば、それは環境的条件と社会的条件の相乗効果によってもたらされた。前七〇〇〇～前六五〇〇年、肥沃な三日月地帯の西側南よりの内陸草原で採集狩猟民が補足的に家畜を飼っていた。やがて閉鎖型囲いが開放的囲いに変わって日帰り放牧を行うようになり、居住を伴わない「擬集落」、つまり遊動的な放牧キャンプが出現した。前五五〇〇年から、地球温暖化の影響により乾燥化すると、それによって閾値を超え、農耕から遊牧へ移行した集団が現れる。それを可能とした社会的条件は、①群れを統御する再生産体制が完成したこと（移牧が可能になる）、②集落の都市化により周辺でムギ栽培が拡大し、牧羊生活者が外部へ押し出され、無人の乾燥地帯に進出したこと、である（藤井　二〇〇一）。遊牧民の登場の背景には、気候（地球環境）条件のもと、人・植物（ムギ）・動物（家畜）の関わりあいが観察される。

紀元前一〇世紀、西アジアから地中海周辺で第三の閾値に大きく近づく刷新が起こる。騎馬技術の発生である。騎馬を表現した土偶、浮彫り、絵画が急増することがその証拠である。そしてそれが草原へと広がった。前九〜八世紀に、草原で騎馬関係の証拠が突如増えることがそのことを裏づける。ここでも環境的条件と社会的条件の相乗効果が指摘される。前九世紀に乾燥した気候が湿潤化し、ユーラシア大陸の半砂漠であった場所に草原が広がる。そこが遊牧民の住処となった。青銅器生産が高度に発達し、すぐれた馬具・武器が生み出された。こうして第三の閾値を超えた。草原に遊牧騎馬民が登場したのである。その後への影響は甚大であった。ひとつは遊牧民の保護のもとユーラシアの東西をつなぐ内陸の交易ルートが発達した(3)。これは最初の空間革命と言ってよいだろう。そしてもうひとつは、前近代ユーラシア史のひとつの基本パターンが生み出されたことである。それは、騎馬や騎射の技術に優れた北方遊牧民が部族連合を形成し、隣接する定住民に対して軍事的優位をもつというパターンである。（川又　二〇〇六、林　二〇〇七）。

騎馬戦術の伝播

ユーラシア草原に起こった刷新は、伝播のネットワークを通してユーラシア東西の農耕帝国へバウンドした。農耕文明から周辺民族への文明の伝播という一方的なストーリーには見直しが必要だろう。ここでは逆方向の伝播が起こったのだ。西アジアの農耕国家では、軍事用のウマはチャリオット（ひとり乗りの戦車）を引くために使われていた。最古の例は四五〇〇年前のウルで描かれたシュメール人のものである（ただしウマではなくロバに牽かせていたらしい）。前二〇〇〇年には軽量で速度の出るチャリオットが中国からギリシアまで各地で使用された。前一四世紀にはアナトリア高原のヒッタイトが弓兵を乗せたチャリオットを武器に帝国を築いた。チャリオットの時代は一世紀まで続いたが騎兵に取って代わられる。エリック・シャリーン（二〇一二）は、「中央アジアの遊牧民が近東や中東に侵略したことで、定住民の騎兵隊が誕生し、やがてそれが古代の軍隊には欠かせない特徴となった」とする。歴史学者ジェリー・ベントリーによれば、軍事技術は急速に伝播するものの最たるものである。戦争は新しい技術導入の大きな刺激となる。中国でも趙の武霊王が、北方遊牧民との戦いに際し、「胡服騎射」（乗馬に適した筒袖の遊牧民風の服装と馬上での弓矢の使用）を導入した。

末崎真澄によれば、パルティアの軽騎兵隊が「相手の周囲を騎馬で疾走しながら振り向きざまに弓を射る馬上射技」を用いてローマ軍を破った。この戦法は「パルティアン・ショット」と呼ばれ、スキタイなど騎馬遊牧民が古くから用いてきた戦法であるという。前五一〇〜前四九〇年頃のイタリア、カンパニア出土騎手像（大英博物館蔵）にもパルティアン・ショットが見られる。古代オリエントで狩猟が美術工芸のモチーフとしてよく用いられたが、パルティアン・ショットの図像もこうした狩猟図に取り入れられた。この意匠がシルクロードの交易路を通じ東西に伝わり、日本でも法隆寺に四騎獅子狩文錦が伝存する（二〇〇一）。

日本では約一五〇〇万年前のウマ科の化石が見つかっている。しかし、氷河期終了後、大陸と隔絶すると絶滅したので、日本で在来馬と呼ばれているのは古墳時代に海路で運ばれてきたものである。騎馬の技術は四世紀末に伝来し、五世紀には本格的に導入された。奈良時代以降、馬具が国産化され、平安時代には関東地方に騎馬の武士団が登場する。東国の武士は普段からウマに親しみ、その能力を作戦に遺憾無く発揮できたという（末崎　二〇〇一）。ユーラシアの騎馬遊牧民が、騎馬軍団を導入した定住民の帝国に脅威を与え続けられたのも、ウマの能力を最大限に発揮できたおかげであろう。

四　モンゴルと火薬兵器

火薬の発明と伝播

火薬の原料である硫黄と硝石は中国では早くから知られていた。硫黄は中国で二世紀の『神農本草経《しんのうほんぞうきょう》』に初めて記録される。硝石（硝酸カリウム）は、暑い気候の地域にしかなく、西洋では中世まで知られなかったが、中国では三世紀には炎色反応から硝石を弁別していたという。しかし、火薬が生み出され、銃と砲が完成するまでには多くの閾値を超える必要があり、長い時間がかかった。

硝石は、あらゆる種類の鉱物を溶かし、変形させる性質からその名（消石）がついた。不思議な性質をもつ硝石は不老不死の仙薬を求める中国の煉丹術師の注意を引いた。やがて硝石と硫黄の混合物が化学反応を起こすことが知られ、九世紀、偶然に火薬を発明した。

山内晋次によれば、一〇八四年、宋では日本産硫黄の大量買い付けが計画された。西夏との戦闘で火薬兵器の緊急配備が必要となったためと推定される。別の時期にも日本からの硫黄の輸入は実際に確認され、突発的な特殊ケースとはいえない。一〇〇四年の澶淵《せんえん》の盟で北方の遼との関係が平穏であったにもかかわらず、宋は国境ラインに百万もの常備軍を置いていた。また、宋は首都開封や他の軍事拠点に火薬兵器製造工場を置き、首都では恒常的に火薬兵器生産も行われていた（山内 二〇〇九）。

火薬の知識は一二世紀に西方に伝わり、一三世紀末になって火薬に硝石を使うことがアラビア人・ヨーロッパ人に知られる。一二四〇年に書かれたアブ・ムハンマド・アル＝マラキ・イブン・アル＝バイタール『薬草集』では硝石のことを「中国の雪」と呼んでいる（テンプル 二〇〇八）。火薬の知識をヨーロッパに伝えたのは誰なのか、はっきりとはわからない。火薬の伝播過程では、実物がアクタントとしての役割を果たしたともいわれている。

火薬の知識が西方に知られた時期、東方では中国を支配する北方出身の狩猟民・遊牧民の王朝で火薬兵器がさらに発達していた。「震天雷」と呼ばれた火薬をもちいた炸裂弾が女真人の金朝によって使用されていた。そして一四世紀初頭、モンゴル帝国で銅製・鉄製の射撃性火器「火銃《かじゅう》」が生まれ、銃と砲の完成へ向かう最初の閾値を超える。

火薬兵器の発達

モンゴルはユーラシア東西に跨る巨大帝国をうち立てた。その要因は、騎馬遊牧民の機動力を生かした戦闘力であったとみられてきた。しかし、モンゴルが版図拡大の過程で経験した戦いは、けっして機動力がものをいう状況で行われたものばかりだったのではない。とくに中央アジアのホラズム朝や中国の金朝征服では攻城戦が多く行われた。その過程で、モンゴルはさまざまな進んだ技術を取り入れたハイテク集団に生まれ変わった。ヨーロッパ人（プラノ・カルピニ）は、戦争の機械（投石器）とともに火器（火薬兵器と認識はしていない）がモンゴル軍の主要な兵器であると認識していた。

モンゴル軍は、イラン人ムスリムが操るカウンターウェイト式投石器など、新しい軍事技術の導入に積極的であった。そして、日本遠征時には、殺傷能力をともなう火薬を使った炸裂弾（「てつはう」）を用いた。『八幡大菩薩愚童記』によれば、一二八一年の蒙古襲来で、夜中に吹いた北西風で元（モンゴル）の軍船がすべて流されて沈んだとき、「硫黄ノ香虚空ニミチ」たという（五葉　一九九七）。皮肉なことに元への火薬の原料である硫黄の供給元の一つは日本であった。

そして、銃や大砲の祖形である金属管形の射撃性火器「火銃」が開発された。ただ、この段階の「火銃」は弾丸と砲口のサイズとが一致しておらず、さまざまなものを砲口から充填し、火薬の爆発力で飛散させた。「火銃」は、宋代の竹筒を用いた「火筒《かとう》」のようなものから派生して中国で独自の発展を遂げ、明代には広範に用いられた（劉　二〇〇四）。現在中国に伝存する「火銃」のうち元の時代のものと推定されているものもかなりある。

ユーラシア史上の空間革命

モンゴルはユーラシア大陸を往還する陸と海の交易路をひとつにつなぐという第二の空間革命を実

現した。まず、オゴデイの時代、モンゴル帝国は駅伝網を張り巡らせて首都カラコルムにつないだ。このような規模の陸路が一つの政権によって管理されたことは史上かつてなかった。さらにクビライの時代、モンゴル帝国は中国沿海部のジャンク船を動員して海洋艦隊を組織し、外洋を渡って遠征を行った。日本が遭遇したクビライの帝国は、騎馬軍団・火薬兵器・海洋艦隊をすべて備えていた。その威容は『八幡大菩薩愚童記』や『蒙古襲来絵詞』に描かれ、日本の人々の記憶に刻み込まれた。また同じチンギスの末裔が支配するイランへ、使者と膨大な贈り物とを乗せた船舶を派遣した。マルコ・ポーロはこの強大で豊かな海の帝国としてのモンゴルの姿をヨーロッパ人に伝えた。

そのような時代状況のもと、火薬と火薬兵器の知識もユーラシアを東から西へと伝わり、地中海経由で伝播した造船・航海の技術とともにヨーロッパのその後の世界進出に大きな影響を及ぼす。

五　アジアの近世帝国と火薬兵器

鉄砲（銃）の伝播

一四世紀中ごろ、攻城砲がヨーロッパに初めて出現した。初期には鉄製の砲身を木製の砲床に載せ、精度も発射速度も劣っていた。荷車で戦場へ運搬され、発射地点へはウマや人の力で運ばれた。やがて、フランス軍が多くの改良を行い、いわゆる大砲が完成する。フランス軍は、木製の車輪つき砲架を導入し、さらに、砲身に二つの突起物をつけ、それを支点に上下に砲身を動かせるようにし、砲車の架尾を持ち上げて砲身を旋回させることもできた。この基本的な仕組みは一九世紀後半まで変わらなかった（クリステル他　二〇一〇）。

そして、鉄砲（銃）も、同様にヨーロッパで発達した。技術レベルはまちまちながら、またたくまにアジアに広まっていく。一五四〇年代にはすでにビルマのタウングー朝もタイのアユタヤ朝もポルトガル人傭兵の鉄砲隊を擁していた。鉄砲技術の日本への伝播に際しては、ポルトガル人が種子島にもたらした実物がアクタントとしての役割を果たしたというストーリーがよく知られているが、宇田川武久は、それ以前に倭寇（私貿易商人）を通じて日本に伝わっていた可能性を指摘する。宇田川はまた、日本人が東アジアにおいて鉄砲技術の伝播に果たした役割にも触れている（宇田川　一九九〇）。

久芳崇《くばたかし》の近年の研究によれば、朝鮮では日本軍の侵略を契機に新式鉄砲が本格的に導入される。また、日本式鉄砲に直面した明軍の各武将らも戦役を通して日本兵捕虜を収容・連行するとともに日本軍の新式鉄砲の獲得に努めた。朝鮮の役終結の直後、劉綎《りゅうてい》、陳璘《ちんりん》ら明軍の主要部隊は朝鮮から四川播《は》州《しゅう》の楊応龍《ようおうりゅう》の乱鎮圧へと直接に投入された。朝鮮の役とは対照的に明軍は鉄砲を中心とする火器を有効に活用し、火器を装備しない楊応龍軍を圧倒した。その際、鉄砲の使い手として大きな役割を果たしたのが、朝鮮の役において明軍武将らに捕獲された「日本降夷」と称される日本兵捕虜であった。彼らが使用した鉄砲も日本軍から鹵獲《ろかく》したものを主としたであろう、という（久芳　二〇一〇）。

『神器譜』巻一「防虜車銃議」には、万暦三〇（一六〇二）年前後の遼東における女真やモンゴルとの攻防に関して、「最近では虜を退けるものは、ただ日本の鳥銃でしかない。」とあり、女真やモンゴルとの対戦においては日本の鳥銃が大きな威力を発揮すると述べている。久芳は、この日本の鳥銃とは、日本軍から獲得した鉄砲か、それを範に模造された日本式の鉄砲を指すものであろう、という（久

芳　二〇一〇）。

鉄砲の登場は騎馬軍団の退場を意味したか

火薬兵器と航海技術は、一五世紀以降、ヨーロッパ人による喜望峰経由でのインド到達とインド洋貿易支配、大西洋経由での新大陸への到達と植民地化を可能とした。新大陸銀が世界をめぐる地球規模の歴史が始まった。そのいっぽうで、旧世界の大陸を横断するシルクロードの重要性の相対的低下と、騎馬遊牧民がユーラシアの歴史を動かした時代の終焉とが起こった。カール・シュミットの本来の意味での陸から海への空間革命である（シュミット　二〇〇六）。このグローバルな銀のフローが、海に開かれた辺境に交易ブームをもたらし、そこから得た富を背景にあらたな近世の国家群が登場する。それらのうち火薬兵器を有効に活用したものが勝ち残った。

一六世紀、チャルディランの戦い（一五一四）と長篠の戦い（一五七五）は、組織化された歩兵の鉄砲隊のまえでは騎馬軍団がもはや無力であることを証明したとされる。サファヴィー朝のキジルバシュは中央ユーラシア型国家の伝統を象徴する騎兵隊であり、それが火薬兵器を備えたオスマン帝国軍に敗れたこと、そしてその後、サファヴィー朝のアッバース一世が鉄砲隊を組織し、オスマン帝国を破ったことは、騎馬の時代から鉄砲の時代への変化をよく表しているようにみえる。モンゴル後継国家といわれるムガル帝国も、インド征服の初期段階から鉄砲や大砲を導入し、砲兵部隊の活躍によって版図《はんと》を広げた。一六世紀以降、新たに勃興したアジアの諸勢力にとって、鉄砲や大砲を装備することはほとんど常識となった。

しかし、実は長い目で見れば、火薬兵器の登場は騎馬軍団の退場を意味しなかった。むしろ、火薬兵器と騎馬戦術の組み合わせが、アメリカの開拓時代、ロシアの拡大、日露戦争でも重要な役割を果たした。騎馬軍団の歴史は火薬兵器によって終わるのではなくむしろ強化されたのである。

六　短銃騎馬軍団の登場

点火装置の改良

ヨーロッパにおいては、貴族の重装騎兵が主役の突撃と格闘の戦闘形態から、密集隊形を組んだ平民の火器部隊の射撃戦への転換がゆっくりと進んだ。その過渡期にあたる一六世紀は槍と銃（パイク・アンド・ショット）の時代と名づけられる。

一五世紀後半以降、弩兵《どへい》・手銃兵・火薬銃兵に守られたスイスのパイク兵（槍歩兵）の密集方陣の威力がヨーロッパ中に衝撃を与え、模倣されて広がりヨーロッパにおいて戦闘の主流となった。しかし、一六世紀に入ると、スイスのパイク兵部隊は急速に普及した小火器に対応できなくなった。そこでスペインがパイク兵と小火器兵を組み合わせたテルシオと呼ばれる密集戦法を生み出した。それは次の時代の戦争の主役となった。

テルシオを崩すためには、騎兵による一斉突撃という方法がある。ただし、敵の火器による大きな犠牲が予想された。そこで、騎兵に銃を撃たせる方法が試みられた。しかし、馬上で照準を定めることは難しく、銃の発射音に驚いた馬の制御に手間取った。騎兵が馬上で銃を扱うためには技術の刷新が必要とされた。それが歯輪（ホイールロック）式点火装置の発明であった。これによって火縄が不要となった。短銃騎兵が登場すると、さらにさまざまな戦闘技術が編み出された。しかしながら、結局のところ、短銃に比べて射程の長い火縄銃やマスケット銃をもち、騎兵よりも密度の高い射撃が可能な歩兵に勝つことは難しかった。一六世紀後半には、重装備の槍騎兵の活躍の余地はますますなくなり、短銃騎兵に取って代わられたが、短銃騎兵もまた長銃をもつ歩兵にかなわず、「騎兵を馬上の火力に変える」試みは失敗に終わる（クリステル他　二〇一〇）。

騎兵突撃の復活

一六三二年、転機が訪れる。リュッツェンの戦いにおいてスウェーデン王グスタフ＝アドルフが騎兵による突撃戦術の有効性を改めて証明したのだ。彼はポーランドに対する敗戦後、軍の改革を行い、火力の増強、騎兵・歩兵・砲兵の連携、軽騎兵の突撃を特徴とするスウェーデン式戦法を編み出した。軽騎兵は、ぎりぎりまで敵に近づいてから短銃を発砲し、剣を抜いて突撃するよう訓練された。

それから数十年、ヨーロッパにおいて騎兵戦術の発展が加速する。イギリスでは、一六四〇年代の内戦で国王軍が議会軍と戦う際、最初に騎兵の突撃を用いるアドルフの戦術を模倣した。国王軍のルパートは馬上火力の使用に懐疑的でありその点ではスウェーデン式を「臆病な妥協の産物」とみなしたが、統制された騎兵の突撃は、味方の火力の支援を受けずとも、敵の火力を圧倒することが示された。一六〇〇年代後半、勇猛かつ統制されたフランスの近衛騎兵は密集隊形で突撃しながら短銃を二回に分けて発射し、それから剣を抜き戦った。プロイセンのフリードリヒ大王も著作のなかで騎兵の活用を推奨し、ヨーロッパ全域で大規模な騎兵部隊が編成される。

西ヨーロッパでは迅速さと密集隊形を重んじ重装騎兵が好まれた。ナポレオン軍も大規模な騎兵突撃を行い、一八一二年のサラマンカの戦闘で、サーベルを手にした騎兵が敵のマスケット銃部隊を撃破した。一方で、ポーランドなど東ヨーロッパ諸国は馬上火力使用に積極的でなく、対峙するオスマン帝国軍やカザークの影響で多数の軽騎兵が導入された。

新大陸

アメリカ大陸にはかつて数多くのウマ科の動物が生息していたが、その後、絶滅した。数で劣るスペイン人がアステカ帝国やインカ帝国を征服することを可能としたのは、ウマ、銃、そして病原菌であった（ダイアモンド　二〇一二、上）。

北アメリカの先住民（インディアン）もウマを持っていなかった。鉄砲は一七世紀から一八世紀、北東部（五大湖）と南東部ルイジアナのフランス人の交易所から入ってきた。馬はメキシコとニューメキシコから南部を通ってヨーロッパから持ち込まれた。ウマと銃を手に入れるとバッファロー狩りが楽になり、平原に住む先住民が豊かになり、勢力を増した。農耕からバッファロー狩りに乗り換える先住民もおり、狩場をめぐり抗争がおこる。ウマと鉄砲を持つ部族は有利になり、多くの部族が勢力交代した。一九世紀半ばになると合衆国の平原進出が先住民の抵抗を生む。一八五七年、政府が彼らの土地を買い取り、さらにコロラドで金が見つかると白人入植が急速に進んだ（オブライエン　二〇〇八、シャリーン　二〇一二）。

中央ユーラシア

かつて弓を持つ騎馬隊によってユーラシアを席巻した遊牧民の世界へも銃がバウンドする。ロシア帝国（ロマノフ朝）と清帝国は、ほぼ同じ時期、すなわち一七世紀前半に建国して拡大を開始し、一九世紀後半までには、中央ユーラシアのほぼ全域が両帝国の勢力圏になる。ロシアの東進によって、遊牧勢力は北をロシアにさえぎられ、活動に著しい制約を受ける。こうして「中央ユーラシアは，両帝国が接する『辺境』として近代を迎える」（柳澤　二〇一八）。ジュンガルの滅亡は、騎馬遊牧民の帝国の時代の終焉を象徴する出来事であった。しかし、ジュンガルもまた単純な騎馬の戦力だけの遊牧帝国だったのではない。宮脇淳子によれば、一六五〇年ごろ、ジュンガルのバートル・ホンタイジはロシア政府を通じて鍛冶屋二人、鉄砲鍛冶二人、甲冑一具、大砲一門を手に入れていた。そして実際に弓矢、刀槍とともに鉄砲や大砲を戦争に投入していた。大砲はラクダに乗せたという。

ジューンガルの主力はもちろん騎馬兵で、その中核は弓手、火縄銃手と槍騎兵だった。火縄銃手は、プーチン（砲手）と呼ばれて、キルギズ人やブハラ人から成っていた。外人砲兵部隊も、遊牧部落と同じように、千人隊で一オトクと数えられた（宮脇　二〇一八）。

ジュンガルは一七五五年、清朝の乾隆帝（在位一七三五～一七九六年）によって一旦平定されたが、ホイト部アマルサナーが戦後処理に反発して反乱し、一七五七年、再平定された。アマルサナーはロシアに亡命、病死した。乾隆帝は一八世紀後半、ジュンガルのほか、四川の金川、グルカ、ネパール

（二回）、回部、バダフシャーン、台湾、緬甸《めんでん》（ビルマ）、安南へ出兵して、「十全老人」と称した。それらの戦争の様子は宮廷画家カスティリオーネらによって描かれ、その原画をもとにフランスで『乾隆得勝図』と総称される一連の銅版画が作られた（高田　二〇〇九－二〇一二）。その一六枚からなる版画の随所に、清軍が大量の銃や大砲を使用している様が描かれている。大砲はラクダの背に乗せて戦地に運ばれ、簡単な枕木の上に置かれた。銃は歩兵が持ち、馬上火力の使用は確認できない。しかし圧倒的な火力であることに違いはなかった。

七　近代日本からモンゴルへ

明治日本と蒙古襲来イメージ

日本では江戸時代、戦争における鉄砲使用の機会はほとんどなかったが、鉄砲の製造は行われていたし、技術の進歩もあった（宇田川　一九九〇）。銃や大砲についての知識はまた、幕末になると大幅にアップデートされた。幕末の『武道芸術秘伝図絵』砲術士筒之部には、馬上で銃を構える図が描かれている。幕末から明治への変わり目の戦争では、フランスやイギリスなどを通じて幕府軍と新政府軍に導入された鉄砲と大砲が大量に使用された。日露戦争の際には、日本の騎兵の父とされる秋山好古《よしふる》によって騎兵隊が整備され、日露戦争でコサック騎兵を破った。

明治期の日本では、いっぽうでチンギス＝カンや蒙古襲来の歴史記憶の再編がにわかに活性化しつつあった。日露戦争の少し前、英国のケンブリッジ大学に留学中の末松謙澄《けんちょう》が、チンギス＝カンは源義経であるという説を英語で発表した。極東の日本の台頭は、かつてヨーロッパにとって脅威となった東方の大帝国モンゴルのイメージと重ねられた。さらに、湯地丈雄《ゆちたけお》が日清戦争前夜に清国水兵が起こした長崎事件をきっかけに当時の日本を取り巻く国際情勢を憂え、日本人の国民意識高揚を目的に元寇記念碑運動を推進した。湯地に共鳴した洋画家矢田一嘯《やだいっしょう》は『蒙古襲来絵詞』をはじめ諸資料を博捜し、現地調査も行いながら一連の元寇油絵を完成させた。元寇記念碑の建設された博多の東公園には、それらを展示するため、元寇記念パノラマ館もつくられた。さらに幻灯機（スライド映写機）を用いて全国を遊説し、記念碑運動への寄付を募った。湯地らの狙いとは裏腹に、当初、人々の反応は冷淡であったらしい。

明治政府もいち早く国旗・国歌を制定し、また元寇を描いた紙幣も刷った。「元寇」という軍歌も作られ、日露戦争の戦場で兵士たちの士気を高めたといわれている。そしてロシアのバルチック艦隊を破った日本の連合艦隊の東郷平八郎は湯地の元寇記念碑を詣でて勝利を報告した。これら一連の運動を通じて過去の客観的事実としての蒙古襲来が国民の統合を促す物語として「翻訳」され、明治日本にバウンドした。そして明治に再編された蒙古襲来イメージは、さまざまなメディアを通じて繰り返しコピーされ、いまや国民の歴史記憶に刻みこまれている。日本列島の人々は過去からバウンドしたモンゴル像を他者として自己形成し日本国民になった。

同じくクビライの遠征軍を撃退したベトナムでも、時期はずれるがモンゴル襲来の記憶のナショナリスティックな再編というパラレル現象がみられた。一九一二年、愛国的儒学者ファン・ケー・ビン（一八七五―一九二一）が『興道王』を発表し、フランスの植民地であったベトナムで、一三世紀にモンゴル軍を撃退した陳朝の王子チャン・フンダオ（興道大王陳国峻《ちんこくしゅん》）は救国の民族英雄として新たな生命を吹きこまれた（Kelley 2015）。ちょうど日露戦争に勝利した日本への留学が盛んに行われたが（東遊運動《ドンズー》）、日本で湯地丈雄・矢田一嘯の元寇記念碑運動に遭遇したベトナム学生もいたかもしれない。しかし、ベトナムで蒙古襲来油絵が登場したのはその七〇年後である。それはハノイの国立歴史博物館に展示されている巨大な一枚の油絵「バックダン川（白藤江）の戦い」（一九七九年）である。作者のレー・ナン・ヒエンは、戦いの場面をリアルに描くため、実際に船で現場に漕ぎ出し水深を測り、ポットの水に火のついたタバコやアヒルの血を落とし炎や血が水面をどのように流動するのかを観察した。彼自身がベトナム戦争の時代を生きた（Le Diem 2016）。ヒエンの油絵に描かれたモンゴル軍の大型ジャンクに突撃する幾多の小舟に乗ったノンラー（編笠）と紅色の衣をまとった名もなき戦士たちは、米軍に立ち向かう北ベトナム兵と重なる。矢田もまた、蒙古襲来油絵の依頼を受け、暴雨を冒して海岸に出かけ、荒れる海の様子を観察していた。そして矢田もまた祖国が大国との戦いを繰り返す時代を生きたのだった。

矢田の蒙古襲来油絵の場合、鎌倉時代の「蒙古襲来絵詞」と同様、重要人物の活躍の場面を描くが、ヒエンの油絵には目立った英雄の活躍は描かれない。そこにはチャン・フンダオの姿もない。ヒエンと矢田には表現上の共通点もある。モンゴル軍船の船体がねじれた形で描かれている点である。矢田の場合、船尾の部分を下から見上げるアングルでモンゴル軍船を描き、その巨大さを表現する一方で、船体をひねって描くことで、そのアングルでは見えないはずの軍船の甲板上をこちらに見せ、そこで河野通有《みちあり》が敵将を討ち取るシーンを描いた。レ・ナン・ヒエンの場合、船体をひねった軍船の甲板上に特定の人物の活躍ではなく不特定多数のベトナム兵の活躍を描いた。矢田は一八八二年頃、洋画を学ぶため渡米しロスアンゼルスに滞在したとされるが、そこには当時のパノラマ館ヴェラスラヴァサイ・パノラマが今も残されている。パノラマ館とは、一七九四年にロンドンで始まり欧米に広がった円筒形の建物内部に大画面を巡らせた見世物施設である。最近お目見えした新作の「盛京《せいけい》」パノラマは、被写体との距離が一定になるパノラマ写真と異なり、特に描きたい部分はズームするように描かれている。船をひねることで自然の景色ではありえない構図を可能とする発想はパノラマ画の技法から来ているかもしれない。ただし、船体をひねる表現は「蒙古襲来絵詞」にも用いられており、江戸時代の浮世絵「唐船図」など、日本の絵画にも古くから見られる。

日本陸軍とモンゴル

モンゴルと近代日本とをつなぐストーリーには続きがある。台頭する極東の帝国はチンギス＝カンの帝国と重なってゆく。かつてのモンゴルの侵攻の記憶を媒介に国家統合を進める近代日本は、今度は大陸に侵攻して実際にモンゴルと関わってゆく。

二〇世紀、日本がつくった軍官学校を通じて近代的な騎兵隊がモンゴル草原に誕生した。楊海英《ようかいえい》によれば、「モンゴルの近代的な騎兵の創始者」とされるバボージャブは、日本からの重火器を伝統的な騎馬戦と併用し、近代的な戦争を繰り広げて民族の独立を獲得しようとしたが、志半ばで巴林草原で戦死した。バボージャブの息子のガンジョールジャブとジョンジョールジャブ兄弟は、日本の陸軍士官学校を卒業した。モンゴルの興安軍官学校の設置に尽力したのはジョンジョールジャブで、兄のガンジョールジャブは校長を務めた。楊海英は「いわば、父親は近代モンゴル騎兵を組織し、二人の息子は青年将校たちをシステマティックに育成して騎兵の近代化を一層、推進したのである」と述べている（楊 二〇一五）。

戦争とウマ、イメージの現在史

騎兵隊は二〇世紀初頭まで重要な役割を担い続けたが、戦争の機械化とともにウマの役割は大きく変わっていった。アジア・太平洋戦争においては、ウマの役割は戦闘そのものよりも兵士の移動手段、装備の輸送手段となり、パレードでの活躍が増えていく。戦時中、日本軍人がウマに特別な親しみの感情を寄せていたことは「愛馬進軍歌」の歌詞からもうかがえる。令和になっても儀装馬車は国事行為には欠かせない。ウマはいまも宮内庁馬課主馬班が世話をしている。

一九四五年まで米国は多くの騎兵を擁する国であった。兵士の移動手段として、車両が進みづらい場所ではウマが活躍する。二〇〇一年、米国が、アフガニスタンのタリバンの拠点を攻撃した際、米軍と提携した北部同盟軍の一五〇〇騎の騎兵隊が起伏の激しい渓谷を歩兵とともに進軍し、敵と遭遇すると下馬して機関銃と対戦者擲弾《てきだん》で攻撃した。米軍は空からタリバンの戦車を爆撃したほか、陸軍第五特殊部隊の兵士一二人がポニーに乗り、ラバに装備を乗せ草原の奥の丘へ到達し爆弾投下を指示した。現在、この特殊部隊の銅像がグラウンド・ゼロに立つ（フォーレスト 二〇一七）。

カリフォルニア州オレンジ郡は米国最大のベトナム系アメリカ人の人口を擁する。ベトナム料理店や食品店が点在するリトル・サイゴンを訪れると、ボルザ・アベニューに面して「スプラトリー諸島

カリフォルニア州オレンジ郡リトル・サイゴンのチャン・フンダオ像
（出所：2018年５月２日筆者撮影）

とパラセル諸島はベトナム領に属す」と記す地図、ベトナム系アメリカ人団体の活動の様子やベトナム戦争当時の難民の様子を写した写真のパネルが並んでいる。その左端に、アメリカ国旗と南ベトナムの国旗を掲げるポールに挟まれる形で、サイゴン河畔にある一九六〇年代の像と同様、右手人差し指を突き出す英雄チャン・フンダオの像が立つ（写真）。サイゴン出身者の多いベトナム系アメリカ人が住むこの地において、かれらのアイデンティティを表出するものは、難民としてのトラウマの歴史とともに、「北方の敵を打ち破った」栄光に包まれた一三世紀の祖国の英雄なのである。

これらの現在のストーリーには、長いバウンドの歴史が凝縮されている。（「現代」ではなく）「現在」という言い方には、特殊な意味を込めている。多くの場合、世界史は、世紀単位の時代のまとまりを時系列に従い配列する断代史のスタイルで書かれる。しかしながら、実際には、さまざまな事物の連関や因果関係の連鎖は、ダイナミックに、時代や地域を越えて、縦横無尽につながっている。未来が描きにくい「アジェンダの空白」にある今日、バウンドする創発的なネットワークについての知こそが求められているのではないか。それは、時代・地域を超えた異質なものがもたらす刷新の歴史である。

（1）ベントリー（一九九三）によれば、「社会的転向」には三つの経路がある。①自由な交際、②政治・社会・経済的圧力、③同化である。

（2）社会学におけるアクターネットワーク研究では、「翻訳」はある現象にかかわる事物の相関関係のネットワークに、新たなアクタントが組み込まれる過程を指し示す概念である。

（3）いわゆるシルクロードの始まりを二世紀の前漢の張騫《ちょうけん》にもとめる通説に対し、川又正智はそれ以前からユーラシアの各地域間が関係をもっていたことを指摘している（川又　二〇〇六）。ただしそれを媒介したアクタントについては証拠が少ない。遊牧民の王の墓であるアルタイのパジリク遺跡からはイラン産の絨毯や中国産の絹が出土している（林　二〇〇七）。

参考文献

ウォーラーステイン、イマニュエル（山下範久監訳、二〇一五）『知の不確実性―「史的社会科学」への誘い―』藤原書店

宇田川武久（一九九〇）『鉄砲伝来―兵器が語る近世の誕生―』中央公論社

オブライエン、グレッグ（阿部珠理訳、二〇〇八）『ビジュアルタイムライン　アメリカ・インディアンの歴史』東洋書林

川又正智（二〇〇六）『漢代以前のシルクロード―運ばれた馬とラピスラズリ―』雄山閣

久芳崇（二〇一〇）『東アジアの兵器革命―十六世紀中国に渡った日本の鉄砲―』吉川弘文館

クリスチャン、デヴィッド（渡辺政隆訳、二〇一五）『ビッグヒストリー入門―科学の力で読み解く世界史―』WAVE出版

五葉道全（訳注）（一九九七）『八幡大菩薩愚童記』日本図書刊行会

シャリーン、エリック（甲斐理恵子訳、二〇一二）『図説　世界史を変えた五〇の動物』原書房
シュミット、カール（生松敬三、前野光弘訳、二〇〇六）『陸と海と―世界史的一考察―』慈学社
末崎真澄編（二〇〇一）『図説 馬の博物誌』河出書房新社
草原考古研究会（二〇一九）『ユーラシアの大草原を掘る―草原考古学への道標―』勉誠出版
高田時雄解説（二〇〇九-二〇一二）『乾隆得勝図』臨川書店
ダイアモンド、ジャレド（倉骨彰訳、二〇一二）『銃・病原菌・鉄―一万三〇〇〇年にわたる人類史の謎―』草思社
テンプル、ロバート（牛山昭代訳、二〇〇八）『図説　中国の科学と文明』河出書房新社
仲村久慈（二〇一四）三浦尚司監修『復刊湯地武夫』梓書院
林俊雄（二〇〇七）『興亡の世界史〇二 スキタイと匈奴―遊牧の文明―』講談社
フォーレスト、スザンナ（松尾恭子訳、二〇一七）『人と馬の五〇〇〇年史―文化・産業・戦争―』原書房
藤井純夫（二〇〇一）『ムギとヒツジの考古学』同成社
マクニール、W・H（増田義郎、佐々木昭夫訳、二〇〇一）『世界史』中央公論新社
フランシス、リチャード・C（西尾香苗訳、二〇一九）『家畜化という進化―人間はいかに動物を変えたか―』白揚社
宮脇淳子（二〇一八）『モンゴルの歴史―遊牧民の誕生からモンゴル国まで―』刀水書房
本村凌二（二〇一三）『馬の世界史』中央公論新社
柳澤明（二〇一八）「露清関係の展開と中央ユーラシア」、小松久男、荒川正晴、岡洋樹編『中央ユーラシア史研究入門』一六八-一七七頁、山川出版社
山内晋次（二〇〇九）『日宋貿易と「硫黄の道」』山川出版社

楊海英（二〇一五）『日本陸軍とモンゴル―興安軍官学校の知られざる戦い―』中央公論新社
ヨルゲンセン、クリステル他（二〇一〇）『戦闘技術の歴史　三　近世編ＡＤ一五〇〇－ＡＤ一七六三』創元社
劉旭（二〇〇四）『中国古代火薬火器史』大象出版社
席龍飛（二〇〇一）『中国造船史』湖北教育出版社
Bentley, Jerry H.（1993）*Old World Encounters: Cross-Cultural Contacts and Exchanges in Pre-Modern Times*. New York, Oxford: Oxford University Press
Kelley, Liam C.（2015）"From Moral Exemplar to National Hero: The transformations of Trần Hưng Đạo and the emergence of Vietnamese nationalism." *Modern Asian Studies* 49(6): 1963–1993
Le Diem（2016）"Brush with History." *The Guide, Vietnam Economic Times*. http://theguide.vneconomictimes.com/culture/brush-with-history-20160328144911005.htm（二〇一九年一一月一五日アクセス）。

第八章　琉球王国の形成と東アジア海域世界

中村　翼

一　琉球・沖縄史研究から学ぶ

琉球・沖縄史の問題意識

グローバルヒストリーが研究対象とする地域は、グローバル・リージョナル・ナショナル・ローカルといったさまざまな位相で目的に応じて発見・設定される。とはいえ、ネイションの力が制度的にも意識的にも強く作用する近代以後の世界を生きる上で、「自国史」はこと教育の場面において「世界史」のなかに解消しえない意義を持つ。これからの大学「日本史」教育においては、日本社会をさまざまな主体（必ずしも「日本人」とは限らない）が歴史的に構築してきたものと捉える見方が一層重要になる。こうした見方は、内に向けては均質性を、外に対しては特殊性・差異を、それぞれ意識的・

無意識的に強調する近代的な知の枠組みが抱える課題に向き合う力にもなるはずである。

琉球・沖縄史研究は、こうした観点からの日本史像の刷新を早くから志向してきた。すでに四半世紀以上も前に高良倉吉《たからくらよし》は、「沖縄学の父」伊波普猷《いはふゆう》の問題意識を「多様性を認め合うスタンスを日本社会の属性と」することと捉え、「琉球・沖縄という変わり種をメンバーにくわえて日本社会は形成された点を力説すべきだ」とし、「琉球史をふくむことによって、日本史像をゆたかに」しようと提言した（高良　一九九三）。また、琉球・沖縄の経験は、列島の境界領域という沖縄の政治・地理的条件ゆえにかえって日本の国家・社会の本質を映す鏡たりうるとした安良城盛昭《あらきもりあき》の提言（安良城　一九八〇）も重要である。もちろん現在の地域史研究の水準からすれば、こうした問題提起はすでに琉球・沖縄の専売特許ではない。しかし、琉球・沖縄史の豊かな蓄積と鋭い課題意識に学ぶことは、旧来の国民国家型の日本史像を乗り越える上で有効な訓練となる。

ところで安良城は右の課題意識から、日本本土・沖縄双方にとっての転換期として、幕藩制の確立と島津氏の琉球侵略、明治維新と琉球処分、敗戦後改革と安保体制を取り上げている（安良城　一九八〇）。ここで私の関心に照らし、東アジア海域世界（主として東シナ海を舞台とする海域交流・政治外交によってつながる地域世界）に目を向けるなら、一四世紀もまた大きな転換期であった。モンゴル帝国の解体と明朝の成立をはじめ、日本・朝鮮・ベトナム等で王朝交替を含む動乱・政変が相次いだ。海域交流の変容も以上の動向と連動するが、沖縄諸島において「琉球国」[1]という主体が登場し、現地王権による統合がなされたこと（琉球王国の形成）は、その一つの帰結であると同時に、その後の国際関係、海域交流を規定し、室町期以降の日本の政治・社会・文化に多大な影響を及ぼした。したがって、高良・安良城の問題提起を私なりに受けとめるなら、当該期における沖縄諸島の経験を理解することは、日本社会の変容を、東アジア海域世界を組み込んで豊かにかつ実態的に捉え直すための不可欠の課題ということになる（それが琉球・沖縄史の意義の全てではないが）。このような問題関心からなす日本史研究のための基礎作業として、本章は、琉球王国の形成をめぐる問題を、東アジア海域世界の動向をふまえて考究したい。

古琉球をめぐる研究動向

ここで一四〜一五世紀初頭の琉球・沖縄史に即して、先行研究を概観しておこう。戦後の琉球・沖縄史研究は近現代史研究を主としたが、そのなかで近現代史研究の課題意識と蓄積に応えうる古琉球史（一一世紀頃から一六〇九年の島津氏の琉球侵略以前が対象）像を提示すべく、その全体像を描いたのが高良倉吉である。高良は、辞令書の分析を通じて琉球王国の政治・制度を復元するとともに（高良　一九八七）、王国が中継貿易を軸として積極的にアジア各地との交易を推進していたことを強調し（高良　一九八〇、一九九三）、独自の国家としての琉球王国の特徴と存立基盤を総合的に論じた。

その後、豊見山《とみやま》和行により、国内統治に関わって官人・神女制度や租税・貢納制度の特質が追究され、さらに明との冊封関係と王国の官人編成の関係性が実証的に論じられた（豊見山　二〇〇二、二〇〇四）。国際関係に関しては、岡本弘道が対明関係を中心に研究史上の主要な論点に即して通説の誤りを多く正すとともに、新たな通時的理解を提示している（岡本　二〇一〇）。日本中世史研究からは佐伯弘次や橋本雄《ゆう》、伊藤幸司により、一五世紀を中心に博多商人や倭寇、禅僧のネットワークと琉球の

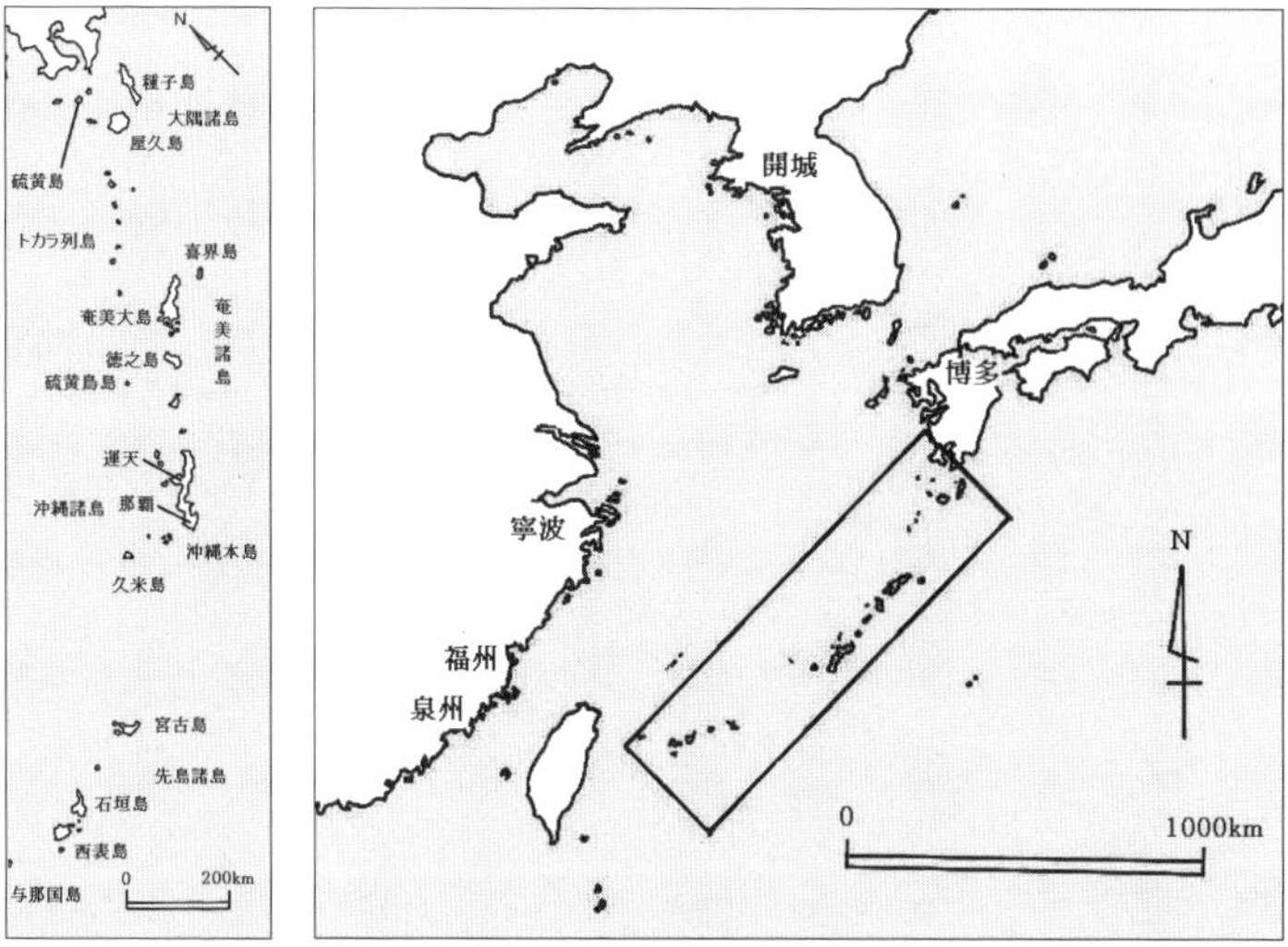

地図１　東アジア・琉球弧　新里亮人作成の地図（新里2018、２頁）をもとに著者作成。

関係についての新知見が示され（佐伯　一九九六、橋本　二〇〇五、伊藤　二〇一一など）、黒嶋敏《さとる》も日琉関係史の通説に対し、大胆な見直しを迫っている（黒嶋　二〇一〇）。

　これらの先行研究をふまえ、海域史の視点から独自の論点を加えたのが、上里《うえざと》隆史『海の王国・琉球』である（上里　二〇一二）。本書は、従来の古琉球史像を「一国史的」と批判し、「広大な海域アジアの世界に開かれた姿と、そのうえに成り立つ人々の営み」を描き出す。もっとも高良説は琉球をとりまく民間ネットワークの存在を前提に、それを王国がどう活用したのかを論じたもので（高良　一九九三）、それを「一国史的」と評価することには躊躇を覚える。しかし本書により、港市・那覇の機能が政治・経済・宗教・文化などの諸方面から考究され、琉球をとりまく民間ネットワークの実態や、海域交流の担い手と王国との相互依存的な関係が一層明らかになったのは間違いない。

以上を主に文献史学からの成果とすれば、一一世紀中頃～一五世紀前期（グスク時代）は、琉球弧が文化・経済的にまとまっていく時代でもあり、琉球王国形成論とあいまって考古学からの蓄積も豊かである。その先駆者である安里進《あさとすすむ》は、沖縄諸島で発達した農耕の特徴を解明し、農耕の拡大にともなう集落・グスクの形成・発展過程を論じた（安里　一九九八）。他方、奄美大島・喜界島での発掘成果に基づき、沖縄諸島の急速な社会変容の要因を、奄美諸島からの人々の移住に求める理解を提示したのが、高梨修である（高梨　二〇〇九）。安里・高梨の論争は学界で注目を集めているが、奄美方面からの人々の移住が沖縄史上の転換点であること自体は、現状、両者の間で大枠の理解が共有されていること（安里　二〇一三）に注意したい。近年では、新里亮人《しんざとあきと》や瀬戸哲也といった若手研究者も加わり、奄美・沖縄諸島における集落形成や琉球弧を舞台とする交易形態の実態解明が進んでいる（新里　二〇一八、瀬戸　二〇一七、二〇一八、二〇一九）。本章では、文献史料によるイメージを念頭に置き、これらの成果に学びつつ批判的に検証していきたい。

二　琉球王国成立前夜の琉球列島と海域交流

東アジア海域交流の活況とグスク時代の幕開け

一〇世紀末から一一世紀前期にかけて、北宋・高麗では中央集権化の進展とともに貿易管理体制が構築され、日本でも一一世紀中頃には大宰府の主導で国際交易港・博多が整備された。こうして北宋・

高麗・日本を結ぶ海域交流が活発化したが、この頃に日本から北宋への輸出品として目立ってくるのが、硫黄やヤコウガイなどの大隅・奄美諸島の物産であり、その背景には博多湾岸から九州西岸を経由して大隅・奄美諸島にいたる交易路の発達がある。大宰府の役人は高麗貿易に積極的に乗り出しており、博多からみれば、北宋（寧波《ニンポー》）へ向かう日宋交流ルートとともに、北は朝鮮半島（とくに南海岸）、南は大隅・奄美諸島に及ぶ交易・文化圏が形成されたことになる。

一一世紀後半にはじまる沖縄・先島諸島の社会変容、すなわちグスク時代の幕開けは、こうした東アジア海域交流の活況と密接に関係している。その象徴が、高麗無釉陶器に類似する特徴を備えたカムィヤキと呼ばれる徳之島産の陶器である。カムィヤキの開窯は、博多を拠点に朝鮮半島南岸や奄美周辺海域を往来した商人を介して徳之島に渡来した高麗人陶工によるものとみられ（新里　二〇一八）、その目的は、奄美諸島から沖縄諸島に向かう移民集団に向けた日常生活具の提供とされている（高梨　二〇〇九）。カムィヤキとあわせて供膳・煮炊・貯蔵のセットをなす滑石製石鍋・中国製白磁が九州北部から提供されたことをふまえれば、移民集団は日常生活具の需要を、博多－奄美周辺海域を往来する商人との交易を通じ、満たしていたことになろう。では、両者の接点はどこか。最有力なのは、城久《ぐすく》遺跡群を有する喜界島である。同遺跡群の発掘調査によれば、遺構や出土遺物の量において一一世紀後半から一二世紀前半にかけてピークがあり、この時期に奄美諸島周辺海域の交易センターとしての性格を強めたとみられるからである。近年では、沖縄諸島への移民集団について、日本本土から喜界島を介して南下したとの見解が定説化しており（高梨　二〇〇九、池田　二〇一二、安里　二〇一三）、本章では便宜上、彼らを「本土系移民」と表記する。

「琉球＝沖縄人」の形成と琉球弧における域内流通の進展

一一世紀後半以降、本土系移民による農耕の伝播を背景に、沖縄諸島で人口が急増。併行して本土系移民が大規模ではないが断続的に流入したため、現地の狩猟・漁労・採集民との混血が進み、一三世紀までには形質的・文化的にも共通性が高い「琉球＝沖縄人」というべき人間集団が沖縄・先島諸島を覆っていく（安里・土肥《どい》　二〇一一）。本土系移民の集落が当初より現地民から乖離しておらず（瀬戸　二〇一九）、そのために生業の違いに基づく日常的な交易や農作業における雇用・徴用を通じ、現地民との距離が縮まった結果といえよう（池田　二〇一二）。本土系移民が白磁・石鍋・カムィヤキを日用品としたことは先述の通りだが、沖縄諸島において、グスク土器（石鍋・カムィヤキの代替品として製作された石鍋模倣土器・滑石混入土器）の使用が拡大する一方で、一三世紀に沖縄諸島の在地土器がほぼ消滅することも興味深い。池田榮史《よしふみ》は、これを本土系移民と在来の狩猟・漁労・採集民の融合の現れとみる（池田　二〇一二）。

本土系移民の土着化と現地民との融合（「琉球＝沖縄人」の形成）が進展するなか、琉球弧の社会・経済はいかなる変化を経験したのか。瀬戸哲也の研究を参照しつつ、集落と交易のあり方から考えてみたい。沖縄本島では一二世紀後半以降、耕地の開発をともないながら、拠点的な集落（グスクの前身）が河川上流域に向かって丘陵内陸部へと進出していく。一方、下流域には、河川に沿って交易港（安謝《あじゃ》川水系の銘苅《めかるばる》原遺跡など。地図2参照）が形成され、これらをセットとして水系単位で小地域圏が成立した（瀬戸　二〇一七、二〇一九）。こうした動向は沖縄諸島における富の拡大を予想させるが、城久遺跡群の出土遺物の量は一二世紀後半以降、急減してしまう。これは琉球弧における経済活動の減退の反映ともとれそうだが、私は一二世紀後半以降、喜界島と沖縄諸島を結ぶ交通を含む琉球弧の域内流通が円滑化したことの現れと理解する。一三世紀の博多が国際交易港としての日本国内で卓越した地位を維持しているにも関わらず、同じ頃に博多遺跡群は国内での唐物流通の効率化をうけて出土遺物を減らしており、それと同様の事態と解釈できるからである。

グスク時代後期（一三世紀後半〜一四世紀前半）の様相

一二世紀後半から一三世紀前半の時期を、琉球弧内における富の蓄積とその循環の拡大期とすれば、次の一〇〇年間はその延長線上に、日本本土と琉球弧を結ぶ対外交易が本格的に拡大した時代といえる。事実、当該期の沖縄本島では、青磁類の出土量が以前に比して倍増する（瀬戸　二〇一七）。では、当該期の域内・対外交易の担い手は、どのような人々であったか。新里亮人によれば、一三世紀頃には琉球弧において「在地勢力」の経済活動が活発化したという（新里　二〇一八）。これに対して瀬戸は、一四世紀前半以前において交易の主導権は「外部勢力」にあったとし、彼らをグスクに拠る指導者層よりも社会的に上位に位置づける（瀬戸　二〇一八）。「外部勢力」とは、一三世紀後半以降に琉球弧経由の日中交易航路が出現したと想定していること（瀬戸　二〇一七）から、博多などの日本本土あるいは中国福建に出自を持つ交易集団を指していよう。

文献史学の立場からは、一三世紀後半段階において琉球弧経由の安定的な日中航路は想定しがたく、「外部勢力」が各グスクから喜界島、さらには博多・九州（あるいは福建）を往来したとする理解には賛同できない。むしろ、一一世紀後半における本土系移民と博多の商人集団との喜界島を中継地とした棲み分けは、それ以降も本土系移民の活動が「琉球＝沖縄人」（新里がいう「在地勢力」？）に継承されるかたちで維持されたと考えるべきであろう。対外交易の担い手についても、ことさらに上位集団とみる必要はなく、彼らは各地域圏における分業の一環として地域を代表したり、それぞれの指導者層に組織されるなどして交易に従事したと考えられる。日本本土との交易に関しても、各地域圏内の交易港から個別的に喜界島方面へと向かう構造になっていたのであろう。

他方、一三世紀後半から一四世紀前半における琉球弧の対外交易を考察する上では、福建地方との関係も欠かせない論点である。なぜなら一三世紀後半以降、先島から沖縄諸島にかけて福建産粗製白磁（今帰仁《なきじん》タイプ、ビロースクタイプⅠ・Ⅱ型）が出土するようになり、考古学では、これを根拠に、福建海商の沖縄諸島、さらには日本本土への進出を主張するのが、通説だからである（池田　二〇一二など）。しかし、これには二つの疑問がある。一つは、文献史料からは琉球弧を経由して九州－福建を結ぶ恒常的な航路の存在を想定できないことであり（先述）、いま一つは、粗製白磁の出土量が決して大量とは評価できないことである（宮城・新里　二〇〇九）。以上をふまえて注目されるのは、先島諸島の販路に活路を見いだした「中国商人」の存在を想定する村木二郎《じろう》の指摘である（中世学研究会二〇一九）。座談会での発言であり、詳しい意図は不明ながら、ビロースクⅠ・Ⅱ類の分布は相対的にみて先島諸島で多く、奄美・沖縄諸島には少ないことから先島諸島が経由地ではなく目的地であった蓋然性は高い。またビロースクⅠ・Ⅱ類の少なさからして、交易の担い手は遠距離を往来する貿易商人よりも、むしろ福建地方の海民（海民的商人）がふさわしく、分布状況も、沖縄・奄美諸島へ福建人が直接持ちこんだというより、琉球弧を結びつける域内流通に乗って先島諸島から伝播したとすれば、整合的に理解できよう。粗製白磁の対価は問題だが、与那国島等で採れるヤコウガイの貝肉（安里　二〇一三）あたりが候補になろうか。

三　「琉球国」の誕生と港市・那覇の成立

「琉球国」の誕生――沖縄本島における政治統合への契機――

沖縄本島では一二世紀後半以降、河川上流域の丘陵上へと拠点的集落が移り、主に水系単位で小地域圏が形成された。多くの場合、地域圏内部には交易港が整備され、それらを拠点に琉球弧を結びつけ、また日本本土へとつながる交易活動が展開された。こうした農耕・交易による富の蓄積の結果であろうが、とりわけ一三世紀後半以降、沖縄本島では階層化も進展した。その指標とされるのは大型グスクの形成で、池田榮史の最新の見解によれば、一三世紀末の浦添・今帰仁を先行例とし、一四世紀には、各地で石垣で囲繞された基壇建築（正殿）を有する大型グスクが出現する（池田　二〇一九）。

こうした各地における大型グスク形成の延長線上に、沖縄本島の政治的統一を見出す意見があるかもしれない。たとえば安里進は、浦添《うらそえ》グスクに拠る勢力が、一三世紀後半にはすでに沖縄本島各地の諸勢力を統合していたと主張する（安里　二〇〇六）。しかし、論拠とする浦添グスクからの出土遺物の解釈には首肯しがたい点が多く（吉成　二〇一五）、浦添の指導者は島内最大の政治権力でこそあれ、他地域の指導者層と同じく、統治領域はグスク周辺に留まると評価するのが穏当である。当時、各地域圏の指導者として大型グスクに拠る勢力は、それぞれ膝下の交易港をおさえて威信財や鉄などの必要物資を獲得しており、沖縄本島には突出した交易港は存在しなかった。こうした環境下では、沖縄本島を政治的に統合する主体が出現したり、あるいは希求される契機や動機は生じにくいであろう。

右の状況からの転換の契機が、明朝との外交関係の成立である。一三七二年に明使・楊載《ようさい》が「琉球国」招諭の詔を帯びて沖縄本島に到来し、同年一二月、浦添の指導者が「琉球国中山《ちゅうざん》王」としてはじめて明に遣使して以降、那覇を窓口に通交が開始された。これ以降、那覇は沖縄本島の交易港として隔絶した存在となり（後述）、沖縄本島の諸勢力にとって、那覇へのアクセスこそが威信財等を入手する最良の手段となっていく。その結果、各地の指導者にとって、その地位を引き続き維持するためには、那覇への回路を構築した上で、明使と接触できる立場を得る（つまり、明朝から「王」に封じられる）か、「王」につながる回路を築くことが、きわめて重要になった。明朝から「王」の称号を得た勢力が、沖縄本島内で卓越した地位を有したのはこのためであり、これ以降、沖縄本島内では、「王」への政治的結集を基調としながらも、「王」に連なる支配者集団の内部では「王」の座をめぐる権力闘争が熾烈化していく。瀬戸哲也は、沖縄本島における鉄鏃《てつぞく》の出土例を検討し、その確実な事例は一四世紀前半に遡らず、ピークは一五世紀前半にあるとする（瀬戸 二〇一六、二〇一九）が、このことも沖縄本島の政治的統合および抗争が対明外交樹立以後、急速に進んだことの反映といえよう。

一四世紀中頃画期説をめぐって――南島路をめぐる問題――

しかし近年、一三五〇年頃を境とする琉球をとりまく海域交流の転換が注目されている。その引き金となったのは榎本渉の問題提起であり、一三五〇年以降とりわけ一三五七年までの間、中国浙江を巻き込んだいわゆる元末内乱の影響により、日中貿易の主線であった博多－寧波航路（以下、大洋路）が機能不全に陥った。そして同じ頃、史料上で目立ってくるのが、琉球弧を経由したであろう南九州－福建の航路（以下、南島路）である（榎本　二〇〇七）。これをふまえて上里隆史は、琉球王国の成立の最大の要因は港湾都市・那覇の形成にあるとし、その契機を明使到来よりむしろ、南島路の「活況」に伴う「民間交易勢力」の拠点構築に求めた（上里　二〇一二）。

重要かつ一定の説得力をもつ指摘だが、なお検討すべき点がある。第一は、南島路の活況を港市・那覇の形成の契機とする根拠として、琉球弧出土の陶磁器の増大が挙げられる点である。渡地村《わたんぢむら》跡（那覇港湾東側。地図2参照）で発見された青磁Ⅳ類新相の一括廃棄遺構や、ハナグスク遺跡（波上宮《なみのうえ》境内。地図2参照）等から出土するビロースクⅢ類・宇江《うえ》城《ぐすく》城跡二a類青磁に関するデータが念頭にあろうが、これらの陶磁器の編年は、一四世紀後半～一五世紀初頭とされており（瀬戸　二〇一七）、対明外交成立（一三七二年）画期説を退けるには十分ではない。

第二は、南島路の利用が那覇の浮上にどれほど決定的であったかという問題で、これには二つの疑念がある。一つは、南島路の活況という評価の妥当性である。元末内乱勃発後に南島路が利用されたのは事実だが、その初見は一三五七年であり、同年には大洋路が復活している（榎本　二〇〇七）から、日元貿易航路が単純に大洋路から南島路にシフトしたとはいえず、日元貿易における南島路の比重は定かではない。そもそも、一四世紀後半には日元貿易自体が、南北朝内乱や元末内乱の影響で慢性的な不振に陥っていた可能性が高いと思われる。出土陶磁器の編年とあわせ、現時点では判断できるだけの条件が整わないが、通説がいまだ鉄案ではないことには注意したい。

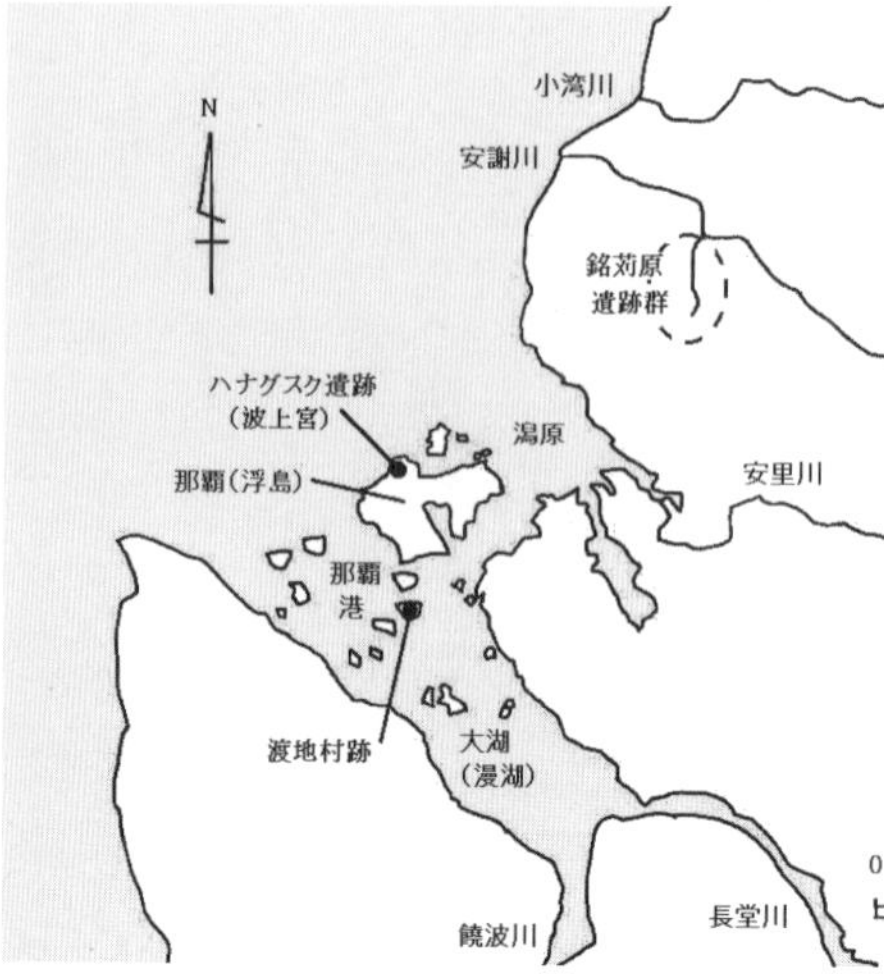

地図２　一四世紀後半の那覇・首里周辺と主要遺跡
黒嶋敏作成の地図（中世学研究会　2019、81頁）をもとに筆者作成。

いま一つは、南島路における那覇の重要性に関する評価である。たしかに、南島路を利用して博多から福建に向かう海商が那覇（日中貿易で使われた大型船が停泊可能な港湾は那覇と運天に限られた（上里　二〇一二））に一時的に滞在した可能性は高い。しかし、当時の那覇は南島路上の一寄港地（積載品の積み降ろしはほとんどなされない）以上には評価できず、運天に対する優位さえ決定的ではない。南島路の出現にともなう寄港地・那覇と、明使到来後における日明間の中継地・那覇とは、連続というより飛躍の関係にあろう。むろん明朝成立以後の東アジア海域世界の交流の規模や、末期日元貿易における南島路の活況度合いの評価いかんで見方も変わってこよう。多くは今後の研究次第だが、現時点で私は明使到来による変化を飛躍とみなしている。

「琉球国」の誕生と〈博多商人〉

南島路の琉球史上の意義について、その画期性を重視する通説を意識し、批判的な立場から私見を述べてきた。しかし、別稿で強調した通り、南島路の利用が港市・那覇形成の前提となったことは間違いない（中村　二〇一九。以下、前稿）。なぜなら、「琉球国」の誕生は、博多を拠点とする海商が日本滞在中の明使と接触し、自らが利用する南島路上において安定的な交易拠点を確保するため、明使を沖縄本島に呼び込んだ結果と考えられるからである。その根拠は、沖縄本島に明使が派遣される経緯の特殊性にある。大田由紀夫が指摘するように、明朝は当初、「琉球国」を招諭対象としておらず、使節派遣は日本への第三次使節の楊載が帰国した直後に決定されたようで、その契機は、明使が日本で沖縄本島に関する情報を入手したことだと考えられる（大田　二〇〇九）。楊載の情報源として最もふさわしいのは、日元貿易の担い手の後継者として博多を拠点とした海商（以下、〈博多商人〉とヤマ括弧を付けて表記[2]）となろう。当該期の大洋路をとりまく情勢不安を意識した〈博多商人〉総体によるリスク分散か、その一部による新規事業開拓の動きかは判断しかねるが、結果的にはこの戦略は奏功し、明使は那覇に到り、以後ほぼ隔年毎に往来した。こうして〈博多商人〉にとって、那覇は南島路で明に向かう際の寄港地のみならず、明使と貿易するための目的地ともなった。また田名真之《だなまさゆき》がいうように「中山王」となった浦添の指導者にとっても明使を停泊させ、歓待する以上は港湾を本格的に造成する必要があり（田名　二〇〇四）、このことも港市・那覇形成の直接的契機となった。

さらに一三七四年に明朝が市舶司を停止し、続いて一三八一年頃以降、明朝の対日断交方針が日本で意識されると、〈博多商人〉にとっての那覇の重要性は決定的に高まっていく。すなわち民間貿易に関する事務を担当する市舶司の停止は、明朝が国際交易を朝貢使節派遣に付随したものに限定したことを意味し、以後、〈博多商人〉が対明貿易に関わる方途は密貿易を除けば、「日本国王」または「琉球国」名義の遣明船へ搭乗したり、物資を委託したりするほか、到来した明使あるいは帰国した遣明使と直接交易を行う場合に限定されてしまうことになる。そしてその上での明朝の対日断交は、通交名義「日本国王」の無効化を意味するから、ここに〈博多商人〉にとっての対明交易手段は、那覇を発着地とする「琉球国」名義の遣明船や那覇に到来した明使を介したものに限られることになったわけである。

〈博多商人〉と硫黄

以上からすれば、「琉球国」名義の遣明船による貿易には、その初期において〈博多商人〉が深く関わっていたと考えられるが、この点につき、「琉球国」の主要な対明輸出品である硫黄の調達方法を考察し、前稿の不備を正すとともに私見の補強を試みたい。

「琉球国」による明への硫黄輸出は一三七五年を初見とし、その後散見する。これらの産出地は硫黄鳥島とされ、上里隆史は競合する三山（明朝から「王」に封じられた「中山《ちゅうざん》王」「山南《さんなん》王」「山北《さんほく》王」を戴く沖縄本島の三つの政治権力の総称）がともに硫黄を輸出品としたことから、採掘・経営の主体を三山のいずれからも自立的な「那覇を拠点とする民間の交易勢力」とみた（上里 二〇一二）。重要な指摘だが、「交易勢力」の実態が課題となる。そこで徳之島から目視可能だが渡航は容易ではないという硫黄鳥島の地理的条件を考慮すれば、硫黄の商品価値をよく知り、かつ奄美諸島周辺海域を活動圏とする勢力という像が浮かんでくる。であれば、宋元代以来、硫黄を主力商品とし、南島路にも精通した海商の後継者である〈博多商人〉が最有力候補となろう。その上で一三九二年頃に「琉球国民」三六人が硫黄採掘中に台湾へ漂流した例をふまえれば（『明太祖実録』巻二一七・洪武二五年〔一三九二〕五月己丑条）、沖縄の現地民を〈博多商人〉が雇用するかたちで、硫黄採掘が始められたと考えられる。(3)

もっとも、南島路を利用した〈博多商人〉が、「琉球国」の輸出品として硫黄鳥島産のみを扱ったとは限らない。〈博多商人〉の前身たる海商が宋元代に中国向け商品とした硫黄は硫黄島産が主であり（山内 二〇〇八）、博多には一定の供給や備蓄があったはずである。これらの硫黄が、大洋路を用いた対明輸出が先細りするなか、高麗（・朝鮮王朝）、そして南島路へと振り分けられた可能性は十分にあろう。〈博多商人〉は、硫黄鳥島・硫黄島双方の硫黄を商品として「琉球国」の対明貿易を主導し、その利を沖縄本島のみならず、日本本土（博多）へも持ち帰ったと、私は考える。

四　琉球王国の成立と東アジア海域世界の中継地・那覇の確立

那覇における華人の定着

前節では、那覇が日明間の中継地となる経緯を考察し、「琉球国」名義の遣明船への関与を通じた対明貿易の実現を目論む〈博多商人〉の主導性を強調した。ところが、その後の那覇は日明間の中継地にとどまらず、一三九〇年頃までには東南アジアを含む東アジア海域世界の結節点へと発展したのであり、その際に各地を結びつけたのは、〈博多商人〉というより那覇の華人であった（高良　一九八〇）。では、これら華人はいかにして那覇に定着し、〈博多商人〉とはどのような関係にあったのか。

現在の通説によれば、那覇に華人コミュニティが成立した契機は、一四世紀後半以降の南島路の活況をうけた「民間交易勢力」の拠点構築にある（上里　二〇一二）。先述の通り、南島路の活況を前提とした評価には疑問だが、「交易勢力」に限定しなければ、泉州におこり福州に及んだムスリム反乱（一三六六年）をうけ、南島路で（？）日本に渡来した華人がいたように（榎本　二〇〇七）、元末内乱を避けて沖縄本島に到り、定着した者はあったに違いない。これらの避難民の動きが那覇における華人コミュニティ形成の端緒であることは、認めてよかろう。

しかし、那覇の華人が国際交易の担い手として力量を高めたのは、明朝が「琉球国」をいわば「貿易公社」化する政策（村井　一九九一）を採ったことが直接的な要因となろう。岡本弘道によれば、この政策は一三八三年頃に始まり、人材提供、貿易船の賜与、通交制限の適用除外（いわゆる朝貢不時）などをともなうもので（岡本　二〇一〇）、後に琉球王国はこれらの特権をフル活用し、東・東南アジア各地を結ぶ中継貿易を展開するため、一般に「琉球国」への優遇策と理解される。もっとも明朝がはじめからこれ程の効果を予見していたかは定かでなく、私見では優遇策というより、那覇への明使派遣の縮小がまずあって、それにともなう代替措置との感が強い。すなわち「琉球国」の遣明使節は当初、明使の帰国に同行して入明していたとみられるが（豊見山　二〇〇二）、明朝は「琉球国」との通交の度に明使が往来する状況を冗費のもととみたのであろう。だが、明使の派遣停止は、「琉球国」との通交途絶をもたらしかねない。明朝はすでに対日断交の方針を固めていたから、日本産物資の獲得のためにも「琉球国」との断交までは望まず、「琉球国」が自ら朝貢使節を整えられるよう後押ししたというわけだ。かかる事情により、明朝によって対明朝貢の事務の担い手として派遣された華人こそが、先学もいうように自らをリーダーとして那覇に国際交易の拠点たりえる華人コミュニティを構築したのであり（田名　一九九一）、同時期に明朝から下賜された「海船」（外洋船）に搭乗して移住した人々とともに、それを発展させたと考えられる。

その上でもう一つ見逃せない動きが一三八〇年代後半には起こっている。一三八三年頃に始まり、一三八七年頃より本格化した、明朝による沿海地域（浙江・福建・広東等）に対する強権的な統制・介入であり、その反動で、華人が東南アジア（パレンバン等）など各方面に流出した事態である。むろん華人の流出それ自体は元末以来おこっているが、それ以前と大きく異なるのは、明人からみた那覇の魅力と将来性であろう。明朝による公的な入植により一定度の華人コミュニティが形成され、さらに当時はまだ基本的には日中間を結ぶのみとはいえ港市としての力量を高めつつあった那覇が、新天地として注目の的になったのではなかろうか。東南アジアにまでつながるネットワークを有した那覇の華人コミュニティの基礎は、概ね以上の経緯で形成されたと考えられるのであろう。

沖縄本島の王権と華人勢力

かくして一三八〇年代以降、〈博多商人〉とは異なる系譜を持つ華人が多く那覇に定着し、明朝や東南アジア方面との交易を主導するようになる。では、那覇に定着した華人と〈博多商人〉、そして沖縄本島内の政治勢力との関係は、いかなるものであったのか。

前節では、「琉球国」の誕生〈琉明外交の成立〉の背景に〈博多商人〉の戦略を見出し、また「琉球国中山王」による対明貿易がはじめのうちは〈博多商人〉に依存していたことを強調した。もとより明朝との通交権はあくまで「中山王」に帰属しており、沖縄の政治権力が〈博多商人〉の力を利用し、王権確立の一歩を踏み出したともいえ、他方で交易の安全保障の観点からも、那覇をおさえる王権の出現と安定は〈博多商人〉にとっても望むところであり、両者は相互依存の関係にあった。しかし、まもなく明朝の後押しをうけて華人が那覇に定着するにいたり、状況は大きく変化する。一四世紀第四四半紀を通じ、沖縄本島で「王」を頂点とする支配者集団が形成され、支配者集団内部においても官人編成が進められたが、その過程で「中山王」等の三山（および後の琉球王国）のパートナーとなったのは、〈博多商人〉ではなく華人であった。このことは、王権強化の過程で採られた施策に明らかである。豊見山和行によれば、三山そして琉球王国の「王」は、導入の時期は違えど、いずれも明朝から下賜された暦

首里城正殿（2018年12月１日筆者撮影）
王権儀礼や冊封儀礼の際、正殿前の御庭に冠服を着用した官人が整列した。

（大統暦）を自らに連なり、ともに支配者集団を構成する者に頒布し、それに基づき王権儀礼を開催した。また儀礼の際には、明朝から下賜された冠服の着用を義務づけ支配者集団の外部に対する優越性とともに内部における序列を視覚的に明示していたという。そしてかかる仕組みを整える過程で、明朝における冠服制度の確立（一三九三年）にいち早く反応し、沖縄に導入する原動力となった存在こそ、王権に奉仕した華人勢力であった（豊見山　二〇〇四）。

右の展開は、明朝側の協力姿勢ともあわせ、〈博多商人〉には想定外の事態であったはずである。が、それは予期せぬ僥倖でもあった。なぜなら、〈博多商人〉と華人との間には、棲み分けを前提とする協業関係が成立しえたからである。和田久徳《ひさのり》が論じたように、たしかに一四世紀末頃より、主に東南アジアの華人海商が日本本土・朝鮮半島へと向かう事態も散見するが、それにともなう衝突も一四二〇年頃には終息する（和田　一九八六）。このことは、華人が基本的に那覇と明朝・東南アジアとの間を往来する一方、那覇より日本・朝鮮へと到る航路からは撤退し、この海域を〈博多商人〉に委ねるようになったことを意味しよう。かかる状況にあっては、華人により琉球王国が王権を強化し、そして那覇をとりまく交易ネットワークが拡大したことは、〈博多商人〉にとってみれば、より大きな価値をもつ港市へのアクセス権を得たことに他ならなかったのである。

三山・琉球王国と華人・〈博多商人〉

ところが一四世紀末から一五世紀前半の三山・琉球王国をとりまく外交・交易に関する従来の研究では、「琉球国」が「日本国王」や「朝鮮国王」に対し、「独自」に使者を派遣したことが強調され（高

良　一九八〇など）、〈博多商人〉が注目されることはほとんどない（あるいは、倭寇の問題に回収されてしまう）。一見、本章の趣旨と対立するようだが、私は以下のように考える。先行研究は、三山・琉球王国の対明・東南アジア通交の文脈では、華人の王権からの自立性に注目し、王国の華人への依存という実態を強調してきた。他方、対日本・朝鮮通交において王国側の主体性が強調されるのは、王国による使節派遣が下火になる一五世紀後半以降との違いを念頭に置くからである。したがって、一五世紀以前に即して三山・琉球王国と華人および〈博多商人〉の関係を対比的に論じようとする本章の力点は、自ずと先行研究とは異なるところに置かれるわけである。

繰り返しになるが、一四世紀後半以来、博多と沖縄本島を結ぶ海域の主導権は、南島路を往来した日元貿易の担い手およびその後継者たる〈博多商人〉が握っていたと考えられる。そのため、日本や朝鮮にむけて三山・琉球国王が「独自」に派遣した使節といっても、その実態は、対明朝・東南アジア貿易において華人のネットワークが活用されたのと同じく、〈博多商人〉の活動を前提としていたはずである。換言すれば、三山・琉球王国は通交相手や航路に応じ、華人と〈博多商人〉とをパートナーとして使い分けたということである。

以上の共通性をふまえた上で注目すべきは、沖縄の王権に対する在那覇の華人・〈博多商人〉の自立性ないし編成の度合いの違いであり、実は後者の方が王権からの自立性は顕著である。それは先述した王権整備の事情にも由来するが、より根本的には、華人は明朝の海禁政策に規定され、本国との自由な往来が不可能であったのに対し、〈博多商人〉はその限りではなかったことによる。もちろん那覇に定着し、現地の王権に奉仕する道を選んだ〈博多商人〉もあり、とりわけ「日本国王」名義の日明貿易が断絶していた一四世紀末および一四一〇年代以降には、こうした動きが顕著になったと考えられる。また沖縄の王権もこれに応え、これらの〈博多商人〉を体制下に組み込んだようで、一四二〇年代に「琉球国」の使者が毎年のごとく「日本国王」（室町殿）を訪れているのも（佐伯　一九九六）、こうした事態によるのであろう。とはいえ、那覇に定着したのは〈博多商人〉の一部にすぎず、琉球王国が那覇の華人を活用することにより対明・東南アジア交易を主導しえたようには、対日本・朝鮮交易をリードできなかった。かかる事情により、一五世紀半ば以降、琉球王国は、禅宗などのエリート文化の共有によって日本本土の政治権力との関係の緊密化に努める一方、沖縄と日本・朝鮮を結ぶ海域における通交・交易については、自身にとって外部的存在である〈博多商人〉に委ねていくのである。

五　今後にむけて

本章では、一一世紀後半から一五世紀初頭を対象に、琉球弧をとりまく海域交流に注目し、さまざまな人間集団の活動により沖縄本島を統合する王権が形成される様相を跡づけてきた。またとくに本章では、考古学の成果を意識的に摂取し、文献史学の立場から批判的に検討を加えることに努めた。それは日本中世史が長らく考古学との協働を通じ、豊かな成果を上げてきたこと、そして本章の課題に取り組む上でも不可欠だったからだが、それだけではない。近く高等学校ではじまる「歴史総合」は、世界史と日本史の垣根を越え、複眼的な視座から双方をよりよく学ぶトレーニングの場といえ、したがって、それをふまえてなされる大学の歴史研究・教育においても、自身のフィールドに拘りながらも、それを乗り越える視座が、今後より一層求められるはずだからである。この点においても、近年の琉球・沖縄史の取り組み（中世学研究会　二〇一九。また、最近創立された琉球沖縄歴史学会の諸活動など）から学べることは多くあるように思われるが、実際、先学の築きあげてきた研究者のネットワークを継承・発展させることは、後進の大きな課題ともなっている。今後ともこのことを意識しつつ、研鑽を積んでいきたい。

（1）本章では、通交名義であることを意識して「琉球国」「王」などはカギ括弧を付け、一定の内実が備わっていることを意識して用いた琉球王国・王権の語と区別した。

（2）〈博多商人〉としたのは、日中貿易の担い手は密貿易者を除き、明代には海禁政策により日本国内を拠点としたと考えたためで、華人を排除するものではない。また一五世紀以降の存在形態については、博多以外の都市・港湾との関係、倭寇との系譜関係などを含め、詰めるべき論点が多い。ヤマ括弧を取る作業といえようが、今後の課題である。

（3）〈博多商人〉はやがて対明貿易の主導権を那覇の華人に委ねていく（後述）が、そのなかで琉球王国の奄美諸島への支配伸長もあいまって、一五世紀後半までには硫黄鳥島から撤退し、同島は琉球王国に属するようになると考えられる。

参考文献

安里進（一九九八）『グスク・共同体・村』榕樹書林
安里進（二〇〇六）『琉球の王権とグスク』山川出版社

安里進（二〇一三）「七～一二世紀の琉球列島をめぐる三つの問題」『国立歴史民俗博物館研究報告』一七九
安里進・土肥直美（二〇一一）『新版沖縄人はどこから来たか（改訂版）』ボーダーインク
安良城盛昭（一九八〇）『新・沖縄史論』沖縄タイムス社
伊藤幸司「東アジア禅宗世界の変容と拡大」川岡勉他『日本中世の西国社会』三、清文堂
池田榮史（二〇一二）「琉球国以前」鈴木靖民編『日本古代の地域社会と周縁』吉川弘文館
――（二〇一九）「琉球列島史を掘りおこす」中世学研究会『琉球の中世』高志書院
上里隆史（二〇一二）『海の王国・琉球』洋泉社／新装版、ボーダーインク、二〇一八
榎本渉（二〇〇七）『東アジア海域と日中交流』吉川弘文館
大田由紀夫（二〇〇九）「ふたつの「琉球」」『一三～一四世紀の琉球と福建』平成一七－二〇年度科学研究費補助金基盤研究（A）（二）研究成果報告書
岡本弘道（二〇一〇）『琉球王国海上交渉史研究』榕樹書房
黒嶋敏（二〇一〇）『中世の権力と列島』高志書院
佐伯弘次（一九九六）「室町前期の日琉関係と外交文書」『九州史学』一一一
新里亮人（二〇一八）『琉球国成立前夜の考古学』同成社
瀬戸哲也（二〇一六）「グスク時代の鉄鏃に関する若干の考察」『南島考古』三五
――（二〇一七）「那覇港整備以前の陶磁器流通と交易形態」『南島考古』三六
――（二〇一八）「沖縄本島におけるグスク時代の階層化」『考古学研究』六五－三
――（二〇一九）「集落からグスクへ」中世学研究会『琉球の中世』高志書院
高梨修（二〇〇九）「土器動態から考える「日本文化の南漸」」高梨修他『沖縄文化はどこから来たか』森話社
高良倉吉（一九八〇）『琉球の時代』筑摩書房（文庫版、ちくま学芸文庫、二〇一二年）

高良倉吉（一九八七）『琉球王国の構造』吉川弘文館
――（一九九三）『琉球王国』岩波書店
田名真之（一九九一）「古琉球の久米村」『新琉球史―古琉球編―』琉球新報社
――（二〇〇四）「古琉球王国の王統」「海外交易と琉球」安里進他『沖縄の歴史』山川出版社
中世学研究会（二〇一九）『琉球の中世』高志書院
豊見山和行（二〇〇三）『北の平泉、南の琉球』中央公論新社
――（二〇〇四）「明朝の冊封関係からみた琉球王権の身分制」『琉球王国の外交と王権』吉川弘文館
中村翼（二〇一九）「東アジア海域世界の境界人と政治権力」『日本史研究』六七九
橋本雄（二〇〇五）『中世日本の国際関係』吉川弘文館
宮城弘樹・新里亮人（二〇〇九）「琉球列島における出土状況」『一三～一四世紀の琉球と福建』平成一七―二〇年度科学研究費補助金基盤研究（A）（二）研究成果報告書
村井章介（一九九一）「古琉球と列島地域社会」『新琉球史―古琉球編―』琉球新報社
山内晋次（二〇〇八）『日宋貿易と「硫黄の道」』山川出版社
吉成直樹（二〇一五）「十四世紀代の交易システムの転換の要因」『琉球史を問い直す』森話社
和田久徳（一九八六）「一四、五世紀における東南アジア船の東アジア来航と琉球国」『球陽論叢』ひるぎ社

（付記）

本章は日本学術振興会科学研究費補助金若手研究B（一五K一六八二八）の研究成果の一部である。

第九章　東アジア「近世化」論と日本の「近世化」

高木純一

一　東アジア「近世化」論とは

東アジア「近世化」論とは、当該地域における歴史的リズムや政治・社会・文化の共通性、あるいはそれらの相互影響を前提とした、一連の比較史的アプローチである。グローバルヒストリー、海域アジア史といった研究潮流と連動して生じた動向であり、一九九〇年代頃より盛んに行われた。日本・中国・朝鮮の比較史という枠組みは、それ以前から取り組まれてきた、いわば〝伝統的〟なものであるが、東アジア「近世化」論は、①一国史的な発展段階論からの脱却という問題意識によって生じる時代区分論的な議論への関心の高さ、②現代を規定する東アジアの「近代」の前提を「近世」に探ろうとする視角などの点に特徴がある（清水　二〇一五）。

日本中世村落のケーススタディを専らとする筆者のような研究者にとって、東アジア「近世化」論は、全体への還元を担保する重要なよすがである。しかし、同論が提起されてから三〇年近くが経過した現時点では、当該潮流はともすれば総花的な状況に陥りつつあるようにも感じられる。初発の問題意識や枠組みの有効性を改めて振り返り、今後の方向性を確認する必要があるだろう。

よく知られているように、東アジア「近世化」論の起爆剤となったのは、朝鮮史家宮嶋博史による挑発的な問題提起であった。後述するが、とくに日本の「近世化」をめぐる比較史的な議論を把握するためには、宮嶋説との関係を踏まえることが不可欠である。そこで本章では、宮嶋の議論やそれへの応答を改めて検証し、東アジアの「近世」をめぐる現在の戦線を確認するとともに、とくに日本史の立場に即して、今後の課題を展望したい。この試みは同時に、比較史の意義と難しさを再確認することにもつながるだろう。

二　東アジア「小農社会」論をめぐって

まず、宮嶋博史の議論を筆者なりにまとめておこう（宮嶋　一九九四、二〇一一ａ）。

(1)東アジアの「小農社会」　論理的起点となるのは東アジアの「小農社会」である。それは「農業社会において、自ら土地を所有するか他人の土地を借り入れるかを問わず、基本的には自己および家族労働力のみをもって独立した農業経営を行う小農が、支配的な存在であるような社会」（宮嶋一九九四）である。「小農社会」は一五～一七世紀の東アジア各地で共時的に成立したものであり、他地域とは異なる東アジア共通・固有の社会構造である。

(2)儒教的国家モデル　「小農社会」の形成を受け、当該期にはそれに適合的な国家・社会体制が構築される。それは東アジア地域に多大な思想的影響力を持っていた儒教とりわけ朱子学に基づくものであり、第一に封建制から科挙官僚による中央集権的国家体制への移行、第二に双系的・男女均分相続から父系・長子を基軸とする家族規範への変化であった。すなわち、今日まで続く東アジア各国の〝伝統的〟ともいわれる生活様式や社会的特質の多くは、「小農社会」の成立によって形成・定着したものである。ここには前近代／近代よりも大きな転換が見出されるのであり、東アジアの歴史的分水嶺と評価できる。

(3)日本の異質性とアジアの「近代化」　この儒教モデルの国家体制は、身分的特権の排除（＝平等性）、試験登用に基づく官僚制などといった点で、西洋近代を先取りする側面を有していた（「儒教的近代」）。その結果、西洋的な「国民国家」は目指すべきモデルとはみなされず、中国や朝鮮は「近代化」に対する切迫感を持ち得なかった。他方、日本においてはとくに科挙官僚制が受容されず、支配層は身分制に基づく武士であった。その支配の根拠は武力（「武威」）にあり、儒教的道徳能力に支配の正当性を求める中国の「士大夫《したいふ》」や朝鮮の「両班《ヤンバン》」とは大きく異なるものであった。その意味で日本は東アジアにおける「近世化」の〝落第生〟であったが、それゆえに欧米列強の進出に対する危機意識を速やかに形成し、東アジアでは唯一、西洋的近代を積極的に受容することとなった。

以上が宮嶋説の概要である。「小農社会論は、東アジアの伝統社会を、その共通性において捉えようとするところに、その最大の狙いをおくものである」(宮嶋 二〇一一a)とあるように、当初の東アジア小農社会論は(1)(2)にとどまっており、あくまで東アジア諸地域の共通性を強調するものであった。従来の「脱亜的」な史観においては特別扱いを受け、東アジアから除外されていた日本を、東アジアに内在的な歴史像の中に組み込むことに主眼が置かれていたのである。しかし、「歴史教科書や靖国神社の問題をめぐって軋轢が絶えない状況を目にするとき、日本の歴史を東アジアとの共通性という面だけでとらえることの一面性を反省するようになった」(宮嶋 二〇一一b)として新たに付け加えられたのが(3)の論点であった(板垣 二〇一二)。

こうして氏は、「小農社会」に適合的な儒教的国家・社会体制の達成度合いを基準とすることによって、従来の先進/後進観を逆転させ、日本の先進性・優位性を説く「脱亜的」な日本史理解を厳しく批判するに至る。そして、日本だけが西洋的近代を受容することになった背景について、東アジアの共通的・共時的「近世化」という視角から、新たに説明を加えたのである。一九七〇年代以降の韓国や台湾の経済成長、次いで八〇年代における中国の改革開放による経済的台頭という現実の推移を受け、《アジアでは唯一日本だけが西洋と同様の「封建制」を経験し、それゆえに日本だけが近代化に成功し得た》とする〝日本優越論〟は再考を余儀なくされた。宮嶋の議論は、そのオルタナティブとして提起されたものと位置づけられるだろう。

しかしながら、現段階においては、右のような宮嶋の理解をそのまま承認することはできなくなっている。宮嶋説に対する最も包括的な批判として、つぎに中国史家岸本美緒の見解を見よう（岸本　二〇一一）。

(1)宮嶋説における「近世化」（「儒教的近代」化）は、それが西洋的近代に近似し、先取りしたという点に基づいて高く評価されている。しかしそれでは、先進／後進の基準は、依然として西洋中心主義的（「脱亜的」）なのではないか。

(2)儒教的国家・社会体制を「近世化」の基準とすると、日本だけでなく北アジアや内陸アジアも同様に〝落第生〟と位置づけられることになり、日本優越論とはまた異なる自民族中心主義《エスノセントリズム》に陥る危険性がある。

(3)中国・朝鮮における社会の再秩序化（「近世化」）の過程は、現実には日本と同様に戦乱を伴うものであり、宮嶋の想定するような平和的なものではない。また、とくに中国清朝は江戸幕府とも類似する「新興軍事政権」として評価されており、儒教的統治を標榜しつつも、満洲的な「武威」の重視も継承されている。宮嶋の対比は、近世日本における対中朝の自意識（「武威」対「文弱」）に影響されすぎているのではないか。

いずれも妥当な批判であるといえる。結局のところ、宮嶋説が「脱亜」的な東アジア比較史の裏返しに陥ってしまっていることを、岸本は的確に指摘している。

これに加えて、筆者のような立場からすると、宮嶋説の論理的起点である「小農社会」の規定において、中間団体とりわけ村落共同体の在不在の問題が捨象されている点も気にかかる。とくに、日中の地域社会の大きな懸隔は、従来の東アジア比較史でも繰り返し強調されてきた点である。

たとえば中国史の足立啓二は、「(日本：筆者註)近世のムラは、いわば小さな国家、一つの自立した公権力主体であった。これに対して中国の村落は、それ自身としての団体的性格をほとんど有していなかった」(足立 二〇一八)として、日本を「団体重層型社会」、中国を東南アジアのようなネットワーク型社会(「非団体的社会」)と評価する。そして、「日本と中国という対照的な二つの社会の上には、それぞれに社会と整合性を持つ対照的な政治編成が存在していた」として、「封建社会」日本／「専制国家」中国という対比を提示している。ここには《対照的な地域社会→対照的な国家体制》という図式が見て取れるだろう。

足立による類型の是非はともかく、これを敷衍していえば、東アジアの地域社会は多様であり、各政治権力のバリエーションは、その反映として捉えることができるということである。このことを踏まえてみると、宮嶋説では、各地の地域社会を「小農社会」と一括して立論することによって、あたかも東アジアの各政治権力が同じ「小農社会」と相対しながら、武士を支配層とする日本だけが、異なる(不健全な)国家体制を構築したように見える論理構成を創り上げていることに気がつく。筆者のような在地社会の研究者にとって、この点は看過し得ない問題である。

やはりさしあたっては、足立の見解に見たように、多様な地域社会とそれに対応した多様な国家体制という図式を採用しておくのが穏当であるように思われる。そのうえで、岸本が強調するように、その秩序の崩壊・再編の歴史的リズムの共時性（岸本　一九九八）、さらには日本近世史の深谷克己が構想するような「東アジア法文明圏」のもとでのゆるやかな近似性（深谷　二〇一二）を重視しつつ、比較分析を進めていくのが有効であるといえるだろう。

三　日本とヨーロッパの「近世化」

宮嶋博史の問題提起は明らかに日本史研究者に向けられたものであったが、残念なことに、日本史側の反応は総じて乏しかった。そうしたなかにあって、正面から宮嶋に応戦し、研究の到達点に基づいた日欧「近世化」の比較論を展開したのが稲葉継陽《つぐはる》である。両者のあいだでは、すでに若干の論争が行われているので、本節ではこの点について詳しく見ていきたい。

あらかじめ稲葉説の骨子を確認しておこう（稲葉　二〇〇九、二〇一〇）。

(1)村落フェーデ

「自力救済」（フェーデ Fehde）とは、侵害された権利や名誉を被害者が自らの実力行使によって回復する行為を指す。日本では、村落がその主体たり得る点に特徴がある（「村落フェーデ」）。日本中世は生命維持それ自体が困難な〝飢饉と戦乱の時代〟であり（藤木　二〇〇一八）、そのなかで村は個々の百姓の家の存続を補完する組織として成立した（「惣村」）。その結果、日本の村はアジアでも希有な永続性と結合力を備えることとなった。百姓たちは村に強い帰属意識を持ち、個人間の争いは容易に村同士の争いへと発展した。灌漑用水などの再生産条件も、村として占有し維持管理された。それゆえ、村がフェーデ行使の単位たり得たのである。

(2)平和維持の慣行　フェーデを行使する村は、けっして無秩序に争っていたわけではなかった。山道具・漁具の差し押さえ慣行、第三者的村落・土豪による調停、湯起請《ゆぎしょう》・鉄火起請《てっかぎしょう》（仏神裁）など、さまざまな暴力抑止・平和維持の慣習法が存在していた。しかし、「村落フェーデ」はしばしばルールを逸脱し過激化しており、村落間紛争の抑止・平和的解決が社会的な課題となっていた。当該期の村は年寄－若衆という年齢階梯制を採っており、フェーデの実行部隊である若衆たちの暴走にその原因は求められる。

(3)権力による裁定　かかる状況にあって、「村落フェーデ」を規制する権力体として、いわゆる「戦国大名」が立ち現れてくることになる。例えば関東の後北条氏は、いち早く「目安箱」を設置し、投函された訴状に基づいて裁定を行った。領国の全階層に訴訟権を認めたのである。また、近江の六角氏は、分国法「六角氏式目」を制定し、村落間紛争における実力行使・合力を禁じ、六角氏法廷への提訴を義務づけた。併せて、裁判システムを整備し、訴訟の公正化や訴訟費用の低減を図った。戦国大名の諸政策は、「村落フェーデ」を抑止し、法廷における平和的解決へ誘導するという点で先述の社会的課題に応えたものであり、すなわち、近世へと連続していく権力体や、その村との関係性の出発点である。その意味で、村落間紛争の解決という社会的課題が新たな権力形成をもたらしたと評価できる。

以上が稲葉説の概要である。稲葉は「村落フェーデ」とそれに基づく村落間紛争を理論的基軸として、近世へと連続していく権力やその村との関係の形成、すなわち日本の「近世化」を展望している。これを踏まえて稲葉は、宮嶋説における武士の武力を基軸に据えた日本「近世化」理解が、一九八〇年代までにまとめられた古い学説に依拠したものであり、現段階では大幅に修正されていることを指摘したのである。

稲葉説(1)にしたがうならば、日本の「小農社会」とは、まさしく村を媒介とすることで成立し得たものである。そうした意味で日本の「小農社会」は特異な存在であり、しかもそれは、日本の「近世化」において欠かせない鍵なのであった。ここから先述の宮嶋説における「小農社会」の問題点を改めて指摘することができるだろう。また、稲葉説(3)にある通り、武士たちはなにも「武威」のみによって支配層たり得たわけではない。「小農社会」の成立を受け、紛争解決という社会的課題を引き受けることで、支配の正当性を獲得していたのである。つまり、日本の武士たちもまた「小農社会」にそれなりに対応する支配層だったのであり、この点も宮嶋説に対する明確な反証となっている。

なお、稲葉の反論を受けて宮嶋は、国内矛盾の転嫁としての秀吉の朝鮮侵略の問題が看過されているとして、再度批判を試みている（宮嶋　二〇一〇）。だが、朝鮮侵略を近世日本の侵略性・暴力性の発露と見て、それが近世を通じて伏在したと見做すような議論は、やはり日本近代を知る者の後知恵の観が否めず、ただちに従えるものではない。

さて、すでに触れておいた通り、稲葉は右の自説に基づき、「近世化」過程における日欧の共通性を再提起している。具体的には、近世アルプス地方の領邦ティロルを題材とした服部良久の研究を参照し、とくに地域における慣習・秩序の国家的制度への吸収・結合という点において、日本の「近世化」過程と多くの共通性があると主張している。すなわち現段階の日欧比較は、宮嶋の糾弾するような「脱亜的」歴史観によるものではなく、一定の実証成果に基づくものであるとして、ここでも宮嶋説に対して反論を加えるのである（稲葉　二〇一〇）。

この日欧比較という枠組みもまた、本章が問題としている東アジア比較史という手法と同じく〝伝統的〟なものであることはいうまでもない。そのなかでも稲葉の見解は、後述のように研究史的な到達点に立脚した最新の試みである点、さらにはそれが宮嶋説との応答のなかで提出されているという点で注目すべきものである。以下ではその具体的な内容を追ってみたい。

まず、稲葉の参照する服部の研究を確認しよう（服部　二〇〇九）。服部説を見るにあたって注目されるのは、「筆者がこのテーマと地域を対象とするに至ったきっかけは、日本中世史における村落間紛争の研究成果から刺激を得たことにある」（服部　二〇〇九）という服部の述懐である。具体的には、藤木久志による村落間紛争の研究が挙げられている。なお、後にも見るが、藤木の研究は稲葉説の原型をなすものと位置づけられる。そして、従来の西洋史では、個別農民・市民同士の争いについては犯罪史などの観点から検討されることはあっても、共同体間の紛争についてはほとんど考察されてこなかったとして、その分析に挑むのである。

服部の見解を筆者なりにまとめると、以下の三点となる。

(1)ティロルにおける農民紛争　牧畜を主要産業とする当該地域では、とくに放牧地＝入会地《いりあいち》をめぐる村落（ゲマインデ）同士の紛争が発生していた。しかし、「検討してきた資料が語る限りでは、ティロル農村社会においては、ゲマインデ相互の紛争が略奪、放火、殺害など武装暴力をともなうフェーデの様相を呈することはなかった」のであり、基本的には、裁判を契機とした村落間交渉や第三者的な村による仲裁によって解決されていた。ただし、フランス・ピレネー地方の研究成果などを参照するならば、ティロルの史料には「言葉と行為による侮辱」とか「相互の報復」といった表現でしか登場しないものの、ティロルにおいても、家畜の差し押さえ慣行をはじめとする限定的な実力行使がひろく行われていたのではないかと推定できる。

(2)特質としての「ラント（州）裁判区」　領邦ティロルにおける裁判区（「ラント（州）裁判区」）は、裁判だけでなく、徴税・軍役賦課・領邦議会代表派遣の単位であった。地理的には大きな渓谷と重なり、複数の村落を含むが、同時にそれは、農民たちの牧畜経営の活動範囲と重なる領域であった。また、ラント裁判は年に二・三回、家持ち農民すべてが参加して行われるが、そこでは狭義の裁判に限らず、領邦議会代表の選出や入会地をめぐる利害調整など、さまざまな問題が協議された。すなわち、法制上も慣習上も、ラント裁判区こそが農民生活の基本的枠組みとなっていた（「ラント裁判区共同体」）。村落間紛争が顕著でなかったのは、住民たちが、あくまで裁判区を単位として放牧地を共有していると認識していたためであると考えられる。

(3)国家と社会の交渉　ラント裁判区共同体は、領邦議会に代表を派遣し、君主による賦課に関して協議・承認を行うだけでなく、ときには自分たちの要求を議会に提出し、法（領邦令）の制定にも影響を与えた。なかでもハプスブルク家のマクシミリアンI世の統治下（一四九〇～一五一九年）では、頻繁な対外戦争のための軍役賦課や増税が行われただけでなく、君主の狩猟熱や鉱山開発・貨幣鋳造などといった需要の高まりを受けて、狩猟令・森林令が出され、農民たちの利用が厳しく制限された。その結果、君主の死後に農民蜂起が発生し、領邦政府に対して要求が提出された。こうして従来よりはるかに包括的な新領邦令が成立し、それは近世を通じて基軸的な法令となった。

以上が服部説の骨子である。日本中世史とりわけ村落紛争研究の成果を受けて、村落間紛争を基軸としてティロルの「近世化」を描き出そうとした試みであるといえよう。

服部の研究が、日本中世史の藤木の影響を受けたものであることは先に述べた。一方で、稲葉の研究もまた、藤木説に強く共鳴し、これを継承発展させたものであることはよく知られている。服部・稲葉の研究は、その意味で、藤木の研究から生まれた〝双生児〟の関係にあるといえる。さらに、そもそも藤木の研究自体が、西洋中世史、とりわけ一二世紀ドイツ・プロイセンのラント平和令（フリーデ）研究に示唆を受けて行われたものなのであった（藤木　一九八五）。紛争を基軸とした一連の「近世化」論は、まさに日欧の研究交流の賜物なのであり、両者の描く「近世化」モデルに多くの共通性が見出されるのも、その意味では当然といえる。

しかし、稲葉・服部説における日欧「近世化」過程の比較は、果たしてその共通性を強調するだけでよいものだろうか。問題となるのは、村落間紛争の位置づけである。

服部は行論のなかで、「ティロルの裁判帳簿《フェアファッハブーフ》には、農民（個人）間の紛争、訴訟に関する記事は少なくないが、管見の限りではゲマインデ間の紛争に関する記録は稀であるように思われる」と述べている。すなわち裁判記録における村落間紛争の不在である。このことは、村落間紛争については、そもそもラント裁判がほとんど活用（提訴）されなかったことを示唆している。

氏はその理由を「ゲマインデ間の入会紛争は、領邦令や刑事裁判令に規定のある刑事・民事の事項とは異なり、おそらくフォーマルな裁判訴訟になじまない問題であった」と説明しているが、この点にも注意が必要である。すなわち服部(2)で見た領邦君主・政府とラント裁判区共同体との交渉の産物としての新領邦令について、「これらの領邦令がゲマインデ間の紛争に関連する規定をほとんど含まないのに対して、農民（個人）間の係争においては、内容に応じて領邦令が適用された。」と述べられている。つまり、領邦令（新領邦令）においても、村落間紛争の不在が指摘されているのである。

服部(1)にある通り、服部は村落間紛争の位置づけについてやや煮え切らないところがある。しかし、ここで確認したように、ティロルにおいては、村落間紛争は裁判の場にはほとんど登場せず、それを裁くべき法もほぼ存在しなかった。村落間紛争が、ティロルにおける社会的課題として、さほどの比重を有していないことが浮き彫りになってくるのである。

実際、服部は同著の「総括と展望」で、「ティロルと日本中世のゲマインデ間紛争（解決）の相違は、やはりゲマインデや渓谷を包む国制構造の相違によるところが大きいとすれば、ヨーロッパにおける国家的統治権力のより脆弱な地域、ないし時期と日本中世社会との比較の方が有益であったかもしれない」と自省している。結論としては、国制上における村落の位置づけから生じる日欧の差異が確認されているのである。日本のように村落間紛争が顕著でなかったのは、ラント裁判区という、より広域の枠組みが強固に存在し、しかもそれが領邦議会へと連結させられていたというティロル特有の条件に起因していたのである。氏の自省の通り、少なくとも現時点においては、ティロルにおける「近世化」をヨーロッパにおける一般モデルと見做すことは難しいといわざるを得ないだろう。

これに対して、日本の場合は、そもそも「村請制」によって村が国家的な位置づけを得たことそれ自体が、中世「荘園制」に替わる近世「村町制」の画期的な達成なのであった。また、近世日本では領邦議会のようなかたちで直接的に村・百姓が政治参加することはついになく、訴願運動などによる間接的・限定的なものにとどまった。

このように、ティロルと日本を比較すると、「近世化」の過程はもちろん、その帰結にも、共通性を強調するだけではすまない差異が存在するのである。共通面を認めるとしても、それは実態というより、研究交流のなかで育まれた、両者の視角や問題意識の共有から来ている部分が少なくないように思われるのであり、対象地域を広げたさらなる検証作業が不可欠である。

以上の考察を踏まえるならば、果たして稲葉の強調するほど、日本の「近世化」は、東アジアのそれよりもヨーロッパのそれに引きつけて捉えられるべきものなのか、疑問なしとしない。稲葉説に拠るかぎり、強固な村共同体とそれら相互の紛争、それを原動力とする「近世化」が日本の特徴なのであり、それは現状では少なくとも、ヨーロッパはもちろん、先の足立説を想起するならば、東アジアにおいても、他に異なるものである可能性が高いだろう。

稲葉は他方で、旧熊本藩領を具体的な素材として、近代的行政や代議制など、地域における近代化が、近世を通じて形成された村を基礎単位とする地域社会の自治的体制の力を借りることで実現されていった様相を詳細に解き明かしている（稲葉　二〇〇九）。その意味では、日本近世のあり方が、西洋近代の受容を可能にした重要な条件であるとする氏の主張は正当なものであり、かつてのように「封建制」の経験に根拠を求めた日欧相似論とは区別されるべきである（石井　二〇〇五）。

ただし、それが西洋近代の受容を容易にするものではあっても、必然化するものではないという点には十分な注意が必要であろう。たとえば幕末維新史の三谷博は、東アジア的「近世化」の未成熟、他方での日本的な「近世化」（蘭学や文書行政など）の進展が、結果的に西洋的「近代化」への対応を容易にしたことを確認したうえで、「しかし、明治の日本は、順調な「近代化」を約束されていただろうか」（三谷　二〇一二）として、歴史の結果論的な解釈に警鐘を鳴らし、「もし、一八七三（明治六）年に「征韓」を実行していたらどうなっただろうか。日清戦争で清国に負けていたらどうなっただろうか。日露戦争でロシアに負けていたらどうなっただろうか。明治の対外関係は、伸るか反るかの冒険の連続であった。どこで失敗してもおかしくなかったのである」（同前）と述べている。すなわち三谷は、日本「近世」が「近代」を準備した側面があるにせよ、日本「近代」の〝成功〟はけっして必然ではなく、あくまで歴史的な偶然の積み重ねにすぎなかったという事実に、注意を喚起しているのである（三谷　二〇一二）。「伸るか反るかの冒険の連続」の結果次第で、日本が近代化に失敗するというシナリオはいくらでも想定することができるのである。

考えてみれば、西洋「近世」と日本「近世」が似ているからといって、西洋近代を積極的に受容する（することができる）とは限らないし、たとえ似ていなくても（あるいは似ていないからこそ）受容するという可能性も十分にある。この点はちょうど、日欧の「近世」の共通性を主張し、そこから順接的に日本の近代化を導き出す稲葉説と、逆に中国・朝鮮の「近世」（「儒教的近代」）と西洋近代との近似性を前提に、日本を〝落第生〟と位置づけ、そこからのキャッチアップとして日本の西洋近代受容を説く宮嶋説との対比からも諒解されよう。少し乱暴ないい方をすると、前提となる「近世」がどのようなものであったとしても、そこから西洋近代の受容を導き出すことは十分に可能なのである。

以上のように、三谷の見解に学ぶならば、宮嶋にせよ稲葉にせよ、日本の「近代」の特異性に目を引かれるあまり、あるいは「近世」を「近代」の前提と見做すあまり、各国の「近世」がそれを必然のものとして運命づけたかのような立論となっている点に問題があるのではなかろうか。問題意識が先行した結果、両論の比較の枠組みにはゆがみが生じてしまっているように思われる。そうした問題を回避するためには、ある意味で「近代」という結果にとらわれずに、各国地域の「近世（化）」を比較してみるという試みが必要なのかもしれない。

四　日本の「近世化」を再検証する

前章までの作業を踏まえ、本節では、日本史プロパーの研究史をごく簡単に振り返り、稲葉説の研究史上の位置を確認し、そのうえで筆者の考える同論の問題点を指摘したい。

日本の「近世化」をめぐっては、とくに一九八〇年代半ばに大きな転換があった。それ以前の通説的な枠組みは、中世・近世に大きな断絶を想定するものであった。

代表的なものとして、ここでは戦後間もない頃に提出された、鈴木良一の民衆闘争史を挙げよう。鈴木は武士・領主制に歴史発展の原動力を求める著名な石母田正《いしもだしょう》の領主制論を批判し、民衆を歴史発展の主体として位置づけ、その反権力闘争＝民衆闘争を主軸として中世後期の歴史展開を描き出した。鈴木説の論理構成はつぎの通りである（鈴木　一九八七）。

(1)中世の農民は、「名主」（土豪的な武士）の指揮がなければ組織的に闘うことはできなかった。したがって、その闘争組織は農民の反封建闘争と名主の封建支配のための闘争との〝同床異夢〟的な複合であった。しかし、名主は地主として農民に相対するという点で、守護地頭や荘園領主と同じ立場にあり、本質的には農民と対決せざるを得ない存在であった。

(2)そのため、名主たちは戦国期には階級的地位を固め、「惣国一揆」や「国一揆」などとして独自のまとまりを形成し、やがてそれは戦国大名の家臣団へと継承される。その過程で名主たちは農村を離れ、「百姓」としての性格を捨てていく。指導層であった名主が離脱した結果、民衆闘争は衰退する。

鈴木の研究がいわゆるマルクス主義歴史学を下敷きにしていることはいうまでもない。ここでは権力と民衆（百姓・村）とは対決する存在とされ、日本の「近世」は、名主の裏切りによる民衆の敗北によっておとずれる〝時代の暗転〟として、悲観的に描かれている。すなわち「中世」と「近世」には、大きな断絶がある。研究史上、「名主裏切り」論・「土一揆敗北」論などと呼ばれる鈴木の議論は、基本的な枠組みにおいて、一九七〇年代までの研究にながく引き継がれた。

たとえば近世史家の朝尾直弘は、江戸幕府・徳川将軍について、同じ「幕府」・「将軍」でありながら、鎌倉幕府や室町幕府とは比較にならない強大な権力を築き得たのはなぜかと問いを立て、その理由を一向一揆や島原・天草一揆をはじめとする民衆闘争との対決の経験に求めている。その画期となった織田信長は、武家領主の階級的課題に応え、一向一揆や本願寺との対決によって、百姓の運動を粉砕した。この点こそが信長と他の戦国大名との違いであり、統一政権への飛躍のバネとなったという。すなわち、この過程で信長は自身の神格化を図るが、それは一向宗・キリスト教といった宗教的権威に結集する百姓との対決のなかで編み出されたものであり、豊国大明神や東照大権現の前提となった。こうして前代とは隔絶した「将軍権力」が成立するというのである（朝尾　二〇〇四）。

以上により、中世・近世を〝民衆の敗北〟を挟んで断絶的なものと捉える視角が、七〇年代の朝尾説においても継受されていることがわかる。依然、江戸時代は民衆の抑圧された〝暗黒時代〟として捉えられていたのである。こうして長きにわたって通説となっていた中近世断絶論・民衆敗北論に対し、中近世を連続的に捉え、さらには日本の「近世化」を村＝民衆の成長の帰結として順接的に捉えたのが、一九八〇年代半ばに提起された藤木久志らの研究であった。

すでに本章でも藤木は登場しているが、ここで氏の見解を簡単に見ておこう。藤木は、豊臣政権の政策基調が、戦国大名たちの交戦権の剥奪と、政権の裁定に基づく「平和的」な紛争解決にあったこと、さらに、私的暴力行使の禁制という基調は、村落・百姓レベルの紛争にまで適用される徹底したものであったことを明らかにした。氏はそうした一連の私戦禁止令（惣無事令・海賊停止令・喧嘩停止《ちょうじ》令・刀狩令）をまとめて「豊臣平和令」と呼んでいる。加えて藤木は、村落・百姓レベルにまでそうした法令が打ち出された社会的背景として、頻発していた村落間紛争の存在を指摘している。豊臣政権の政策は、先に見た「自力救済」という暴力の応酬からの解放を求める民衆の要請に応えたものであったと評価したのである（藤木　一九八五、一九九七）。

中世後期には、それまでとは隔絶した自治性・自律性を備えた強固な村落共同体＝「惣村」がひろく形成されてくることは、教科書にも必ず記される周知の事実である。それまでの議論では、「惣村」は民衆闘争の基盤であり、近世にはその〝敗北〟によって、成員の相互規制を利用した支配装置（「村請制」）へと転生させられてしまう存在なのであった。これに対して藤木説では、民衆（村・百姓）と権力とは必ずしも対決するものではなく、「惣村」の形成という社会動向と、それよって引き起こされた村落間紛争という当該期の社会問題が、近世へと連続していく権力や社会のあり方――ここでは「自力救済」の否定――を生み出す原動力として位置づけられているのである。

なお、藤木と対になる研究として、勝俣鎮夫《しずお》の「村請」論・「村町制」論がある。勝俣説により、主に中世後期に成立する「惣村」が年貢請負契約を通じて順次社会的な承認を受け、従来の荘園に替わる政治社会的な基礎単位となっていく様相が示された（「荘園制」から「村町制」へ）。「惣村」は否定され支配の装置に転化させられるのではなく、戦国大名や統一政権は「惣村」をそのままのかたちで支配体制の基盤に据えたとされ、中世から近世へ連続していく存在として位置づけなおされた（勝俣一九九六)。

以上が研究史上〝パラダイム転換〟とも評価された藤木・勝俣説のあらましである。現在では、中近世を連続的・発展的な展開として捉える見解が主流となっており、そうした藤木たちの影響を強く受けた一連の研究を「(中近世)移行期村落論」などと呼称している。そのなかでも、先に詳しく取り上げた稲葉の研究は、理論的にもっとも完成されたものであり、まさしく現段階における到達点と位置づけることができる。

ただし、移行期村落論ないし稲葉説にまったく問題がないというわけではない。筆者の見る限り、同論の枠組みは、とくにその権力と村との関係性という論点において、無視できない問題を内包している。同論を比較史の舞台に送り出すためには、以下に述べるような問題群をクリアする必要がある。

まず第一に、村落を意識した政策を打ち出した戦国大名は、稲葉らが強調するほど多くはないという問題である。そもそも戦国大名のほとんどは、分国法自体を制定していない。現在確認されているのは、先に挙げた六角氏をはじめ、今川氏・武田氏・伊達氏など、一〇例ほどにすぎない。毛利氏や上杉氏、織田氏や徳川氏など、有名な大名たちの多くには分国法が確認できない。しかし、彼らもまた、戦国乱世をくぐり抜け、強大な勢力を築いたのであり、けっして彼らが「後進的」であり、「未熟」であったわけではない(清水 二〇一八)。先に挙げた後北条氏の「目安箱」なども、他に類例がない特異な政策である。

大多数の大名は、村落統治の体制を整備することよりも、軍事的増強や領土拡大を優先せざるを得なかったのであり、内政面での進展があったとしても、それは戦争遂行に寄与する限りにおいてのことであった。このことは、移行期村落論が強調する戦国大名の〝村の要求を受けとめて成立した権力〟としての性格が、実際にはかなり限定的な側面であったことを意味している。戦乱が常態化していた時代にあって、いわば〝戦時体制〟の一環として、村落間紛争や村落支配に関する政策が行われる場合もあった、というのが実情に近いのであり、そうした限定的な側面を前面化して日本の「近世化」を描き出すことの是非は慎重に問われる必要がある。

村落との対峙という課題はむしろ、最近、稲葉自身が肥後熊本藩初代藩主細川忠利を事例として明らかにしたように、基本的には内乱の終結した近世初期の「ポスト戦国世代」に属する大名たちのものであったように思われるのである（稲葉　二〇一八）。

第二に、より重要な問題として、藤木説や稲葉説では、村落間紛争が「近世化」の原動力とされているが、そうした激しい紛争を展開するような自治的村落（「惣村」）の存在は、じつは畿内地域のほかでは明確でないという問題である。

畿内地域では、エリアによってはすでに鎌倉末期には開発の限界を迎えており、畠から田への転換など、面積単位の生産力向上を志向する段階に入っていた（高橋　二〇一六）。その一環として行われたのが、村落領域の大規模な再編とそれによる生産の効率化、いわゆる「集村化」であった。百姓たちの散居・流動状態が解消され、村の一箇所に集住する文字通りの「集落」が成立したことは、従前とは異なる強固な村共同体＝「惣村」を形成・維持させる重要な条件となった（榎原　二〇一六）。

一方、たとえば関東地域では、戦国期に至ってもなお広大な未開拓地・荒地が存在し、百姓たちも村落へ定着せず、流動性を強く持っていた（稲葉　二〇〇九）。そうしたなかにあって地域を主導したのは、村というより土豪・地侍層であり、彼らによる開発・再開発と、それに対する戦国大名の支援・編成という状況が当該地域の趨勢であった（池上　二〇一二）。その他の地域においても、たとえば近世初期に至るまで「走り者」と呼ばれる流動的な百姓層が顕著に見られた九州地域などの例に鑑みるならば（宮崎　二〇〇二）、概ね近似した状況であったと判断して大過ないだろう。

このように、「惣村」という領域的にも共同体としても明確な輪郭を持つ村、その意味で「近世的」「日本伝統的」な村は、少なくとも戦国期の畿内地域以外の列島諸地域では、ほとんどその姿を捕捉することができないのである。そうした地域において、「小農社会」が成立していたのかどうか、村落間紛争が「近世化」の原動力たり得たかどうかについては、大いに再考の余地がある。

さらに、畿内地域では「惣村」がひろく成立しており、村落間紛争も頻発していたにも関わらず、いわゆる「戦国大名」と呼ばれるような新しい権力の成長が顕著でないという問題もある。村落間紛争への対応が明確に見られるようになるのは、先に挙げた「六角氏式目」や三好氏権力による裁判など（天野　二〇一五）、信長上洛前夜の一六世紀中頃まで降らなければ確認できない。むしろ、「戦国大名」と呼ばれる権力体は、村落の姿の不明瞭な東国や西国地域において顕著に発達したのであり、稲葉の想定するような村と戦国大名との対応関係を見出すのは難しい。

以上のような問題を見てくると、ティロルの場合と同様、日本においても、社会的課題としての村落間紛争にどこまでの切実さがあったのか、果たしてそれが「近世化」を促す原動力たり得るほどの問題であったのか、慎重な再検討が必要であるといえそうである。

ちなみに、戦国大名以前の室町期においては、中世の基軸的な政治・社会体制である「荘園制」に基づく裁判システムが存在していた。すなわち、室町幕府や守護大名たちの法廷では、「自力救済」を前提とする裁判が行われていた。勝訴判決は直接紛争を解決するものというよりは、「自力救済」行使にあたっての正当性として用いられるか、近隣の村や土豪、領主の協力・仲介を求める際の大義名分として機能していた（稲葉　一九九八）。「自力救済」こそ否定されないものの、それは当事者間交渉の契機となり、和解を引き出す交渉材料となったのである。このように、限定的ではあれ、上部権力による一定の紛争解決システムが用意されていたのである。村落間紛争が、稲葉の強調するほど社会的課題としてクローズアップされていなかったとすれば、それはこうしたシステムが一応の秩序維持機能を発揮していたためであろう。荘園制が強く残存する畿内地域では、このシステムがより長く存続したという事実も付け加えておきたい。

以上述べてきたように、「近代」への接続の問題や、日欧比較の是非を差し置いたとしても、移行期村落論にはなおも問題が見出されるのである。比較史的アプローチと並行して、日本の「近世化」をどのように理論的に説明するのか、今後見直しを図っていく必要がある。

五　新しい「近世化」論に向けて

最後に、本章で述べてきたことを改めてまとめておこう。まず、東アジア「近世化」論の起爆剤となった宮嶋博史の議論を改めて確認した。宮嶋は、「小農社会」の形成とこれに対応した儒教モデルの国家・社会体制の構築（「近世化」）を基準とすることで、従来の先進／後進観を逆転させた。そして、中国・朝鮮に遅れを取った日本こそが、結果的に西洋近代を積極的に受容したことになったとして、日本「近代」の特異性に関する新たな説明を提示した。

しかし、宮嶋の議論では、日本の「近代」の説明に注力するあまり、結局は自身が批判していたはずの「脱亜的」見解に陥っていた。また、「小農社会」という共通条件の設定に見られたように、歴史的な実態と乖離してしまう事態が生じていた。月並みなようだが、すでに岸本美緒や深谷克己らによって進められているように、共通の歴史的リズムや相互影響をふまえつつ、各地域の地域社会と政治権力、それぞれの違いを丁寧に見極めていくほか、着実な研究の進展は望めないだろう。

一方、宮嶋説に対する日本史側の応答として示された稲葉継陽の研究では、村落間紛争を原動力とする日本の中近世移行という現在の通説的な議論に立脚して、むしろヨーロッパ近世との近似が主張され、日欧近世の類似性から日本「近代」の〝成功〟が改めて説明された。

ところが、稲葉が比較対象としたアルプス・ティロル地方においては、早期から国制に接続されていた「ラント裁判区共同体」の存在という特殊条件のもと、村落間紛争が抑制されていた。したがって、ティロルにおいては村落間紛争は「近世化」の原動力としては位置づけられず、日本の「近世化」とは、その核となる部分において大きな差異が存在した。また、日欧近世の類似性を日本の西洋近代受容に結びつける氏の立場は、各地域の「近世」の様態が「近代」を決定づけたとして、日本の特異な「近代」――それをネガ／ポジのいずれで捉えるにせよ――を必然視してしまうという陥穽から逃れられておらず、この点では稲葉説も宮嶋説と変わるところがない。ヨーロッパ全般における「近世化」との比較検証や、稲葉のような視点に立脚しての東アジア「近世化」の再検証も現状では不十分であり、稲葉説における日欧比較の正否は今後問い続けていく必要がある。

加えて、そもそも稲葉の描く日本「近世化」過程そのものに対しても、本章ではいくつかの疑義を呈した。「小農社会」の形成という社会動向に対応した新権力として戦国大名を位置づける点や、「小農社会」の形成を列島全土における斉一的な現象として捉える点などにおいて、稲葉説(「中近世移行期村落論」)の枠組みには危うい論点が含まれていることを指摘した。比較史の舞台に送り出すための日本「近世化」論を、今後ますます鍛えていく必要があるだろう。

本章で注目した宮嶋と稲葉との論争は、両者の比較の枠組みそれ自体の問題だけでなく、相互の意思疎通にも、十分に噛み合わないところがあったように見受けられる。それぞれが異なる学問的背景や関心を有している以上、やむを得ないことかもしれない。しかし、一人の研究者が〝専門〟として責任を持ち得る時代や地域には、自ずから限界があるのであり、東アジア「近世化」論のような比較史的アプローチは、多くの研究者が議論に加わり、互いの認識をすり合わせていく作業が不可欠となる。先学のダイナミックな試みに対して、本稿はややもすれば細かな問題の指摘に終始したきらいがあるが、論争のすれ違いや各自の手持ちの議論に問題が見出されるのであれば、まずはそれを丁寧に確認し、解消していくほか、研究を前進させていく方法はないのではなかろうか。本章は、その筆者なりの取り組みの第一歩である。

参考文献

朝尾直弘(二〇〇四、初出一九七一~七四)「将軍権力の創出」『朝尾直弘著作集 第三巻 将軍権力の創出』岩波

書店
足立啓二（二〇一八、初出一九九八）『専制国家史論―中国史から世界史へ』ちくま学芸文庫
天野忠幸（二〇一五、初出二〇〇六）「畿内における三好政権の支配構造」『増補 戦国期三好政権の研究』清文堂
池上裕子（二〇一二、初出二〇〇九）「中近世移行期を考える―村落論を中心に」『日本中近世移行期論』校倉書房
石井進（二〇〇五、初出一九七三）「日本の封建制と西欧の封建制」『石井進著作集第六巻中世社会論の地平』岩波書店
板垣竜太（二〇一二）「宮嶋史学の展開と儒教論」『言語文化』第一五巻一号
稲葉継陽（一九九八）「用水相論と地域財政の展開」『戦国時代の荘園制と村落』校倉書房
――（二〇〇九）『日本近世社会形成史論―戦国時代論の射程』校倉書房
――（二〇一〇）「近世化論の可能性」藤木久志監修、服部良久・蔵持重裕編『紛争史の現在 日本とヨーロッパ』高志書院
――（二〇一八）『細川忠利 ポスト戦国世代の国づくり』吉川弘文館
榎原雅治（二〇一六）『シリーズ日本中世史 三 室町幕府と地方の社会』岩波新書
勝俣鎮夫（一九九六）『戦国時代論』岩波書店
岸本美緒（一九九八）「東アジア・東南アジア伝統社会の形成」樺山紘一ほか編『岩波講座 世界歴史 一三 東アジア・東南アジア伝統社会の形成―一六～一八世紀』岩波書店
――（二〇一一）「東アジア史の「パラダイム転換」をめぐって」国立歴史民俗博物館編『「韓国併合」一〇〇年を問う 二〇一〇年国際シンポジウム』岩波書店

清水克行（二〇一八）『戦国大名と分国法』岩波新書
清水光明（二〇一五）「「近世化」論の地平―既存の議論群の整理と新事例の検討を中心に」（同編『アジア遊学一八五「近世化」論と日本―「東アジア」の捉え方をめぐって』勉誠出版
鈴木良一（一九八七、初出一九四九）「純粋封建制における農民闘争」『中世史雑考』校倉書房
高橋一樹（二〇一六）「畠田からみた十四世紀の農業生産」中島圭一編『十四世紀の歴史学』高志書院
服部良久（二〇〇九）『アルプスの農民戦争―中・近世の地域公共性と国家』京都大学学術出版会
深谷克己（二〇一二）『東アジア法文明圏の中の日本史』岩波書店
藤木久志（一九八五）『豊臣平和令と戦国社会』東京大学出版会
――（一九九七、初出一九八八）「移行期村落論」『村と領主の戦国世界』東京大学出版会
――（二〇一八、初出二〇〇一）『飢饉と戦争の戦国を行く』吉川弘文館
三谷　博（二〇一二、初出二〇〇六）『明治維新を考える』岩波現代文庫
宮崎克則（二〇〇二）『逃げる百姓、追う大名―江戸の農民獲得合戦』中公新書
宮嶋博史（一九九四）「東アジア小農社会の形成」溝口雄三・浜下武志ほか編『アジアから考える〔六〕長期社会変動』東京大学出版会
――（二〇一〇）「日本史認識のパラダイム転換のために―「韓国併合」一〇〇年にあたって」『思想』第1029号
――（二〇一一a、初出二〇〇六）「東アジア世界における日本の「近世化」―日本史研究批判」趙景達・須田努編『比較史的にみた日本近世―「東アジア化」をめぐって』東京堂出版
――（二〇一一b）「朝鮮史からみた「近世」日本」同前

第一〇章　生活水準の比較史

――イギリスと日本――

山本千映

一　数量経済史

私たちは豊かさを表す指標として貨幣額を使うことに慣れている。国際通貨基金の推計によれば、購買力平価で測った二〇一七年の日本の一人当たり国内総生産（ＧＤＰ）は四万二八一九ドルで、イギリス（四万四三六五ドル）より低く、韓国（三万九五四八ドル）より高い、といった具合である。ドルという同じ尺度を使うことで、比較も容易になる。アメリカが約六〇〇〇〇ドルと聞けば、日本の五割増しのずいぶん豊かな国であると感じるし、カンボジアのおよそ四〇〇〇ドルは日本の十分の一という貧しさを想像する。

数値を使って過去における人々の豊かさや経済活動の様子を再現しようという学問領域を、数量経済史と呼んでいる。右でみたように、共通の尺度を提供することができれば、国や地域相互の比較は容易になるため、グローバルヒストリーの持つ関係史的側面と比較史的側面のうち後者について、数量経済史は大きな役割を果たしてきた。

他方で、数量化には多くの問題がともなっている。そもそも、歴史資料の中に利用しやすい形で数値が残されている例はまれで、推計値を算出すること自体が困難な作業である。また、推計にあたっては多くの仮定を置かざるをえず、後に見るように仮定の置き方によっては結論が大きく異なることもあり得るし、妥当なものとは言い難い仮定も少なからずある。

本章では、数量経済史が明らかにしてきた生活水準の指標を見ながら、どういった発見がもたらされ、どういった解釈の難しさが付きまとうかについて考える。

二　実質賃金の推計

豊かさの指標

豊かさを示す指標として、経済史でもっとも頻繁に利用されてきたのは実質賃金である。これは、労働者に対して支払われる名目的な貨幣額を物価指数で割ることで名目的な賃金額で購入することのできる財・サービスの量を測ろうとするものである。

他の多くの近代諸科学と同じく、経済学も歴史学も、双方の中間に位置する経済史も、ヨーロッパを中心に発達してきた。このため、経済史で用いられる諸指標の多くは、ヨーロッパで残存する史料をもとに開発されてきており、実質賃金も例外ではない。

私たちが日常的に目にする経済指標は、膨大なコストをかけて行われるさまざまな統計調査の結果を集計することで提供されている。現代の日本では、五年ごとに国勢調査や住宅・土地統計調査が行われ、毎年行われる経済構造実態調査や個人企業経済調査では企業の事業内容や売り上げなどが調査されている。物価や給与額、労働日数などについての小売物価統計調査や労働力調査などは毎月の調査である。こうした統計調査が国家によって本格的に行われるようになったのは日本では二〇世紀に入ってからで、欧米でも一八世紀末以降のことである。逆にいえば、近代以前における数量データは非常に乏しく、世紀を超えるような長期のデータ系列は人口を除けば賃金と物価くらいしかない。こうした背景から、経済史ではまず実質賃金の推計が盛んに行われてきた。

イギリスにおける研究史

実質賃金の推計のためのデータを収集する試みは、イギリスでは一〇〇年を超える歴史がある。ソロルド・ロジャースが一八八四年に刊行した『仕事と賃金の六〇〇年』では、マートンコレッジ（一二六四年設立）などオックスフォード・ケンブリッジ両大学のコレッジが荘園領主として持っていた所領の記録をはじめ、ヨーク大聖堂（一二二〇年建設開始）などの教会建築に携わった大工や石工の賃金など、一三世紀以降の六〇〇年にわたる賃金記録が集められている（Rogers 1884）。また、一八八九八年から一九一〇年まで『王立統計協会雑誌』に断続的に掲載されたアーサー・ボウリーおよびジョージ・ウッドの論稿では、一八世紀末からの約一〇〇年間の賃金データが、農業、印刷業、建設業、羊毛工業、機械・造船業、綿業の各セクターに分けて収集されている（Bowley and Wood 1898–1910）。こうした伝統の上にデータの整理を行い、イングランド南部の建築労働者の七世紀にわたる賃金と物価指数の推計を行ったのが、フェルプス・ブラウンとホプキンスによる一九五〇年代の一連の研究である（Phelps Brown and Hopkins 1955, 1956）。彼らはさらに、アルザス、ミュンスター、アウグスブルク、ウィーン、ヴァレンシアについてもデータを集め、一五世紀から一八世紀までのヨーロッパ諸都市を対象にした実質賃金の推計を行っている（Phelps Brown and Hopkins 1957, 1959）。

フェルプス・ブラウンらの研究は、特定の年次の賃金水準を一〇〇とした指数で表されている。彼らの関心が、人口が増加し食料に対する需要が増えれば一人当たりの取り分すなわち生活水準が悪化し、人口が減れば生活水準が上がるというマルサスの人口論に沿ったものだったことも関係しているが、生活水準の時系列的な変化の比較は可能となったものの、そのレベルの地域間比較には相応しくないものとなっている。実際、一九五九年の論文では、一五二一年から一五三〇年の値の平均を一〇〇とした指数が取られているが、一五二〇年代の南イングランドとライン川周辺のアルザスや南欧スペインのヴァレンシアとの間の格差についてはあまり意識が向けられていない。この時点で実質賃金のレベルが大きく異なっていたとしたら、その前後の変化はずいぶん違って見えることになる。

他方で、レベルの比較には多くの困難がともなう。まず、賃金や消費財価格を表示する通貨単位は国によって異なるため、単位をそろえる必要がある。長期のデータを作成しようとすれば同じ国でも時期によって単位が異なることがあり、現代でもユーロ以前のマルクやフラン、ギルダー、リラ、ペセタなどとの接続があるし、日本経済史では円が通貨単位となる明治四（一八七一）年の新貨条例以

ト

単位当たり銀価格	銀価格	支出割合[b)]
(g)	(g)	(%)
0.693	126.126	30.8%
0.477	24.804	6.0%
2.213	57.538	14.0%
3.470	18.044	4.4%
7.545	39.234	(9.5%)
2.843	14.784	3.6%
0.010	0.520	0.1%
0.470	85.540	20.9%
0.965	65.861	(16.0%)
2.880	7.488	1.8%
4.369	21.845	5.3%
4.980	12.948	3.2%
7.545	19.617	4.8%
4.164	20.820	5.1%
	410.074	100.0%
	411.585	(100.0%)

なっている。おそらく、原文に誤植があ
およそ162kg。b）の支出割合は、() なし
計値を100%とした場合の比率。

前と以後との比較には注意が必要である。

また、名目賃金を割るための物価指数の推計は多くの経済史家を悩ませてきた。物価指数の作成には消費財の価格に加えて消費者が平均的にどの程度の割合でそれらの財を購入していたのかという情報も必要で、これを「消費財バスケット」と呼んでいる。現在の日本では、総務省統計局が六〇〇に近い品目を使って作成しており（二〇一五年基準）、イギリスの国家統計局（ＯＮＳ）は七〇〇品目以上を利用している（basket of goods 2015）。現在では支出割合についても頻繁に統計が取られているが、過去に遡って算出する場合、仮に名目賃金の系列が完全だとしても、これほど多くの財を用いた消費財バスケットを作成するのはほぼ不可能である。イギリスの場合、もっとも包括的で広く利用されている物価指数はファインシュタインが作成したもので、それでも食料一二品目に家賃、光熱費（燃料とロウソクなどの光源を分けて計算）、飲料（アルコール類）、衣類を加えた一七項目にすぎない（Feinstein 1998）。このため、国際比較のためにしばしば用いられてきたのが、小麦や米など主要穀物の価格でデフレートするという方法であるが、もちろん、穀物への支出は家計支出の一部にすぎず、肉や魚が食卓に上がる程度が大きく異なる地域間の比較をする場合、結果の解釈に大きな問題が生じる。

表1　生存水準維持のための消費財バスケッ

	年間消費量		単位当たりカロリー	単位当たりタンパク質	一日当たり消費量		一日当たりカロリー	一日当たりタンパク質
			(kcal)	(g)			(kcal)	(g)
パン	182	kg	2,450	100	498.6	g	1,222	49.9
豆類	52	liter	1,125	71	142.5	ml	160	10.1
肉	26	kg	2,500	200	71.2	g	178	14.2
油脂								
バター	5.2	kg	7,286	7	14.2	g	104	0.1
オリーブオイル	5.2	liter	8,142	–	14.2	ml	116	0.0
チーズ	5.2	kg	3,750	214	14.2	g	53	3.0
卵	52	each	79	6.25	0.1	個	11	0.9
アルコール								
ビール	182	liter	426	3	498.6	ml	212	1.5
ワイン	68.25	liter	850	–	187.0	ml	159	0.0
石鹸	2.6	kg						
亜麻布	5	m						
ロウソク	2.6	kg						
ランプオイル	2.6	liter						
燃料	5.0	M BTU[a)]						
合計								
バターとビール							1,941	79.8
オリーブオイルとワイン							1,900	78.2

（出所）Allen（2001）, Table 3, p. 421より作成.
（注）「年間消費量」と「単位当たりカロリー」、「単位当たりタンパク質」以外の数値は再計算したが、Allen（2001）と微妙に異るものと思われる。a）のBTUは、英熱量単位（British Thermal Unit）で、1BTU=0.25 kcal。5百万BTUは無煙炭換算ではバターとビールを消費する場合の合計値を100%とした場合の値で、() 内はオリーブオイルとワインを消費する場合の合

生存水準倍率

こうした問題を克服し、国際比較を可能にすることを目的として、ロバート・アレンによって開発されたのが、生存水準倍率（welfare ratio）という指標である。アレンは、ヨーロッパ内の諸都市の賃金水準を比較するために、①各地の名目賃金額を銀の重さに変換し、②品目を固定する代わりに生存を維持するのに必要なカロリー量とタンパク質量を固定して品目に柔軟性を持たせた消費財バスケットを作成し、③銀の重さで測った消費財バスケットの価額を物価指数とする、という方法を試みている（Allen 2001）。

通貨単位の違いは、賃金、物価ともに銀の重さで表現することで回避されている。一九世紀の金本位制以前には、ヨーロッパだけでなくインドや中国、日本で

も銀が貨幣として広く使用されていたことを想起すれば、これは妥当な選択であろう。
②は、消費財バスケットの作成にあたって、生存を維持するのに最低限必要な物資に品目を限定することで必要な情報量を小さくし、さらに品目に柔軟性を持たせることで多様な食文化を包摂した共通指標を作成することを可能にしたという二つの点で非常に重要である。表1は、アレンが二〇〇一

られている消費財バスケット

中国（蘇州/広東）年間消費量(kg)	一日当たりカロリー(kcal)	一日当たりタンパク質(g)	中国（北京）年間消費量(kg)	一日当たりカロリー(kcal)	一日当たりタンパク質(g)
171	1,677	47			
			179	1,667	55
20	187	14	20	187	14
3	8	2	3	21	2
3	67	0	3	67	0
	1,939	63		1,942	71

Allen et al. (2011), p. 21.　　Allen et al. (2011), p. 21.

インド（米食地域）年間消費量(kg)	一日当たりカロリー(kcal)	一日当たりタンパク質(g)	インド（キビ食地域）年間消費量(kg)	一日当たりカロリー(kcal)	一日当たりタンパク質(g)
162	1,607	33			
			205	1,698	62
20	199	11	10	100	5
3	21	1	3	21	1
3	72	0	3	72	0
2	21	0	2	21	0
	1,920	45		1,912	68

Allen (2009), p. 37.（邦訳42頁）　　Allen (2009), p. 37.（邦訳42頁）

表2　生存水準倍率の計算に用い

	北部ヨーロッパ			ミラノ		
	年間消費量(kg)	一日当たりカロリー(kcal)	一日当たりタンパク質(g)	年間消費量(kg)	一日当たりカロリー(kcal)	一日当たりタンパク質(g)
米						
オート麦	155	1,657	72			
モロコシ（Sorghum)						
キビ（Millet)						
ポレンタ				165	1,655	43
豆類	20	187	14	20	187	14
肉/魚	5	34	3	5	34	3
バター/ギー	3	60	0	3	60	0
食用油						
砂糖						
合計		1,938	89		1,936	60
出所	Allen et al. (2011), p. 21.			Allen et al. (2011), p. 21.		

	日本（米魚型)			日本（雑穀型)		
	年間消費量(kg)	一日当たりカロリー(kcal)	一日当たりタンパク質(g)	年間消費量(kg)	一日当たりカロリー(kcal)	一日当たりタンパク質(g)
米	114	1,096	23	30	288	6
大小麦	10	92	5	70	646	17
オート麦						
モロコシ（Sorghum)						
キビ（Millet)						
ポレンタ						
雑穀	16	148	2	75	692	22
豆類（大豆以外（ℓ))	4	12	1	4	12	1
豆類（大豆)	52	558	49	26	279	24
肉/魚	3.5	10	2			
バター/ギー						
食用油（ℓ）	1	24		1	24	
砂糖						
合計		1,940	82		1,941	70
出所	Bassino and Ma (2006)			Bassino and Ma (2006)		

年の論文で提示した、イギリスを念頭に置いた消費財バスケットであるが、食品は実質七品目だけであり、史料の残存状況が芳しくない地域でも対応できる可能性が高い。また、油脂とアルコール消費には複数の選択肢があり、イギリスならバターとビール、イタリアならオリーブオイルとワインといったように相互に入れ替え可能となっている。パンについても、ロンドン、パリ、および南欧諸都市では小麦パンの価格、アントウェルペンやアムステルダム、ストラスブール、ドイツやポーランドの諸都市ではライ麦パンの価格を利用することが想定されている。こうした品目の入れ替えを行う場合でも、一日当たり最低限必要とされるカロリー量一九四〇キロカロリーと、タンパク質八〇グラムの摂取は維持されており、これにより共通の尺度で比較することが可能となっている。

この柔軟性は、実際、幅広い比較を可能とした。表2は、その後、アレン自身や他の研究者によって進められた、国際比較のための消費財バスケットを掲げたものである。必要最低限のカロリー量を担保しかつ安価な食材が掲げられており、各地に残された必ずしも豊富とはいえない家計支出がわかる史料から、北部ヨーロッパではパンの代わりにオートミール、北部イタリアではトウモロコシ粉を使ったポレンタ、中国の華東・華南ではコメ、華北ではモロコシ（高粱）、日本はコメと雑穀、インドもコメとキビといった作物が主要なカロリー源として設定され、タンパク質源とともに消費財バスケットが作成されている。インドの米食地域ではタンパク質摂取量が少なくなっているが、概ね熱源一九四〇キロカロリー、タンパク質八〇グラムが維持されるとともに、多様な食文化を包摂することに成功している。

アレンの二〇〇一年論文では、生存水準倍率は以下の式で計算されている。

生存水準倍率＝（成人男性の賃金率×250）／（消費財バスケットの価額×3×1.05）

分子は、年間の労働日数二五〇日を仮定して成人男性の名目の賃金率を二五〇倍したものである。三六五日は五二週と一日であるが、疾病や怪我、悪天候、景況などにより週の労働日は五日、これに五〇週を乗じて二五〇日という設定になっている。分母では、夫婦と子ども二人（四〜六歳が一人と一〜三歳が一人）の四人家族世帯を考え、全体で成人男性の消費量の三倍を必要とすると仮定して消費財バスケットの価額を三倍し、さらに五パーセントを家賃支出として加算してある。この値が一よりも小さければ、夫・父の稼ぎでは基礎的な消費を充たせず貧困に陥っているとみなし、それよりも大きければ何らかの奢侈的な消費に支出を回せる余裕があるということになる（Allen 2001）。

図1には、この方法でアレンが作成したロンドンと他のヨーロッパ諸都市における建築労働者の生存水準倍率と、ジャン＝パスカル・バッシーノとデビン・マによる米魚型の日本のバスケットを用いて斎藤（二〇〇八）が作成した畿内の農業労働者と銚子の醬油製造業労働者のそれとを掲げてある。二〇〇一年の論文タイトルに「ヨーロッパにおける賃金と価格の大分岐」とあるように、アレンのもともとの関心は、近世初頭において北西ヨーロッパと南ヨーロッパとの間で生じた格差の拡大にあった。一六世紀以降の新大陸やアジアとの貿易の拡大は、オランダやイギリスにおける所得水準の上昇と地中海諸都市における傾向的低下をもたらしたことが見て取れる。一六世紀前半においてフィレンツェ／ミラノとロンドンとの格差は一・五倍程度であったが、一八世紀後半には三倍弱にまで拡大している。

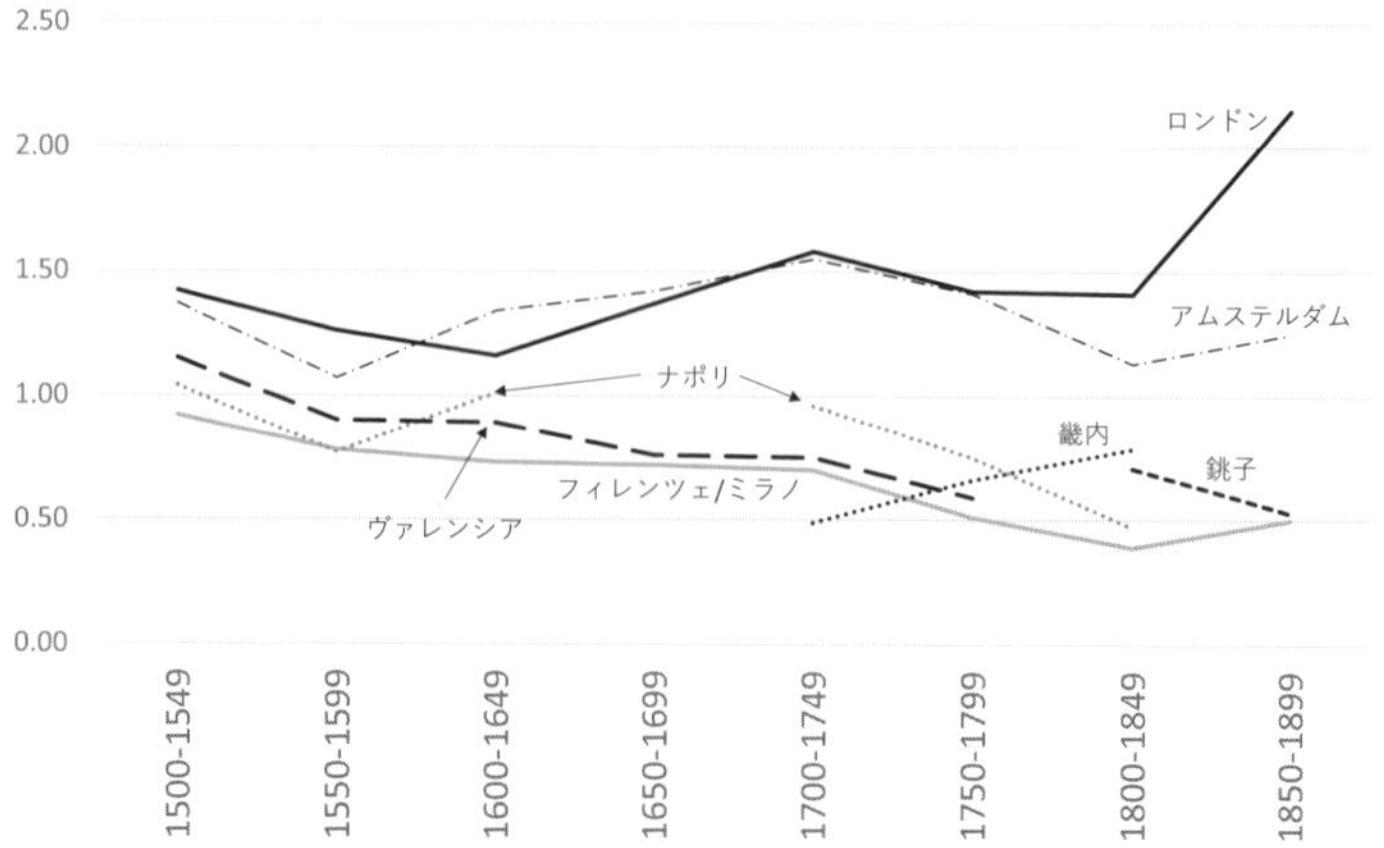

図１　生存水準倍率で見たヨーロッパと日本の比較

出所：Allen（2001）, Table 6, p. 428; 斎藤（2008）、付表3.2、128頁。

一八世紀以降に利用可能となる日本のデータはどのように見えるであろうか。一八世紀後半の段階では、畿内の農業労働者の生存水準倍率は〇・六六でありロンドン（一・四二）やアムステルダム（一・四一）の半分に満たない。他方で、ナポリ（〇・七五）には届かないものの、フィレンツェ／ミラノ（〇・五一）やヴァレンシア（〇・五九）よりは高く、南欧諸都市と比べて遜色のない生活水準を享受していたと見ることができる。

三　徳川日本への適用

世帯内労働力の利用

しかし、図1から生じる疑問は、南欧諸都市や日本における数値がほぼ全期間を通じて一を下回っている事実である。生存水準倍率の定義からいえば、これが一を下回っている場合、生存を維持するために必要な食料を確保できていないわけで、そのようなことが数百年にわたって持続したとみなすことは現実的ではない。生存水準倍率をオリジナルな形のままで他の地域に適用するには、まだ考えなければならない問題がありそうである。

あり得そうな対応は、年間の労働日数を増やすことである。現代の日本には年間で一六の祝日があり、一〇四~五回ある土日を合わせて一二〇日程度の休日があるため、平日は二四五日ほどとなる。アレンの想定はこれとほぼ同レベルであり、一九世紀以前の社会の労働日数としてはいかにも少ない。祝日がなく、土曜日も終日働くとした場合、年間の労働日数は三一二日か三一三日となり、アレンの想定とは六〇日以上も異なってくる。実際、イングランド北部の農場において一九世紀半ばに働いていた農業労働者について筆者が行った実証研究では、年間の労働日数が三〇〇日を超える者が少なからずいた（Yamamoto 2004）。日本の場合、日曜日を休日として七日ごとに休むようになったのは明治に入ってからであるが、江戸期においても「遊び日」と呼ばれる休日が村ごとに定められており、一八世紀後半から一九世紀初頭にかけて年間五〇~六〇日となっていたと考えられている（古川　二〇〇三）。そうすると、実働は三〇五~三一五日という計算になる。これらを踏まえて、夫・父が三〇〇日働いたとして日本の数値を調整すると、生存水準倍率は〇・七九になる。(1)

また、世帯の他の構成員が働くことで、所得を補うというオプションも考えられる。アレンの四人家族の設定では残る成人は妻だけなので、彼女が年間一〇〇日間、夫の半分の賃金で働いたと仮定しよう。この場合、上記の〇・七九はさらに〇・九二まで上昇する。(2)

日本の場合、三世代同居が一般的だったから、世帯内には父母カップルの他に祖父母カップルもいた。祖父母も父母と同じように所得を得ていたとすれば、世帯所得は二倍となる。ただし、支出もそのぶん増えるので、分母を一・五倍しておこう。こうすると、生存水準倍率は一・二三となり、一を超えて生存の維持が可能となる。[3]

労働者世帯と自営業者世帯

これらの調整が説得的であるためには、その社会に労働市場が存在し、賃金労働にのみ依存して生計を立てている世帯が一般的という仮定が妥当性を持つ必要がある。この仮定は、現在の日本では至極当然のものであろう。二〇一七年の日本の総世帯数は約五〇〇〇万世帯であるが、そのうち雇用者世帯は約三〇〇〇万世帯で六割を占める（平成二十九年国民生活基礎調査）。この割合は、高齢の年金生活者世帯などを除けばもっと高くなるから、企業や官公庁、学校などに勤めて給与を受け取り、そのお金で生活物資を購入して生活することは当たり前にすぎる事柄に思える。しかし、歴史的に見て、このような社会は一般的だったのだろうか。

イギリスにおいては、時代をかなり遡ってこのような社会が実現していたことがわかっている。一七世紀の政治算術家の一人であるグレゴリー・キングが残した表を見ると、一六八八年におけるイングランドの全世帯一三六万世帯のうち、六二・四パーセントを占めるおよそ八五万世帯が労働者世帯であったことがわかる（Chalmer 1802）[4]。イギリスの農業は資本主義的といわれるが、その意味は、土地を提供する地主、資本を提供する農場経営者、労働力を提供する農業労働者からなる三分制のもと、土地市場を通じて土地利用権を、労働市場を通じて労働力を調達した農場経営者が、主として農産物市場で販売することを目的に大規模な農業生産を行うということであり、キングの表からは少なくとも一七世紀には労働力の商品化がかなりの程度進行していたことが確認できる。別の言い方をすると、農業部門に世帯の構成員以上の労働力を必要とする大規模な農場があり、それを所有しているわけでもその一部を小作として借り受けて耕作しているわけでもない農業労働者が、そこで農作業をし、その労働の対価として賃金を受け取り、それでもって自身や家族のために必要な食料品や衣料を購入する、という社会が実現していたということである。

江戸期の日本は、このような社会ではなかった。全世帯のおよそ八割といわれる農家世帯のほとんどは、自作農であれ小作農であれ一定程度の農地を耕作する権利を持つ自営農家であり、基本的には家族労働力のみで農業生産を行う小農社会であった。労働市場がなかったわけではないが、田植えや除草、稲刈りなどの農繁期における数日間の日雇い仕事や冬季における一〜二か月の出稼ぎなどであり、アレンが想定するような年間二五〇日もの間、世帯主が賃金労働に従事し、その賃金所得のみに依存して生計を立てるような世帯はほとんど存在しなかった。江戸期日本の小農世帯にとって、生存水準倍率の算出に利用されてきた賃金は、本業以外の補助的な収入源の一つに過ぎなかったのである。

江戸期日本の農家世帯

こうした問題を踏まえて、一八四〇年代に長州藩で行われた『防長風土注進案』という周防と長門の防長二州全域を対象とした村落調査を利用して、日本の生存水準倍率を改訂しようという試みがなされている（斎藤　二〇〇八、Saito 2015）。

推計は、以下の手順で行われている。江戸期日本の小農世帯は自営農家なため、労働に対する対価

表３　『防長風土注進案』による日本の生存水準倍率の改訂

ケースⅠ　（アレンによる日本のWRの値＝0.66の場合）

	世帯所得	備考
A. 農業所得		
自作農・小作農（税引・地代支払前）	1.32	労働分配率0.5→0.66×２
自作農（税引後）	0.70	貢租率47％→1.32×0.53
小作農（地代支払後）	0.53	小作料率60％→1.32×0.4
B. 非農稼得を含めた総所得		
自作農（税引後）	1.21	非農稼得額42％
小作農（地代支払後）	0.91	→（Aの値）×（100/58）

ケースⅡ　（年間労働日300日の場合（0.66×（300/250）＝0.79））

	世帯所得	備考
A. 農業所得		
自作農・小作農（税引・地代支払前）	1.53	労働分配率0.5→0.79×２
自作農（税引後）	0.81	貢租率47％→1.53×0.53
小作農（地代支払後）	0.61	小作料率60％→1.53×0.4
B. 非農稼得を含めた総所得		
自作農（税引後）	1.40	非農稼得額42％
小作農（地代支払後）	1.05	→（Aの値）×（100/58）

出所：斎藤（2008）、表6.1、183頁から作成。

だけでなく土地そのものからの収益や経営者としての収益を加算する。次に、江戸期の農民が負担していた貢租と小作料を除いて可処分所得を確定する。最後に、農業以外の収入を加算する。以下、表3を見ながら数値を確認していこう。

イギリスの三分制のもとでは、農場経営者が農業生産を行うことで生じる収益は、地主に対する地代と農業労働者に対する賃金、この両者に他の諸費用も加えた総費用を差し引いて農場経営者のもとに残される利潤とに分配される。他方で、自営農家の収入は、地代、賃金、利潤をすべて足し合わせたものになる。長州藩のデータによれば、農家世帯の総収益のうち労働に対する対価となる部分（労働分配率）は〇・五となる。これを一八世紀後半の畿内の農業労働者に適用すると、生存水準倍率〇・六六は農業所得のうちの半分に当たることになるため、二倍して一・三二を得る（ケースI、パネルAの一行目）。

徳川時代の農民は、自作農であれば貢租負担を負い、小作農家の場合は貢租負担はないものの地主に対して小作料を支払わなければならなかった。これを考慮したのが、二行目と三行目の数値である。貢租負担は五公五民とも四公六民とも言われており、米収の四〇パーセントから五〇パーセントが年貢として貢納された。長州藩の場合は、およそ四七パーセントであったと推計されており、手元に残るのは五三パーセントである。これを適用すると、自作農の生存水準倍率は〇・七〇となる。また、小作料率は田と畑を合わせておよそ六〇パーセントと考えられるため、小作農の生存水準倍率は、一・三二の四割である〇・五三となる。

『防長風土注進案』からは、産出高の記載はあるもののその戸数が示されていない産業があることがわかる。製紙、木綿織、酒造、製塩などの製造業がそれで、これらは農家副業として行われていたと考えられる。また、製塩で使われる菰《こも》や雨具の蓑など、藁を用いた製品の生産も農業のあいまに行われていた。さらに、海上輸送や馬による運送といったサービス業に含まれる活動も、出稼ぎや日雇いなどの形で農家の成員によって担われていた。徳川日本では商工業からの収入に対する課税はあまりなく、長州藩の場合はほぼゼロであったため、全額を可処分所得として考えることができる。その比率は、税引後の可処分所得の四二パーセントに達していたと推計されており、農業所得分の五八パーセントを合わせて一〇〇パーセントになるように膨らませてやる必要がある。その結果がパネルBで、自作農の生存水準倍率は一・二一となって一を超え、小作農も〇・九一とかなり改善される。

ケースⅡは、年間労働日数を三〇〇日、したがってスタート時点の生存水準倍率を〇・七九としてケースⅠと同じ作業を行った場合の結果である。これを見ると、自作農の数値は一・四〇、小作農が一・〇五となり、後者も一を超える。この値を図1で見たロンドンの建築労働者の値と比べてみよう。産業革命の始期にあたる一八世紀後半では、その値は一・四二であった。『防長風土注進案』と同時期にあたる一九世紀前半でもほとんど変わらず、一・四一である。自営農家であること、農業生産に重税が課せられていること、非農稼得にはほとんど課税されておらず可処分所得の四二パーセントに相当すること、の三点を踏まえて日本の生存水準倍率を再推計すると、自作農の場合は同時期のロンドンの非熟練労働者世帯のそれとほとんど変わらず、小作農は二四パーセントほど少ないものの生存水準は満たすものであったことがわかる。

公平を期すために、ロンドンの値についても少し調整を施そう。農家の戸主は、単純な肉体労働者ではない。米以外の作物の農作業が田植えや稲刈りなどタイミングが重要な作業と重ならないよう差配する必要があったし、前述したさまざまな収入機会のどれにどの世帯員を充てるかも考えなければならなかった。小規模とはいえ、彼らは紛れもなく経営者であった。したがって、非熟練労働者世帯よりは職人層との比較のほうが適当であろう。熟練を要する建築職人の生存水準倍率を見ると、そのレベルは非熟練の建築労働者よりも六割程度高く、一八世紀後半においては二・二一、一九世紀前半では二・三一となっている（Allen 2001）[5]。これに、前節で日本の生存水準倍率に施した年間労働日数の増加（二五〇日→三〇〇日）と他の世帯員による収入（妻による夫の半分の賃金での一〇〇日間労働）を考慮した調整を加えると三・〇九と三・二三となり、日本の自作農の二・二倍から二・三倍、小作農との比較ではおよそ三倍もの開きが生じる。したがって、成人男性に対する賃金率のみを用いた〇・六六といった低位な数値をそのまま利用するのはもちろん適当ではないが、江戸期日本の特性を考慮してもなお、ロンドンの熟練職人世帯の生活水準は、日本の自営農家世帯の生活水準よりもはるかに高かったと結論づけられよう。

四　生活水準のさまざまな指標

国内総生産の推計

生存水準倍率の設計にあたっては、ヨーロッパの、特にイギリスの社会構造が暗黙裡に前提とされていた。しかし、前節で見たように、それをそのまま他の地域に適用することには注意を要する。工業化以前の、農業が経済の圧倒的な部分を占める社会においては、イギリスのように農地に対するアクセス権を失った賃金労働者が一七世紀に遡って大量に存在するような社会はむしろまれで、ヨーロッパ内でもイングランドや低地地方など、北西ヨーロッパの一部で見られた現象だといってよい。では、一人当たりGDPはどうであろうか。本章の冒頭でも掲げたように、現代において生活水準を国際的に比較しようとした際に最初に思い浮かぶのはこの指標であろう。生存水準倍率は、賃金労働者という社会の特定の階層のみを対象としているために、江戸期日本のように自営農家が一般的な社会には適用が難しかった。GDPならば、より包括的に社会全体の経済活動を考えることができる。

しかし、その推計には、さらに一層の困難が生じる。GDPは、国内の各産業が一年間に生み出す付加価値の総和として定義される。したがって、厳密に推計しようと思えば、産業ごとにその生産額と原材料などにどれだけ費用がかかったかを知る必要がある。日本の標準産業分類（平成一九年第一二回改定）では、大分類で二〇産業、中分類で九九産業、小分類で五二九産業が挙げられており、もっとも詳細な細分類ではその数は一四五五にも及ぶ。歴史資料を用いることを考えると、二〇産業でも難しいところである。

とはいえ、日英双方において、長期のGDP推計の試みがなされており、イギリスについては一二七〇年から一八七〇年までの六〇〇年間、日本についてはさらに長期の七三〇年から一八七四年の一二〇〇年にも及ぶ長期のGDP推計が、近年相次いで刊行されている（Broadberry et al. 2015、高島二〇一七）。原著では、日英それぞれでの史料の残り方を反映して、イギリスの数値は一七〇〇年時点の固定価格表示、日本の数値はコメの石高で表示されている。一八世紀から一九世紀初頭にかけて日本側のベンチマーク年となっている一七二一年と一八〇四年とで見てみると、イギリス（グレートブリテン）の一人当たりGDPは一三・三ポンドと一六・三ポンド、日本は二・四八石と三・〇四石となっている。このままでは直接比較できないので、一九九〇年の国際ドル表示で見ると、一七五〇年の値でイギリスは一六九五ドル、日本は七五三ドルと、やはり自作農とロンドンの建築職人との生存水準倍率と同様の二・三倍程度の格差となることが確認できる（深尾他　二〇一七）。

所得格差

ただし、GDPを利用する際には、もう一つ考慮しなければならない問題がある。所得格差の問題である。イギリスにおける賃金労働者世帯は、一六八八年の段階で全世帯の六割を超えていた。江戸期日本の農家世帯はおよそ八割である。こうした人口の大部分を占める人々の生活水準を捉えようという狙いが生存水準倍率にはある。他方で、一人当たりＧＤＰは上層の人々の所得も包含する。そして彼らと下層の人々との収入格差が極端に大きくても、反対に非常に平等的であっても、平均値としての一人当たりＧＤＰは同じ値を取りうる。

八割の人々の年間所得が五万円（一日約一四〇円で生活）で上層の二割は二〇〇〇万円という社会と、八割の人々の所得が三〇〇万円で上層は八〇〇万円という二つの社会を考えてみよう。全体の平均を計算すると、一人当たり所得はどちらもおよそ四〇〇万円となる。この二つの社会で暮らす人々の生活水準は、それぞれ同程度と言ってよいだろうか。

格差の指標として、ジニ係数というものがある。〇から一の間の値を取る指標で、全員の収入がまったく同額という完全に平等な場合は〇に、富が一人に集中し他の全員にはまったく収入がないような完全に不平等な状態では一になる。二〇一七年の日本のジニ係数は、税引前の当初所得で〇・五六、税金や社会保険料を除き社会保障給付金と現物給付を加えた再分配所得で〇・三七となっている（厚生労働省　二〇一七）。これは、アメリカ（〇・三九）よりも低く、イギリス（〇・三六）とほぼ同じで、フランス（〇・二九）やドイツ（〇・二九）よりも高い（OECD 2019）。

近年のＩＣＴ技術にともなうグローバル化の新たな局面では、各国で格差の拡大が問題となっており、それを反映して、経済史研究においても過去におけるジニ係数の推計が盛んに行われている。その成果は、最近リンダートとウィリアムソンによってまとめられ、四四の地点・時点でのデータが利用可能になっている（Lindert and Williamson 2017）。イギリス（イングランドおよびウェールズ）については、一二九〇年、一六八八年、一七五九年、一八〇一年が利用可能で、工業化が本格化する直前の一七五九年では〇・四六であり、工業化の進行とともに上昇して一八〇一年では〇・五一となった。他方、日本は一八四〇年代の長州で〇・二〇、明治に入ってからの一八八六年の推計値では〇・三七となっている。(6) 工業化以前の日本は、実質賃金や一人当たり所得で見た場合には、イギリスよりもかなり貧しい社会ではあったが、より平等で、支配層が飛び抜けて豪奢な生活を送っているような社会ではなかったのである。

数量データの取り扱い

実質賃金や一人当たりGDPは、人々がどれだけ多くの財やサービスに市場を通じてアクセスできるのかという観点から作成された指標である。これに対し、より直接的に人々の生活の質を測ろうという試みも行われている。身体の健康状態を示す身長や体重などの体位、死亡率や出生時平均余命などの人口学的指標、文化程度を示す識字率などである。これらの指標は、時に一人当たりGDPなどとは異なった動きを見せる。イギリスの一人当たりGDPは、一八三〇年から一八五〇年にかけて一八ポンドから二二ポンドまで二二パーセントほど上昇したが（Broadberry et al. 2015）、身長については一七〇・七センチから一六五・三センチまで五センチ以上も低くなったという推計があるし、平均余命は四〇・八歳から三九・五歳にまで低下した（Voth 2004）。これらの数値から、一九世紀前半の急激な都市化が衛生環境を悪化させ、物質的な生活は向上したものの人々の健康にとっては芳しくない状況が生み出された可能性が指摘されている。

このように、数字を使って表現することは私たちの認識の幅を広げ、新たな議論を喚起する。身長一八〇センチという数量的な表現と、「背が高い人」という定性的な表現とを比べてみよう。身長一八〇センチの成人男性は、日本では「背が高い人」だが、オランダでは平均以下なので「背の低い人」になってしまうかもしれない。数量化されたデータは、より客観的であり強い説得力を持つ。

他方で、数量化のためには多くの仮定が置かれていることにも留意しなければならない。生存水準倍率で見たように、労働日数をどう取るか、どのような消費財バスケットを用いるか、世帯構成を単婚核家族とするか三世代同居とするかなど、仮定の置き方によって計算結果は大きく異なってくる。推計された数値を盲目的に信じるのは危険で、どういう手順で計算が行われたのかを常に意識しておく必要がある。

二〇〇〇年に及ぶ世界各国のＧＤＰ推計を行ったアンガス・マディソンは、数量化には新たな研究を誘発し研究過程を活発化させる働きがあることを強調したが、同時に、そうした役割を十分に果たすためには、「誰の目にも見えるように透明な形で記述されていて、その主張に異議をもつ読者が、新しい数量的資料を追加したり、その数量的資料の一部を削除したり、またその主張に替わる主張を提示したりすることができるようになっていなければならない」と述べている（マディソン　二〇〇四）。数量データを利用する側は批判的思考を忘れてはならず、作成する側は反証が可能なように透明性を確保しておくことが強く求められる。こうした営為によって、歴史的事象に対する私たちの理解は深められるのである。

（1） 0.66×300(日)/250(日) で計算。

（2） 注1の数値に、妻の賃金（0.66/250×0.5）の一〇〇日分を加えたもの。Yamamoto（2004）で用いた史料によると、女性農業労働者の平均的な年間労働日数は、およそ一〇〇日であった。

（3） [(0.66×300/250) +{(0.66/250×0.5)×100}]×2を分子として、1.5で除したもの。

（4） 「Common Seamen （50,000）」、「Labouring People and Out Servants （364,000）」、「Cottagers and Paupers （400,000）」、「Common Soldiers （35,000）」の合算。この表を含んだキングの論稿（*Natural and political observations and conclusions upon the state and condition of England*, 1696）は手稿であり同時代には刊行されておらず、一九世紀になって、チャーマーの著作の補遺として初めて活字化された。

（5） アレンの二〇〇一年論文で、一七〇〇～一八六〇年の時期のロンドンの賃金率として利用されているのはシュウォルツが作成した名目賃金系列で、大工とレンガ積み工の賃金を使って熟練建築職人の賃金率が計算されている（Schwarz 1985）。

（6） Lindert and Williamson（2017）で整理されている一八四〇年代の長州の値は、Saito（2015）を出所とする。Saito（2015）では、士、工商、農の三階層区分でしか世帯所得の情報が得られず階層内での格差も不明であることからジニ係数を直接計算することは避けられているが、人口比で二五パーセントの士、工商が国民所得全体の二八パーセントを占めるに過ぎず、人口比七五パーセントの小農が国民所得の七二パーセントを得ていたことを示し、「このことは、階層内での不平等度をゼロと仮定するならば、ジニ係数のレベルは〇・二をずっと下回ることを示唆する」とも述べている。

【参考文献】

厚生労働省（二〇一七）「平成二九年所得再分配調査報告書」www.mhlw.go.jp/toukei/list/dl/96-1/h29hou.pdf

（二〇一九年一一月二八日アクセス）。
斎藤修（二〇〇八）『比較経済発展論』岩波書店
高島正憲（二〇一七）『経済成長の日本史：古代から近世の超長期GDP推計七三〇－一八七四』名古屋大学出版会
深尾京司・斎藤修・高島正憲・今村直樹（二〇一七）「生産・物価・所得の推定」、深尾京司・中村尚文・中林真幸編『岩波講座　日本経済の歴史　二　近世：一六世紀末から一九世紀前半』岩波書店
古川貞雄（二〇〇三）『増補　村の遊び日―自治の源流を探る―』農山漁村文化協会
マディソン、アンガス（金森久雄監訳、二〇〇四）『経済統計で見る世界経済二〇〇〇年史』柏書房
Allen, R. C.（2001）“The Great Divergence in European Wages and Prices from the Middle Ages to the First World War”, *Explorations in Economic History*, 38
Allen, R. C.（2009）*The Industrial Revolution in Global Perspective*, Cambridge.（眞嶋史述・中野忠・安元稔・湯沢威訳、二〇一七『世界史のなかの産業革命　資源・人的資本・グローバル経済』、名古屋大学出版会）
Allen, R. C., J.-P. Bassino, D. Ma, C. Moll-Murata, and J. L. van Zanden（2011）“Wages, prices, and living standards in China, 1738–1925: in comparison with Europe, Japan, and India”, *Economic History Review*, vol. 64, S1
Bassino, J.-P. and D. Ma（2006）“Japanese Unskilled wages in International Perspective, 1741–1913”, *Research in Economic History*, vol. 23
Bowley, A. L., and G. H. Wood（1898–1910）“The Statistics of Wages in the United Kingdom during the last Hundred Years（during the Nineteenth Century）˙ Part I-XIX”, *Journal of Royal Statistical Society*, vols. 61–65, 68–69, 73

Broadberry, S., B. M. S. Campbell, A. Klein, M. Overton, and B. van Leeuwen（2015）*British Economic Growth, 1270–1870*, Cambridge

Chalmers, G.（1802）*An Estimate of the Comparative Strength of Great Britain*, London

Feinstein, C. H.（1998）“Pessimism Perpetuated: Real Wages and the Standard of Living in Britain during and after the Industrial Revolution”, *Journal of Economic History*, vol. 58, no. 3

Lindert, P. H. and J. G. Williamson（2017）“Inequality in the very long run: Malthus, Kuznets, and Ohlin”, *Cliometrica*, vol. 11, issue 3

OECD（2019）Income inequality（indicator）. doi: 10.1787/459aa7f1-en（Accessed on 28 November 2019）

Phelps Brown, H. and S. V. Hopkins（1955）“Seven Centuries of Building Wages”, *Economica*, New Series, vol. 22, no. 87

Phelps Brown, H. and S. V. Hopkins（1956）“Seven Centuries of the Prices of Consumables, Compared with Builder’s Wage-rates”, *Economica*, New Series, vol. 23, no. 92

Phelps Brown, H. and S. V. Hopkins（1957）“Wage-rates and Prices: Evidence for Population Pressure in the Sixteenth Century”, *Economica*, New Series, vol. 24, no. 96

Phelps Brown, H. and S. V. Hopkins（1959）“Builders’ Wage-rates, Prices and Population: Some Further Evidence”, *Economica*, New Series, vol. 26, no. 101

Rogers, J. E. T.（1884）*Six Centuries of Work and Wages: The History of English Labour*, London

Saito, O.（2015）“Growth and inequality in the great and little divergence debate: a Japanese perspective”, *Economic History Review*, vol. 68, no. 2

Schwarz, L. D.（1985）“The Standard of Living in the Long Run: London, 1700–1860”, *Economic History Review*, vol. 38, no. 1

Voth, H.-J. (2004) “Living standards and the urban environment”, Floud, R. and P. Johnson eds., *The Cambridge Economic History of Modern Britain*, vol. 1, Cambridge

Yamamoto, C. (2004) “Two Labour Markets in Nineteenth-Century English Agriculture: The Trentham Home Farm, Staffordshire”, *Rural History*, vol. 15, no. 1

第一一章　肉桂と徳川期日本
――モノから見るグローカルヒストリー構築へ向けて――

岡田雅志

一　肉桂から見る近世アジアの市場連関と日本

本章では、モノとその背景にある市場に注目することで、地域間の新たなつながりが見えてくることを示したい。具体的には、生薬《しょうやく》（漢方薬原料）として流通していた肉桂《にっけい》を事例に、一七〜一九世紀のベトナム、南中国、日本という三つの地域が市場を通していかなるつながりを有し、資源の生産、流通、消費に影響を及ぼしていたかを明らかにし、モノからのアプローチの有効性を示す。

肉桂はインドから東南アジア・南中国にかけて自生するクスノキ科樹木の樹皮であり、古代エジプトのミイラ製造に用いられるなど、貴重な香料としてユーラシア遠距離交易の重要な商品の一つであった（ただし、古代においては、消費サイドの断片的な史料しかなく、具体的な流通の実態は明らかではない）。さらに一六世紀には、地球上を覆うサプライチェーンが成立し、肉桂がグローバル商品となっていったとされている（スーザ　二〇一三）。しかし、これまでの研究は、主にヨーロッパの香辛料市場を念頭においたものであり、「アジアの物産を消費するヨーロッパ」というステレオタイプな歴史叙述への偏りが存在している（山田　一九五六など）。他方、本章で取り上げるのは、生薬としての肉桂[1]である。東アジア内に独自の市場を形成していた生薬を商品事例として取り上げることにより、これまで見過ごされてきたアジア内の市場連関が明らかになってくるだろう。

生薬としての肉桂と日本の歴史的な関わりといえば、古くは光明皇后が東大寺大仏に献納した薬種の中に肉桂が含まれていることが知られ、試料分析により南中国かベトナム産のものと推定されている。外国との交易機会が限られている時代において、外国産薬材は一部の権力者のみが入手できる貴重品であり、そうした薬材を所有することそれ自体が権力者の権威を可視化する威信材の役割を果たしていた。そうした状況が変わり、実際に一般の生薬市場に肉桂が出回るようになるのは対外貿易が活発となる近世以降と考えられる。徳川期（江戸時代）対外貿易史研究の泰斗山脇悌二郎は、唐船（や一部オランダ船）により、徳川期を通じて肉桂が大量に輸入されていたことをつとに指摘している（山脇　一九九五a・b）。ただその視野は、日中の二国間関係の域を出るものではない。実際には、日本に当初輸入された肉桂のかなりの部分が、ベトナム産であり、東南アジアも視野に入れて当時の肉桂の流通を考える必要がある。おりしも一七世紀から一八世紀にかけてユーラシア東部の海域アジア世界は、大きな転換期にあり、徳川期のいわゆる鎖国政策もその中に位置づけられるようになってきている。肉桂をはじめとする外国産生薬は、このようなダイナミックに変動する交易環境の中で流通していたのである。加えて、徳川期には、完全なものではないが、貿易量に関する詳細な資料が存在し、また、本草《ほんぞう》学・博物学の発展により、多くの関連書物が書かれ、しばしば流通状況についても記述される。そのため、生薬の流通に関しての質的分析も行いやすい。つまりは、これらの史料に基づき徳川期日本の肉桂流通を明らかにすることで、当時の海域アジア世界と生薬市場との関わりが見えてくる。こうした日本の史料の有用性を示すことも本章の目的の一つである。

二　徳川期の日本の生薬市場と肉桂

徳川期の肉桂輸入

図1は永積洋子がオランダ東インド会社の記録から、徳川期の唐船の輸入帳簿（唐船貨物改《あらため》帳《ちょう》）を復元した労作（永積　一九八七）に基づき、肉桂の輸入量の変化を示したものである。これは、いわゆる四つの口（長崎、薩摩、対馬、松前）による貿易のうち、長崎で合法的に行われた貿易についてのみ得られたデータであり、欠落している期間も多いのであるが[2]、徳川期を通じて肉桂が輸入され続け、とりわけ一八世紀半ば以降、安定的に大量の肉桂が輸入されていることがわかる。

徳川期、特に中期以降は、肉桂にかぎらず、生糸などに代わって大量の生薬（薬種）が輸入された時代であった（孫　二〇〇一）。これまで輸入品の大宗をしめていた生糸や砂糖の国産化が進んだことに加えて、徳川期の人口動態と気候変動が関係している。徳川期初期の一七世紀は、戦乱の終り、新田開発の活発化を受けて、大きく人口が増加した[4]。こうした人口増加と経済成長は、生薬市場の規模

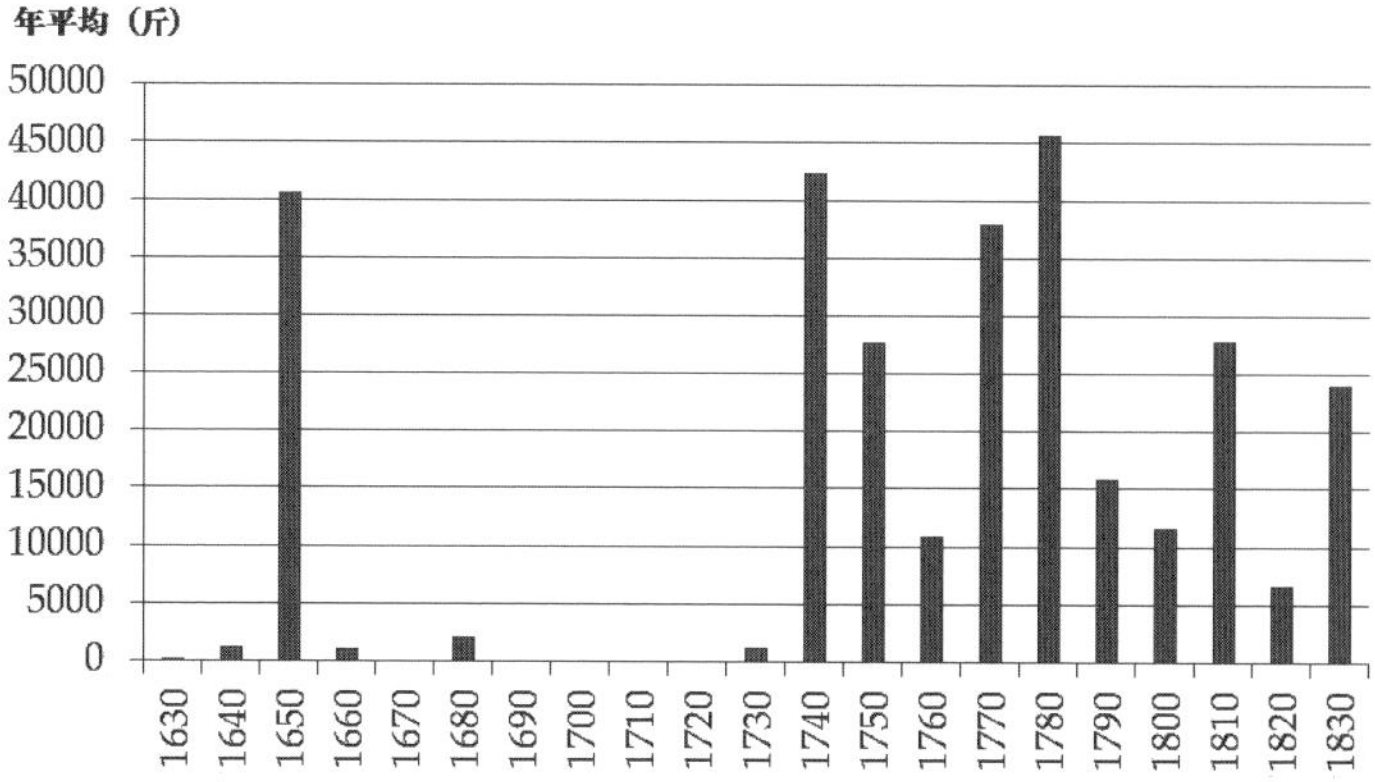

図１　唐船による江戸時代の肉桂輸入量
永積（1987）を元に筆者作成。

拡大に直結したと考えられる。また、小氷期と重なる徳川期は数十年のサイクルで寒冷化の波に襲われており、この気候環境下での罹病《りびょう》のあり方は、発表（発汗）を促し、健胃作用を持つ肉桂の需要に影響を与えていた可能性がある。

医療の大衆化と古方派の台頭

宮廷医や中国に留学した僧侶が中国医学を伝え実践した中世と異なり、近世は、中国大陸との知の交流が活発化し、中国医学を取り入れつつ、日本独自の医療文化を形成した時代でもあった（徳川期後期には蘭学を通じた西洋医学との交流も進む）。近世初期に人気を博したのは、曲直瀬道三《まなせどうさん》に代表される、当代中国の最新医学説を重んじる後世方派と呼ばれる学派であったが、一八世紀以降、従来の古典に基づく処方を重んじる古方（古医方）派が力を持つようになる。このことは、特に肉桂の流通と大きな関わりがあった。

後世方派が依拠する中国の金・元医学の病理論が観念

論に陥っていると批判した古方派は、漢代に張仲景が著した『傷寒論』など古典への回帰を主張したが（考証学の影響を受けた徳川期の学術全般の潮流でもある）、これら古典の処方で基本薬として重視されたのが肉桂であった。徳川期には、膨大な数の中国医薬書が輸入され、人気のあるものは日本でも復刻されていったが、その中で目立つのが、古方派の重視する『傷寒論』『金匱《きんき》要略』であったという（真柳　一九九三）。これらの医薬書で頻繁に言及される肉桂の需要は自ずと高まったと考えられる。(5)

もう一点重要なのは、こうした古典注釈書の復刻が、巻数が少なく読みやすい書に集中していたという点である。これは、当時の医療の大衆化に対応している。幕府の医官から、都市の町医、地方の在村医にいたるまで、中国伝統医学の知識をもって治療にあたる専門家の裾野が広がる中、幕府の医官は後世方派が多かったのに対し、在野の医師達の間で人気があったのが古方派であった。さまざまな現場で医療に従事した医師達の間では、中国医学の最新理論よりも、理解が容易で拠るべき原典がはっきりしている古方派が選好され、その結果、簡便な注釈が求められたのであろう。一八世紀以降、肉桂が安定的に輸入し続けられたのは、安定した人口と経済を背景とした医療文化の大衆化が背景にあると考えるべきである。

本草書の記述に見る肉桂の流通

江戸初期の本草書は、中国の本草書に書かれた生薬の紹介が中心で、長崎で入手した『本草綱目』を徳川家康に献上したことで知られる林羅山が著した『多識編《たしきへん》』（一六一二）では、「桂・箘桂」が和名カズラに比定されている（平安時代に書かれた『本草和名《わみょう》』などでは肉桂に和名を当てていない）。

表1　本草書・博物書に見える市場流通肉桂

（成立年は主に真柳誠「日本の医薬・博物著述年表」による）

番号	書名	海外産地	記載内容	国内産地	記載内容
①	『新添脩治纂要』（1640）巻3			松浦	日本に松浦桂心と云て皮甚厚して味い淡きあり。本草に淡桂と云、又天竺桂と云、味淡とある程に日本の桂心と云は此淡桂のことなるべし薬性ことなることなし。但淡桂は性よわき也。日本にては昔から肉桂と桂心とを分る也。
②	『本草辨疑』（1681）巻4	東京	今薬舗に4種あり。肉桂・官桂・東京（とんきん）肉桂・桂心なり。桂枝に二品あり。只の桂枝とわら桂枝となり。是、官桂の一種也。**東京と云は最も上なり**。味甚だ辛く甘く、**長さ尺許（ばかり）ありて細く裁て木の皮にてつなぎたる者也**。悉く味良し。次は肉桂なり。又尺桂共云う。**味能けれ共半分は古くなりて辛からず。**	松浦	桂心と云物は和物にして松浦（まつら）桂心と云物なり。真の桂心にあらざれども、是も庸医外の物と心得て薬舗又之を知らずして偽り誤て充つ。斯の如き類甚だ多し。
③	『和漢三才図会』（1712）巻82	東京 交趾 広西潯州 咬𠺕吧 暹羅	〔肉桂〕但官桂は最上の肉桂、則ち今の東京肉桂以て充つべし。東京（即ち安南国交趾の別国なり）の産は肉厚く、長さ尺許り細く裁ち、木の皮を以て之を縛る、甚だ辣して、風味佳く、舌に粘らず。交趾の産之に次ぐ（東京は肉桂多く桂枝少なし、交趾は桂枝多く肉桂少なし）、広西潯州も亦た之に次ぐ。咬𠺕吧（ぢゃがたら）・暹羅（しゃむ）の産は舌に粘る。**近年中華の船にも亦た肉桂あり**皆東京に及ばず。	薩州川内 尾州 奥州 阿波 土佐	〈桂心〉**今薬肆に販る所の桂心は多は倭桂を用う。薩州の川内より出る肉桂を単えに桂心と名て之を用う。皮厚く、香気甚だし**。唐より来る桂心は香り少し。蓋し、肉と心との差別なし。誤り来るのみなり。気味苦辛。〈桂〉尾州・奥州及び阿波・土佐多く之を出す。蓋し柏・桧の葉に似ず別に此れ一種なるか。
④	『薬籠本草』（1727）巻下	東京 交趾 阿港 （マカオ）	近ろ清より来る者種類多し。東京あり、交趾あり、阿港あり。東京なる者を以て最上と為す。又、官桂あり、皮厚く辛辣にして、香気稠粘せざるは良し。**清より来る桂多くは木蘭皮・辛夷皮を混雑す。**須く揀去すべし。……近ろ薬店に東京肉桂と称する者は皮薄く、辛辣なれば即ち桂枝なり。		本邦桂は即ち菌桂なり。清より来る者に如かず。然も鄙僻の地薬物に乏しければ之を用うるは可なり。新たに採る者は香気薄し。剥取して帋に裹み筐中に蔵ること一年許して之を用うれば香気発出す、甚だ佳し。

⑤	『一本堂薬選』(1729) 上編	東京 交趾 広東	且つ旧説に拘て皮の厚薄に泥るべからず味の厚き者は用ゆべし。今の海船の載せ来る所の交趾桂及び東京桂と呼ぶが如きは是なり。厚皮にして味薄き者も間ま亦た之あり。／筒桂は即ち菌桂なり。或は半ば巻き、或は二三重、四五重に至り、皮薄く、外赤く、内は紫にして気味稍薄くして、微に渋みを帯ぶ。薬舗呼て広東の赤（あか）肉桂と呼ぶと為す者是れなるのみ。	松浦 薩摩州	今の松浦桂心と称する如き者の決して用ゆべからず。此の邦も亦た但だ絶品少なきのみ。／〈菌桂〉此の邦、近年、薩摩州に出る者稍や佳く、闕を補うに足る。又、俗に藪桂（やぶにくけい）と称する者も亦た桂類の粗悪下品なり。薬用に入らず。
⑥	『薬品辨惑』(1754) 巻上			伊豆 肥前松浦	和邦伊豆肉桂は漢の菌桂（たけのは）の類なり。和のたもは天竺桂なり。又、和に巻き肉桂と云は肥前の松浦肉桂なり。又謬て桂心とも称す。
⑦	『本草綱目啓蒙』(1802) 巻30 （＊〔〕内は国立国家図書館蔵本にのみ見える門下生のものと思われる補注）	東京 交趾 広南	桂古は東京を上品とす。その味甚だ辛甘にして香気烈し。長さ一尺許、細くわりて木皮にてつなげり。故に〔薬店に〕マキ肉桂と呼ぶこの品、今絶えてなし。交趾の肉桂は辛味多けれどもねばりあり、故に古は上品とせず、東京の次とす。〔前渡の江南桂あり。是れ桂皮にして辛みもあり。今の交趾より江南が勝しなり〕。今、薬舗に東京と呼ぶものは皆下品にして偽物多し。本経逢原に謂ゆる〔医学入門に鉄板桂と云〕板桂なるべし。今は古渡上品の東京なきゆえ交趾を上品とす。しかれども交趾の真物も久しく渡らず、古渡〔は辛味強く気烈して上品なれど〕も甚だ稀なり。故に、今薬舗に、広（かん）南の内より味辛きものを撰び出して交趾と名け売る。その肉桂・折桂・桂枝・扁（ひら）桂枝・草（わら）桂枝等と名くる者も皆広南中より撰び分つ者なり。又、紅毛肉桂あり。形狭くして、長さ二三尺、粗皮なくして赭黄色、厚き者は味辛く、薄き者は味淡し、他桂の味と相反すこの者上品なれども今少し。〔寛政中唐船〕新渡の桂は皆皮〔巾五六分長一尺許に切てあり〕厚して味淡しく〔辛味少し〕下品なり。（後略）	九州 四国	享保年中南京種来り今諸州官園に甚多く繁茂すこの種京師花戸にも多し。……この皮香気はあれども辛味少して渋味を帯ぶ。桂は熱地の産にして東京・交趾皆南方なり。嶺南桂州はこの木あるに因り名く、移して嶺北に栽ゆれば気味殊に辛辣少し、薬に入るに堪えずと頌の説に云り。漢種の本邦に栽て味の変ずること宜なり。九州・四国には和産の桂あり。その形状、香味皆漢種に同じ〔と雖も渋みあり。小枝を出し花を放く。形唐種肉桂に同じ。後実を結深秋熟して黒し、大さ楮の実ほどあり。栽て生易し〕。今天竺桂の根皮を采り売る者あり。貯者は香味共に良なり。然れども本草に根皮を用ゆること見えず。

⑧	『日用薬品考』(1810) 不分巻	東京 交趾 広南 紅毛	古渡の東京・交趾の二品気味最厚く上品なれども今甚希なり（東京は長さ尺許り、細くわりて木皮にてつなげり、故にとまき肉桂と云。交趾は枝皮にして二三重巻くものなり、故にまき肉桂という。是、綱目に謂う所の箘桂なり）。今市人交趾と呼ものは皆広南桂の中より形相似て辛味多き者を択出し、謬り名る者なり。今薬舗に售るところの者は紅毛（オランダ）肉桂を上とす（皮厚きものは味辛く、薄き者は味淡し、他桂と反す。麁皮なく赭黄色なり）。広南の者之に次ぐ。東京と呼ものは下品なり（是本経逢原に謂う所の板桂なるべし）。		〈桂枝〉薬舗に扁様（ひらで）（ささばで又ひらひらでとも云）と呼もの佳なり。藁様（わらで）、折様（おれで）と呼もの之に次ぐ。是れ皆広南桂の中より択出分ち名るものなり。**和産多し、又漢種を栽しものあれども倶に辛味少なく、渋味あり（凡そ桂は熱地の産にあらざれば佳ならざるべし。これを嶺北に栽れば気味殊に辛辣少く、入薬にたえずと蘇頌も云り）。**……或いは天竺桂（やぶにっけい）を雑ゆる者あり、択べし。大抵その桂心と呼もの及び本手の桂心（市人並びに桂辛と書す）。又、巻肉桂と呼ぶ者は皆樹皮なり。ねかわと呼ぶものは皆根皮にして或いはその薄き者をねかわ桂枝と云、厚き者をねかわ肉桂と云。根皮は樹皮に比すれば辛味香気倶に厚しといえども方書に根皮を用るふなし（この外くすかわ及びいなかと呼ぶものは皆天竺桂にして尤だ用るにたえず）。
⑨	『本草図譜』(1828) 巻77		**近来、舶来の物小偽物を雑え渡る、或いは莽草皮（しきび）或いは樟皮（くす）を混ず。宜しく選びてもちいるべし。**	豆州 蝦夷 土佐 尾州	一種、くろらか（豆州）／らんこ（蝦夷）。和産自生の者なり。豆州及小笠原島等の暖国に多し。葉の小なるは樟葉の如く大なるは柿の葉のごとくにして光沢あり。……又、**土佐より出るものあり。味い辛くして香気強く、これ和種なるべし。偽物なる舶来の品より却て上品なり。薬として用うるに甚だ効ありと云。** おらんだにくけい（花戸）／交趾桂（尾州）……本邦にある品に西国に自生して江戸に来る者に其葉甚小にして長一寸許、幅四五分にて形指甲の如く葉背微毛あり。…… 天竺桂（やぶにっけい、松浦にくけい、だも）……樹皮をとりて桂と名づけ出せども気甚だ薄く味も下品なり。近来根皮を採て真の桂皮と名け出すといえども薬用にたえず。

⑩	『古方薬品考』（1840）巻1	東京 広南 交趾 紅夷	〈撰品〉桂枝、舶来の者佳なり。薬舗にその皮薄く広さ三四分の者を分て、比良様（ひらで）と呼び、その嫩皮を和良様（わらで）と呼ぶ。時珍が謂う所の柳桂是なり。〈撰品〉肉桂、舶来に数品あり。其の東京桂と称する者、厚さ一分許にして、色紫赤、味辛く甘き者を上品と為す（或いは是宇（せう）肉桂と呼ぶ）。而るも優劣相混す。其の裏面黒色を帯び辛味が薄き者は下品なり。**今の広南桂と称する者、皮薄く、辛味厚からず。**又、**旧舶の広南と称する者、皮厚く一二重巻て、色紫黒、味極て辛く甘し（久呂（くろ）皮肉桂と呼ぶ）**。又、交趾桂と称する者、形東京桂の如にして、深紫色、味も亦た厚し。此の二品は今載せ来る者と同じからず。又、紅夷（オランダ）桂あり、皮巻て薄く、外面赤色、味辛美なる者用ゆべし。陶弘景がいう丹桂は是なり。	土州 薩州 紀州 和州 城州	漢土の者辛味枝上にあり。本経に謂う所の牡桂是なり。本邦産のものは辛味唯だ根にあり、故に根皮（ねかわ）桂と称す。今、土州・薩州に出る者は色紫赤、紀州の産は赤色、凡そ味は辛く甘く、渋からざる者は倶に用ゆべし。又、邦桂の枝皮は味淡薄にして用るに任へず。而るに商人私かに之を取て桂心と呼ぶ。和州・城州諸州の産は下品。又、邦桂の枝皮は味淡薄にして用るに任へず。而るに商人私かに之を取て偽雑を為す者間まこれあり。又、その幹皮を取て桂心と呼ぶ。辛味薄く、香気厚し。以て香具（におい）の用を為すのみ。方書に言う所の桂心は此れと同からず。又、花戸（うえきや）に交趾肉桂あり、又、天竺（だむ）桂あり。皆薬に入らず。

一方、その後に書かれた本草書は、時代が下る毎に、参照する中国本草書の数も増え、国内の薬種に関する記述も増えてくる。それにともない薬種の流通状況に関しても記載されるようになる。これらの記述を海外産と国内産に分けてまとめたのが表1である。[6]

本表中で、海外産肉桂について言及している最も古い本草書は一六八一年成立の『本草辨疑《べんぎ》』（表1②）で、東京《とんきん》肉桂の名が見える。東京は当時のベトナム北部を指す呼称である。その品質の良さが強調されており、東京産が高級肉桂の代名詞であったことがわかる。また、「枝皮ではなく幹皮から採取した肉桂を三〇センチ余りの長さで縦に細断されている」と流通品の形状についても詳細に記されている。『本草辨疑』にはそれ以外の肉桂産地への言及はないが、約三〇年後に成立した、『和漢三才図《ず》会《え》』（表1③）に挙げられている地名は広西潯州《じんしゅう》を除き全て東南アジアである。他方、前述の唐船貨物改帳によれば、一七世紀に肉桂を積んで来航しているのは東京船、広南（ベトナム中部）船などベトナムから出帆してきた船が多いものの、広州、厦門《アモイ》、漳州など南中国の諸港（に加えて鄭氏支配下の台湾）から来た船も大量の肉桂を積み込んでいる。とはいえ中国から来た船に積まれている肉桂の産地が東南アジア産である可能性も大いにあり、また、『和漢三才図会』に「近年は中国の船でもたらされる肉桂もある」という記述があることも加味すれば、一七世紀においては、肉桂の大半は東南アジア方面からもたらされ、その中でもベトナム産の肉桂の品質が高いという認識があったことがうかがえる。(7)

このように一七世紀には、東南アジアや中国から来た貿易船が日本に大量の肉桂をもたらしたわけであるが、安定したサプライチェーンが形成されていたとはいえない。前掲のグラフを見ると一七世紀の輸入量は年代により大きな差があり、また『本草辨疑』には、薬屋の肉桂の半分は古くなって辛味（舌を刺すような刺激のことで、辛味が強い方が高品質とされる）が失われていることが書かれており、定期的な仕入れが困難な状態であったことが想像される。その原因のひとつには、肉桂産地の政治状況の不安定があったと思われる。明清交替期にあった中国大陸は、一六八〇年代の初めまで、南中国を舞台に復明運動、三藩の乱など戦乱が続き、また主要産地のベトナムも軍事抗争の最中にあった。『華夷通商考』（一六九五）の下巻・外国・東京の条には以下のように記されている。

この国は本来交趾《こうし》国の都であったのが、最近になって東京と交趾とがそれぞれ別の国になって戦争が絶えない。元は一国であり兄弟国であるが、後の子孫の代になって争いが起ったのである。

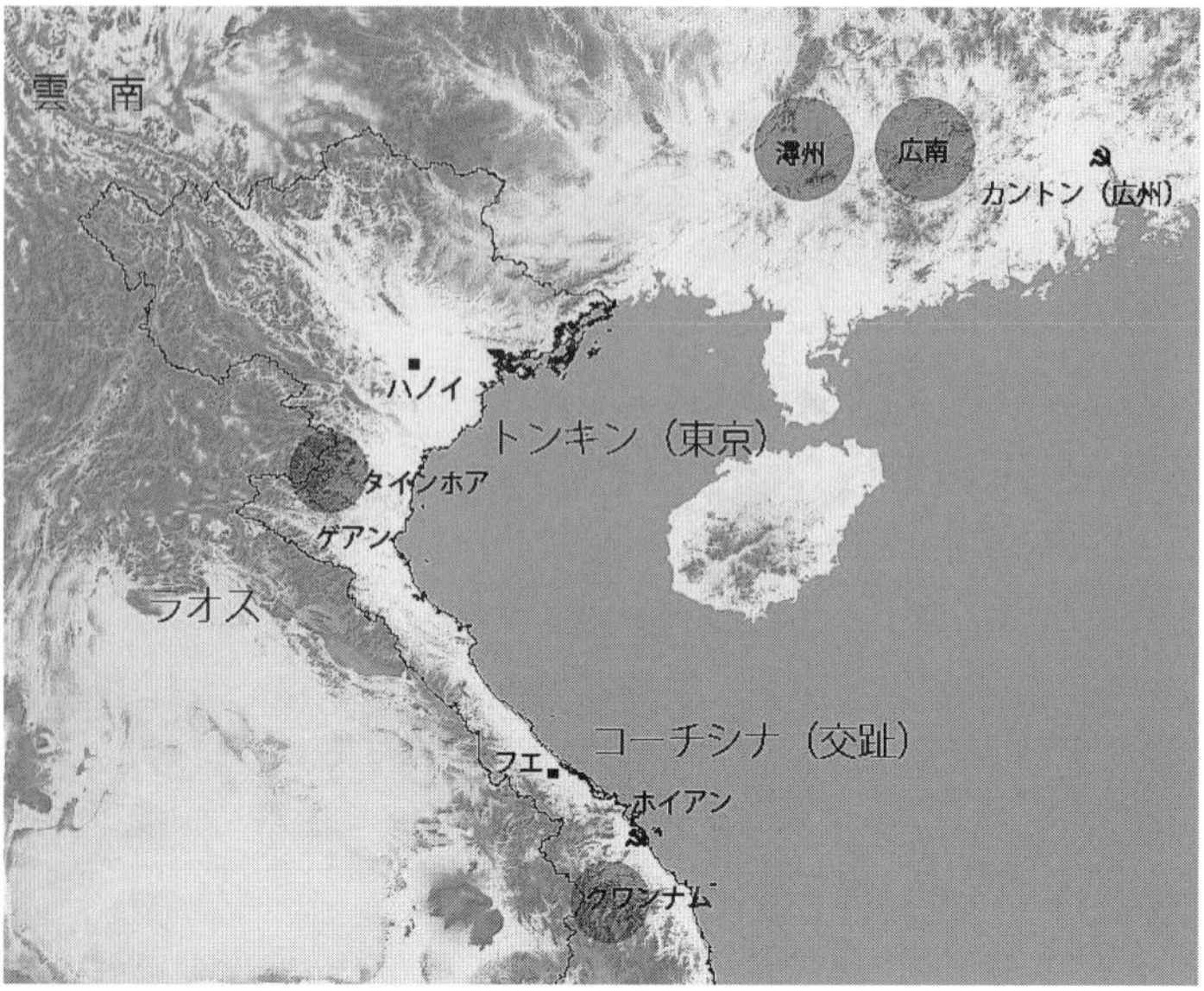

両国の境にキヤンという山がある。この山の肉桂は天下第一であったのを、兵火でキヤンの山は焼けてしまい、近年良質な肉桂がもたらされなくなった。（下巻・外国・東京）

当時のベトナムでは、一五世紀に成立した黎朝が分裂状態に陥っており、黎朝皇帝から実権を奪った鄭氏が支配するトンキン（東京）と、鄭氏の圧迫を逃れ、中部に拠点を置いた阮氏の支配するコーチシナ（交趾、広南王国ともいう）との間で抗争が繰り広げられていた。記事にあるキヤンというのは、鄭氏支配下にあるベトナム北中部の地名であるゲアンが転じたもので、この時代の日本史料や地図に散見される（東京肉桂の肉桂産地として最も有名なのはゲアンの北のタインホアの山中であるが、隣接するゲアン省の山中でも高品質の肉桂が産出されることが知られている)。ベトナム側の史書に、肉桂を産する山が焼けたという記事はないものの、一六五〇年代後半に、阮氏の軍がゲアン地方まで攻め上っており、肉桂が産する内陸地域も戦場となっているので、『華夷通商考』の記事はこの時の戦争のことを指していると思われる。やや想像をたくましくすれば、阮氏の軍隊は、戦略的に肉桂の山林に火を放ったということもあったかもしれない。なんとなれば阮氏の支配する中部のクワンナム(広南)地方にもよく知られた肉桂産地があったからである(地図参照)。唐船貨物改帳によれば、一六四の年代から一六六〇年代にかけて両地域から日本へ大量の肉桂が輸出されており、両者は肉桂の輸出を巡っても競合関係にあったことがうかがえる。ただし、この戦争でトンキンの肉桂の山林が全て焼けてしまったとは考えにくく、日本で東京肉桂が入手しにくくなったのには別の理由が考えられるのだがそれは後述したい。

いずれにしても、東京肉桂が一般の市場に流通しなくなると、今度は交趾肉桂が日本で事実上の高級肉桂の座を占めるようになる。一八〇二年に書かれた『本草綱目啓蒙』(表1⑦)を見ると、「現在、昔に将来された上品の東京産がないため、交趾産を上品としている(引用者注:上品は本来、薬種の機能による分類カテゴリーであるがここでは品質を指すと思われる)。しかし交趾産の本物も長らく将来されず、以前に将来されたものも非常に稀である。それゆえ、今、薬屋では、広南産の中から辛味の強いものを選び出し、交趾産として売っている」とあり、交趾肉桂も次第に入手困難となっていったことがわかる。この記事にある広南産というのは、ベトナムの広南地方のことではなく、広東省西部の肉桂産地を指しており、一九世紀に書かれた本草書では頻繁に言及されるようになる。その品質は、皮が分厚く、味が薄いと低級品の烙印を押され、『日用薬品考』(表1⑧)は、現在薬屋に並ぶ肉桂の中では、紅毛（オランダ）がもたらすセイロン肉桂の方が品質がよいと評価している。また、同書では、現在、東京と称しているものは、中国本草書で板桂と呼ばれるものにあたり、下級品であるとしており、稀少品となった東京産肉桂を騙った偽物が横行していたことがわかる。[8]このように、一世を風靡したベトナム産肉桂は、一九世紀初頭までに、日本の生薬市場でその姿を見ることが困難となっていたことがわかる。このような状況が生まれた理由を理解するために、今度は、当時の国際交易環境に目を転じてみよう。

三　一八〜一九世紀のユーラシア東部における薬種交易の変容

前節では、徳川期を通じて需要された肉桂であるが、その商品供給地をめぐっては大きな変化が見られることがわかった。本節では、供給地の変化を理解するために、肉桂をめぐる当時のユーラシア東部海域の交易環境を考察する。

近年、一七世紀半ば以降の東シナ海を「すみわけの海」として捉える見方が有力となりつつある。銀と商品が世界を駆け巡り、交易の富により強大化した政治勢力が覇を競った一六世紀以来の商業ブームが、一七世紀の半ばに後退局面を迎え、世界的な経済危機及びそれに連動した政治混乱の時代に入る（危機の一七世紀）。そのような中、明に代わって中国本土を支配した清は、台湾を拠点に復明を目指す海上商業勢力の鄭氏政権の弱体化を狙い、沿海住民を強制的に内陸に移住させる遷海令を発布したものの、一六八三年に鄭氏が降伏するとこれを解除し、沿海の指定港において、海外渡航貿易と外国船の入港貿易（互市）を認め、海関を設置してこれを管理させることとした。その結果、対明国交回復が成功しないまま民間チャネルで通商する形で管理体制を確立していた徳川政権とは、互市の下で通商することとなり、国家間関係を公的に規定しない清、徳川の両政権と、両者と政治的関係を結んだ朝鮮、琉球が並立するという、複雑ではあるが安定した状況が成立したのである。こうした政治秩序の確立を背景に、清以外の各政府は、自国民の海外渡航を禁止し、政府管理の下、公許を得た中国商人をエージェントとして貿易を行った。ただし、公的貿易の枠を超えて彼らが自国経済に入り込むことは認めなかった（羽田編 二〇一三）。他方で、南シナ海では対照的な状況が進展していた。

南シナ海を取り巻く東南アジアの諸政権の多くは、中国商人の渡航を、落ち込んだ財政を立て直す機会として歓迎した。また、一八世紀に入ると、清の安定した支配やメキシコ銀の安定的流入を背景とする経済回復によって、中国の人口は急増した。高まった人口圧は、海外や内陸のフロンティアへ人の流れを作っていった。こうした流出人口の受け皿となったのも、土地、資源に比して人口が少ない東南アジアであった。東南アジアの沿岸地域に移住した移民達は、中国の先進技術で鉱山開発や商品作物栽培を行い、それを中国商人が中国市場に持ち込む形で、中国と東南アジア各地の経済的結びつきは急速に強まった。東南アジア史ではこの時代を「華人の世紀」と呼んでいる。当時、対東南アジアの窓口となったのが広州であり、東南アジアからさまざまな商品が吸い寄せられるように集まっていった。ベトナム産肉桂もそうした商品の一つだったのである。

とりわけ、ベトナムは、広州から距離が近く、特にトンキンは陸でも中国と境を接しているために、肉桂は中国商人の格好の標的となった。トンキンの鄭氏政権は、肉桂の専売制を敷いて、採取・流通の管理を試み、中国商人の内陸への無許可入境を禁止するなど、さまざまな方策を打ち出したが、山地で採れる肉桂は、内陸ルートでそのまま中国に運ぶこともできるため、政府による管理には限界があったと思われる[9]。一七六〇年代にベトナムに隣接する広西鎮安府に地方官として赴任した趙翼は、当時の過剰な肉桂開発の状況を次のように記している。

> 肉桂はベトナム産のものが上品である。ベトナムでもタインホア（清化）産のものが特に上品とされる。広西の潯州の肉桂は、みな住民が栽培するものであり、山中に自生するものではないため、品質で劣る。しかし、タインホアの肉桂は今では入手できない。ベトナムの政府が禁令を出し、入山し肉桂を採取しようとする者は、先に五〇〇両を納付してはじめて入境が許される。入山できても、元を取ることは難しい。指の大きさ程度の肉桂も残らず採りつくされている。そのため、この肉桂品種はもはや存在しない。ベトナムの朝貢の年には、多くの中国住民が（朝貢使節団から）肉桂を購入しようとする。ベトナム人は先に潯州にむかって肉桂を購入し、熱を加えて曲げ、ベトナム肉桂の形を作る。知らないものは愚かにも騙される。（『簷曝《えんばく》雑記』巻三）

ここから、中国の栽培肉桂と異なり、タインホア産の天然肉桂（東京肉桂）は、中国でも高級品として人気があり、それゆえ乱獲が進んでいたことがわかる。こうして稀少化したタインホアの肉桂は、一九世紀になると、王朝権力と結んだ少数民族首長の下で厳格な資源管理が進み、滅多に市場に出回らない幻の不老長寿薬として知られるようになってゆく。他方、ベトナム中部（交趾）の肉桂産地では、需要増加にともない栽培が普及し、生産量は増加したはずであるが、ホイアンの華人商人を通じて大量に広州に輸出され、おそらくそのほとんどが中国市場で消費されたため、日本の市場には出回らなくなったと考えられる。前節で見た日本市場からのベトナム産肉桂の退場は、このようなユーラシア東部海域世界の（内陸世界とも結びついた）貿易構造の変化の結果なのである。

広州は昔から両広地方（広東・広西）で採れるさまざまな生薬原料を海路搬出する積み出し港であったが、このように、膨張する中国市場に対する、肉桂を含む東南アジア産生薬原料の集散地としての役割を強めるにしたがって、広州の後背地でも、生薬原料の生産が一層刺激されることとなった。この時期、古くから肉桂を栽培していた広西の潯州以外にも、河川交通で広州とつながる西江流域一帯に肉桂生産が急速に広がっていった（穆　一九八七）。一七五七年に、広州がイギリスの交易拠点となり、アジアの熱帯産物を欧米市場に送り出すセンターとしても機能するようになると、この傾向はより顕著になってゆく。一九世紀の日本の本草書に、ベトナム産に代わって広南産肉桂が用いられているると記されていることはすでに述べたが、それは、こうした広州後背地の肉桂生産の拡大を背景にしたものであると考えられる。

一八世紀以降の本草書には中国産肉桂の品質の低さを強調するものが多いことから、中国産の中でも品質の低いものがようやく日本に入ってくるという状況があったことがうかがえる（表1④⑤⑦⑨⑩）。④の『薬籠本草』（一七二七）において、マカオから肉桂が入ってきている記述があることから、ポルトガル商人もこうした交易環境の変化に役割を果たしていたのであろう。[10] 加えて、一七五七年以降、品質の良し悪しがあまり問われない欧米向け精油原料として肉桂生産が拡大したことも、生薬としての品質低下を助長した可能性がある（『本草綱目啓蒙』の記述から寛政年間（一七八三〜一七九三）以降の輸入肉桂の品質低下が特に著しいことがわかる）。このように、国内外の生産地が広州を介して中国市場と結びついた結果、市場の階層化が進み、中国国内市場で評価の低い商品が日本を含む中国周辺地域に市場を求める構造ができあがっていったと考えられる。以上でのべたようなユーラシア東部の薬種交易をめぐる環境の変化とそれに伴う市場構造の変容は、日本の国内市場の別の動きにも影響することとなった。次節では、再び日本国内の動向を見てみよう。

四　日本における肉桂国産化とその背景

日本では、八ツ橋に代表される菓子香料としても肉桂が利用されてきた。現在では、中国からの輸入品を香料として利用しているものの、徳川期には、国産肉桂によって賄われていたことが知られている。生薬としても、現在の日本薬局方は南中国の栽培種*Cinnamomum cassia Blume*を基原植物としているが、かつてはケイヒ（桂皮）の同効薬として、国産肉桂品種がニッケイあるいは日本ケイヒの名称（学名は*Cinnamomum lourairi*）で収載されていた（佐竹　二〇一二）。この国産品種については、日本の自生とするもの、外来品種とするものなど諸説ある。なぜならば、徳川期に肉桂の国産化が試みられたからである。本節の目的は品種の問題にあるのではなく、国産肉桂の市場動向を検討することで肉桂国産化の背景をより広い文脈に位置づけることにある。

表1には、国産肉桂に関する記述も掲載したが、①の『新添《しんてん》脩《しゅう》治《じ》纂要《さんよう》』（一六四〇）には、すでに

松浦《まつら》桂心という国産の肉桂品種について記されている。この品種は後の本草書においてヤブニッケイという今でも日本各地で自生するのを見かける在来種に比定されている。(11) なお、ヤブニッケイには薬効成分は確認されないようであるが、本草書には、肉桂とは異なるものの、日本の薬方においては以前から用いられてきたと記すものが複数ある。自生説は、この松浦桂心ではなく、琉球原産のものが、享保年間(一七一六〜一七三五)に日本に入ってきたのだとする(牧野 二〇〇〇)。他方で、外来種の定着説を採る場合の根拠となったのは、吉宗の時代に外国から種を取り寄せ、栽培させたという事実であり、いずれにしても、吉宗の時代が鍵となる。

第二節で述べた通り、徳川期における生薬需要の増加は、日本の貿易輸入額を押し上げることとなった。貨幣素材となる貴金属の流出を危惧した幕府はさまざまな貿易量制限策を進めたが、八代将軍吉宗の時に、輸入額を抑えるために打ち出したのが、生薬の国産化政策である。当時の度重なる疫病への対策も兼ねるものであった。政策は主に二つの内容からなり、第一は、薬材となる植物の代替可能種の全国調査(採薬使の派遣)で、第二が、薬草園における外来生薬基原植物の栽培と普及であった。後者については、江戸の小石川薬草園などだけでなく、気候、土壌の適性を考慮し、全国各地の薬草園に植物種苗が下賜され、栽培が試みられた。この時期、博物学への関心が高まっており、また各藩の財政窮乏もあいまって、薬用植物の資源開発が全国的に進み、朝鮮人参の国産化や、大和当帰《とうき》などの在来種の商品化が起こった(髙橋・小山 二〇一五)。

肉桂についても、伊豆大島、奈良などで享保年間以降、幕府から下賜された中国産やベトナム産肉桂種苗の栽培が行われたことが記録に残っており、特に南京種と呼ばれる品種は各地の薬草園で栽培に成功したようである（表1⑦）[12]。とはいえ、温暖湿潤な気候や、水はけが良好かつ肥沃な砂質土壌など、品質のよい肉桂を育成するには条件が限られていたため（小学館　一九九〇）、人参や当帰のような国内需要を賄うレベルの国産化は起こらなかった。表1の本草書の多くは、市場に出回る国産肉桂を和種とし、薬園で栽培された外来種とは区別している。また、⑧『日用薬品考』（一八一〇）には、「国産が多い。それに加えて漢種を栽培しているものもあるが、いずれも辛味が少なく、渋みがある（そもそも桂は熱帯で産出したものでなければ良い品質とはならない。これを嶺北で栽培すれば気味の辛辣が少なくなり、薬に処方するのに用いることができないと（引用者注：『本草図経』を著した北宋の）蘇頌《そしょう》も言っているところである）」とあり、外来種の栽培品が一部市場に流通しつつも、品質面では問題があったようである[13]。

一方、和種とされるものはいつから流通していたのであろうか。『和漢三才図会』に、薬屋で桂心として売られているのは倭桂（国産肉桂）で薩摩川内《せんだい》地方産の肉桂の品質がよいと紹介されているが（表1③）、本書は吉宗が将軍になるより前に書かれたものである[14]。以降の本草書では、松浦桂心は薬として用いるべきではないとする一方で、近年薩摩で採れる肉桂はある程度品質がよく、市場の肉桂の不足を補うに足りると評価しており（表1⑤）、従来から知られていた松浦桂心とは別物として認識されている。つまりは、吉宗が国産化政策を行う以前から、輸入肉桂の代替品となる和種が新たに見出されていたということになる。これは、日本における需要の増加や貿易量制限に加えて、前節で述べたように、肉桂の国際流通の流れが大きく転換したため、市場で肉桂が不足し、代替品が求められていたからではないだろうか。さらに、表1からは、一八世紀後半にかけて土佐、紀伊など太平洋岸の地域を中心に、和種とされる肉桂の栽培地への言及が増え、市場での存在感を増してゆく様子がうかがえる。一八世紀半ば以降は、肉桂輸入量は安定、あるいはやや過剰気味であったとされるが（山脇一九九五b）、そうした中で和種が市場で一定の評価を固めてゆくのも、高品質なベトナム産肉桂が通常には流通しなくなり、代わって南中国産の低品質な肉桂が市場を支配したことが関係しているといえよう[15]。

もちろん、生産者側の工夫や努力があったことも忘れてはならない。一九世紀の本草書は、樹皮以外にも根皮の利用に度々言及するようになる（表1では⑦が初出）。これは国産肉桂独自の利用法である。また、一九世紀半ばの農書『広益国産考』（巻七）には肉桂の詳細な栽培法が記載されており、金肥の利用など、商品価値を高めるための種々の工夫が行われたことがわかる。このように商品作物としての肉桂の栽培が定着する過程で、菓子香料への利用など新たな資源利用の文化も生まれていったと思われる。以上のような、当時の国際的な市場環境と国内栽培地での取り組みがあって、『本草図譜』（表1⑨）にある「（土佐の和種は）偽物の舶来の品より却って上品で薬として用いるのに非常に効能が高い」という評価を受けるに至るのである。

五　もう一つの物産複合

物産複合という言葉は、日本の近代工業化を――西欧が経験したのと同様に――「アジア交易のダイナミズムから来る物産の奔流という外圧から自立する過程として」捉えようとした川勝平太が、その中で国産化していった物産全体のセット（とそこに形成される経済空間）を表すために作った用語である。川勝は、鎖国下の日本で国産化された木綿、砂糖、絹、茶、陶磁器がそのセットであるとし、これら物産の国産化の経験が、開国後に再びアジア間の苛烈な経済競争の中にさらされながらも、日本が近代工業化に成功することを可能にしたと論じた（浜下・川勝 二〇〇一）。それに対して、本章で取り上げた肉桂も、同じ時代環境下で国産化が試みられたわけであるが、肉桂を含む薬用植物資源の国産化はもう一つの物産複合として何を照射するのであろうか。

肉桂の場合、国産化は起こったものの（ただし国家主導でない可能性が高い）、完全な国産化はされず、南中国における大規模開発に供給を依存することとなった。他方で、アジアの生薬市場の周縁として低品質の肉桂が主に供給されたことは、国産肉桂の市場価値を相対的に高めることにもつながった。近代の文脈でいえば、開国後、一時は、日本産肉桂が中国や国際精油市場に輸出されることもあったものの、長年市場間の競争にさらされてきた南中国産の肉桂に押され、市場から姿を消し、産業としての肉桂栽培は途絶えてゆく。ただし、一方で、肉桂を利用する文化は現在まで地域社会に息づいている。たとえば、二〇一九年三月にかつての肉桂栽培地薩摩川内地方にあたる鹿児島県さつま町で行った調査では、商品作物としての肉桂の栽培・流通に関して記憶している人に出会うことはなかったものの、児童の生食、あるいは焼酎の香りづけとして根皮を利用したり、製菓や防腐に葉を利用したりとライフサイクルや地域文化の中に根付いた資源利用の様式が残されていることがわかった。こうした地域社会と密着した資源利用の文化や、自然環境の差異を超えて高品質な肉桂を栽培した技術（『諸国産物帳』から北陸などの寒冷地でも栽培されていたことがわかる）は、物産複合論でいうアジアからの物産の流れ（とそれを支えた華人による開発・流通）という外圧から自立する過程で生み出されたものにちがいなく、グローバル化の中で持続可能な発展が叫ばれる二一世紀の現在にこそ参照されるべき経験であるのかもしれない[16]。

本章で取り上げた事例は――限られた史料を用いた予備的考察の域を出ないが――いわゆる鎖国下における日本の市場が、自己完結したものではなく、東アジアの交易環境と連動しながら形成されたものであることを示すのと同時に、資源開発・流通の面において東南アジアと日本（及び朝鮮・琉球）との間の大きな分岐が存在していたことを確認する材料を提供していると考える。今後は、肉桂以外の事例も視野に入れながら、この分岐が両地域のその後の歴史にどのような意味を持ったのかを検討してゆきたい。その先に、国境を越えグローバルにつながる地域社会の歴史像が見えてこよう。

（1）　本章では、香料、生薬用途を問わず樹皮に芳香成分シンナムアルデヒド（Cinnamaldehyde）を含有する樹木及びその樹皮（幹皮・枝皮）を指すものとして肉桂の語を用いる。肉桂には香料・香辛料用途として選好されるセイロンニッケイ（*Cinnamomum verum*又は*Cinnamomum zeylanicum*）と、生薬としての価値に優れたシナニッケイ（*Cinnamomum cassia*）という二つの代表品種が知られている。前者にはオイゲノールと呼ばれる別の芳香成分も含むが、後者には含まれず、味も辛味が際立つため、ヨーロッパでは、後者をカッシア、あるいは偽シナモンと呼んで区別した。現在、生薬として用いられているのは南中国から東南アジア大陸部北部にかけて自生、栽培されているシナニッケイ特に*Cinnamomum cassia Blume*と呼ばれる品種であるが、本章で登場するベトナムや日本の肉桂の品種の比定には混乱が見られ確定的なことは言えない。

（2）永積が復元した一六三七〜一八三三年の期間のうち、一六六七年から一六七八年、一六八三年から一七二四年、一七二六年から一七三二年の計六一年分については記載がない。また、肉桂の輸入経路としては、琉球の対清貿易を通じても相当量（一回につき約二〇〇〇斤〜一六〇〇〇斤）が輸入されている（上原　二〇一六）。

（3）孫（二〇〇一）は永積の資料を元に輸入生薬各種の網羅的データ化を行った上で輸入量の多い上位三種（山帰来、大黄、甘草）について簡単な分析を行っている。

（4）一七世紀の人口増加については、一七世紀初頭の人口をどう見積もるかで約一二〇〇万から一八〇〇万人までと研究者の間で差があり議論が分かれている。『岩波講座　日本経済の歴史』（岩波書店、二〇一七年）第一巻（中世）、第二巻（近世）では、斎藤修が、中世からの人口増を重視し一七〇〇万人説の立場をとっている。その場合でも一八世紀初頭の人口数は約三〇〇〇万人であるので二倍近い増加率となる。

（5）一八世紀前半に活躍した古方派の代表的な医師であり儒学者であった香川修徳《しゅうとく》（一六八三〜一七五五）は、自身が著した本草書『一本堂薬選』（一七三二）において、数ある生薬の中で肉桂を第一に取り上げた上で（従来の本草書は『本草綱目』の分類に従った配列かイロハ順の配列が一般的であった）「ああ、肉桂は実に数ある薬の中の長である。……これが張仲景も桂枝湯を傷寒雑病論の第一の処方とした理由である。そうであるから傷寒論・金匱要略の諸方の多くは桂枝湯の変方なのである」と肉桂の重要性を強調している。

（6）本表作成にあたっては、真柳誠「日本の医薬・博物著述年表」（http://square.umin.ac.jp/mayanagi/paper01/ChronoTabJpMed.html、二〇一九年一〇月三一日閲覧）が掲載する本草書・博物書を中心に調査を行った。記述内容が重なるものは年代の古い文献のみ掲載した。年表掲載の史料の中でも実際に調査できた史料は限られ、また年表掲載のもの以外にも膨大な史料が存在しているため、網羅的な調査ではないことを断っておく。

（7）一七世紀半ばには唐船以外にオランダ東インド会社も、トンキン及びジャワ産と思われる肉桂を相当量輸出していたことが平戸のオランダ商館日記、バタヴィア城日誌、トンキンの商館関係資料からわかる。トンキンでは、国産化の進展やベンガル産生糸の参入により日本向けの販売が不調となった生糸の代替商品として肉桂の売り込みを考えたようである（Hoang 2007）。

（8）現在でも南中国産の肉桂樹の下幹から剥取した皮を、両端が巻き上がった状態で乾燥させる企辺《きへん》桂のことも清化桂（「清化」はタインホアの漢字表記）と呼ぶ（小学館　一九九〇）。

（9）同時代のベトナム史料には、専売の施行により、密貿易の利益が大きくなり、かえって雲南などの中国内陸から多くの荒くれ者を呼び寄せることとなって治安が悪化したことが記されている。そこには非漢族も多く含まれていた（『黎朝名臣章疏奏啓』景興三（一七四二）年二月二〇日文廷胤「陳措置辺防疏」）。

（10）スーザ（二〇一三）は、マカオのポルトガル商人が一七七〇年代から南中国の肉桂を欧米市場向けに輸出することに成功したと指摘しており、それ以前に東アジアの生薬市場にもアプローチをしていたことになる。

（11）桂心という名称は、本来、肉桂樹幹皮の外皮とコルクを取り除いたものを指すが、日本の医者が別品種と誤解し、薬屋も別品種ということであればということで、品種の異なる在来種に桂心の名称を与えたのが定着したものだという（表1②）。ただし、その場合、どうして松浦（肥前）のもののみが生薬として流通したのか疑問は残る。

（12）奈良県宇陀市の森野旧薬園には幕府から下賜され栽培した薬用植物の記録が詳細に残されており、肉桂についても、東京種・唐種のいずれも栽培され、一九世紀の腊葉《さくよう》（押し葉）標本も存在しているという（髙橋・小山　二〇一五）。

（13）鹿児島で東京種として栽培されていたものが舶来品と異なることのない品質であったとの記録もある（『採薬録』（一七九四）巻下、木部・肉桂）。

（14）一七世紀末から一八世紀にかけて肉桂の栽培がどのように広がっていったのかは品種の特定とも関わる重要な問題である。現在、二〇一九年度京都大学東南アジア地域研究研究所共同利用・共同研究拠点「地域情報資源の共有化と相関型地域研究の推進拠点」採択課題「アジアの薬用植物資源の生産・流通・利用の歴史に関する学際的研究――モノから見るグローカルヒストリー」の共同研究プロジェクトにおいて、柳澤雅之氏が進める『諸国産物帳』の地域情報マッピング分析とあわせて解明を進めているところである。

(15) さまざまな海外物産が知られ、利用されるようになっていく中で、沈香など通常入手できない産物以外にも、一般に知られている産物の最上級品を利用していることに意味が生まれてくる。高品質であると評価されていた東京肉桂は、特別に取り寄せられ、あるいは将軍に献上され、江戸城や宮中で最高級薬材として珍重された。江戸城及び宮中のお屠蘇には必ず東京肉桂が用いられたし(宗田 一九九五)、交阯肉桂も錫の函に納められ、「高山流水」などと命名され、市中の最高級品として取引された(『本草綱目紀聞』香木類・桂)。

(16) 本章ではその一部を用いたに過ぎないが、膨大な本草学・博物学文献の存在自体が、生物資源への関心の高まりを反映するものである。文字資料以外にも写実的な草木図や注12で述べたような腊葉標本も多く存在しており、周辺地域と比較して、この時代の日本に特有の資源利用の文化を示しているといえる。

【参考文献】

上原兼善(二〇一六)『近世琉球貿易史の研究』岩田書院
佐竹元吉(二〇一二)「日本薬局方と収載生薬」『和漢医薬学総合研究所年報』三八
小学館編(一九九〇)『中薬大辞典』第三巻、小学館(項目「ニッケイ」)
スーザ、ジョージ(二〇一三)「近世におけるグローバル商品と交易—セイロン・シナモンの事例」秋田茂編『アジアから見たグローバル・ヒストリー』ミネルヴァ書房、一一八〜一四七頁
宗田 一(一九九五)「幕府典薬頭の手記に見える本草」山田慶兒編『東アジアの本草と博物学の世界』(上)思文閣出版
孫 緋(二〇〇一)「近世薬種貿易史への数量的接近」『六甲台論集 経済学編』四八(二)
永積洋子編(一九八七)『唐船輸出入品数量一覧一六三七〜一八三三年—復元 唐船貨物改帳・帰帆荷物買渡帳』

創文社
牧野富太郎（二〇〇〇）『新訂牧野新日本植物図鑑』北隆館
真柳　誠（一九九三）「日中韓古医籍の特徴と関連」文部省・学術情報センター共同研究『和漢韓医籍国際総合目録の実行可能性調査一　所在調査と書誌調整（九二／九三）』学術情報センター
山田憲太郎（一九五六）『東西香薬史』福村書店
山脇悌二郎（一九九五ａ）『近世日本の医薬文化―ミイラ・アヘン・コーヒー』平凡社
山脇悌二郎（一九九五ｂ）『長崎の唐人貿易』（新装版）吉川弘文館
髙橋京子・小山鐵夫（二〇一五）『漢方今昔物語―生薬国産化のキーテクノロジー』大阪大学出版会
羽田正編（二〇一三）『東アジア海域に漕ぎだす1　海から見た歴史』東京大学出版会
浜下武志・川勝平太編（二〇〇一）『アジア交易圏と日本工業化―一五〇〇～一九〇〇』（新版）藤原書店
穆祥桐（一九八七）「晩清時期肉桂生産発展」『中国農史』第二期
Hoang Anh Tuan（2007）*Silk for silver: Dutch-Vietnamese relations, 1637–1700*, Leiden: Brill

（付記）

本章は科学研究費補助金（若手研究、課題番号一九Ｋ一三三六六）研究課題名「近世から現代までの東南アジア山地民の移動が国家にもたらした影響に関する研究」、及び二〇一九年度京都大学東南アジア地域研究研究所共同利用・共同研究拠点「地域情報資源の共有化と相関型地域研究の推進拠点」採択課題「アジアの薬用植物資源の生産・流通・利用の歴史に関する学際的研究：モノから見るグローカルヒストリー」の助成を受けた研究成果である。

第一二章　現代東アジア諸国の少子化を歴史的に理解する

桃木至朗

一　現代東アジア諸国の共通課題

（課題）二〇世紀以後の東アジア諸国は共通して、多すぎる人口が問題になった時期を経て、世界に例のない少子化の状況に突入した。現在は出生率回復が図られているが、欧米諸国（典型例としてはフランス）ほどには回復が進んでいない。以上の経過の歴史的・文化的背景を、経済と労働、結婚や家族などのありかたと、それらについての人々の価値観に注意しながら考察せよ。

筆者の狭い専門はベトナム中世史だが、大学では「世界史講座」に所属しており、そこでは日本列島・朝鮮半島・中国（と場合によってベトナム）という狭義の東アジア世界だけでなく、「東南アジアと東北アジアの両方を含めた広義の東アジア」[1]という枠組みを重視している。では、序論で紹介した中高の新しい歴史教育の目的に照らすと、広義の東アジア史で取り上げるべき現代の課題例には、どんなものがあるだろうか。この章では、男性（特に中年以上）の反応が鈍い少子化や高齢化、人口減少社会の到来を取り上げ、人口や出生率などの具体的な数値にも注意を払いながらその歴史的背景を考察する。それが、そうした男性たちの心性に強く影響した現代アジア史のもっとも輝かしい側面のひとつである、連鎖反応的な経済成長（「東アジアの奇跡」）と切り離しがたい関係をもつ点に注意が必要である。紙幅の都合もあって多数の資料を掲げることはできないが、問いの連鎖の中で学ぶ（生徒・学生自身も問いを立てるようになる）ことを想定した新しい教育を意識して、この章でもまずステップ1から始まる一連の問いもしくは課題を掲げ、その後に関連した説明を行う形式を試みる。

ステップ1　現代東アジア（東南アジアも含む）や欧米諸国の出生率・死亡率・人口変動の動向と、出生率に関連した政策・制度について調べてみよう。また、そこで見られる人口動態とその背景について、人類史上に先例のない側面を探してみよう。

ステップ2　「TFR（合計特殊出生率）」「人口転換」などの概念と歴史上の家族の諸類型について調べて説明せよ。

世界最初の工業化を実現したヨーロッパ諸国では二〇世紀に出生率の低下が進み、一九七〇年代に多くの国で合計特殊出生率が二人以下となったが、ドイツ・イタリアなどの低迷が続いた一方で、フランスや北欧諸国では多様な対策が一定の成果を挙げ、二人前後まで出生率が回復している。後者の紹介はかなり頻繁に行われており、(2) 婚姻と子育て支援の諸政策、あるいは伝統的なジェンダー観の刷新や新しい性教育などの仕組みについてよくご存じの読者もおられるだろう。これに対し、社会主義の中国やベトナム、それに開発主義政権のもとで急速な工業化と経済成長を経験したタイやシンガポールを含む広義の東アジア諸国では、以下の資料にも見られる通り、一九八〇年代以降に次々と人口置換水準を割り込み、その後も有効な対策が取れないままに全域で出生率の低迷が続き、人口減少社会に突入しつつある。家族構成を見ると、近代化による核家族化を通り越して、現在では成人・老人の一人暮らしなど、核家族すら構成できない世帯が急増している点も、しばしば問題にされる。

日本の総人口は二〇〇九年から減少を始め、二〇一八年の合計特殊出生率は一・四二だった。この率は台湾や韓国、香港やシンガポールではもっと低く、台湾や香港では一人以下という年もあった。これら経済先進国・地域以外を見ても、一人っ子政策を廃止したにもかかわらず中国の人口が二〇一八年に減少を開始したとされることはご存じだろう（合計特殊出生率は一九九五年以来の一・六台から浮上しないまま）。タイ、ベトナムの合計特殊出生率もとっくに二人以下となり、狭義の東アジア（漢字・儒教文化圏）ほどではないが、最近はインドネシアで二・五人以下、フィリピンもついに三人を切るなど、どこでも出生率の低下は急である。急速すぎる出生率の低下や社会の高齢化は、経済や労働力、税収の減少と福祉支出の増加による国家財政の困難、老人介護などの問題を生むだけでなく、社会に対する先行き不安が近隣諸国など他者への攻撃性を高める今日の日本と周辺諸国の事態の、明白な一因となっていないだろうか。また中国・東南アジア諸国では、まだ経済規模が先進国ほど大き

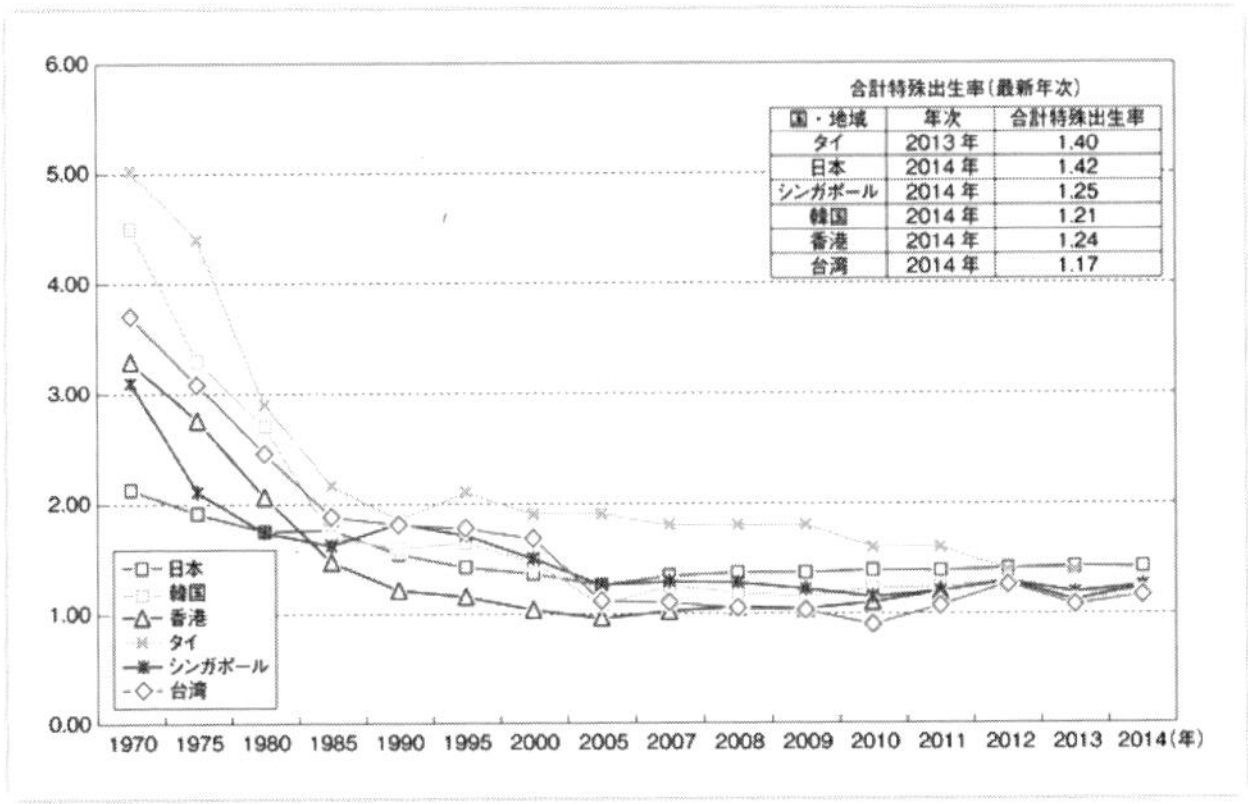

資料：United Nations "Demographic Yearbook"、WHO "World Health Statistics"、各国統計。
日本は厚生労働省「人口動態統計」。
注：台湾の1970年は1971年、1975年は1976年、1980年は1981年の数値。
タイの2005年は2004年の数値。

資料1　東アジア諸国の出生率（内閣府HPより）

くないのに少子高齢化による育児・介護や医療など社会的費用が急激に増大しつつある。日本などが「若年労働力は増え続けるが費用のかかる子供は減少、老人はまだ少ない」という状態で先進国化し、福祉・医療に回す分を含めた巨大な富（人口ボーナス）を蓄積できた――現在それが活かされているかどうかは別問題だが――のとは、対照的な事態である。

　これが近代化のスピードが早すぎるというだけの問題であれば「やがて時間が解決する」といえるし、新自由主義の悪影響だけなら政策的是正も可能だろう。だが、それが我々の近代社会を支えてきたある構造の終焉・消滅をあらわすとしたらどうだろうか。しかも、近世以降の文化的・歴史的背景を考えると、仮に十分な経済力があったとしても、国家が福祉・医療などをヨーロッパ「福祉国家」のレベルまで政策的に拡大することは容易ではない。世界で一〇〇

アジア諸国の人口局面の変遷　(UN WPP 2019)

時期（年）	TFR 2.1以下	老年人口14%以上	生産年齢人口減少	総人口 減少
1970 - 75	日本			
1975 - 80	シンガポール			
1980 - 85				
1985 - 90				
1990 - 95	タイ	日本		
1995 - 00			日本	
2000 - 05	ベトナム			
2005 - 10	ブルネイ			日本
2010 - 15				
2015 - 20	マレーシア		シンガポール	
2020 - 25	ミャンマー	シンガポール・タイ	タイ	
2025 - 30				タイ
2030 - 35	インドネシア	ベトナム		
2035 - 40	ラオス	ブルネイ	ブルネイ	
2040 - 45	カンボディア・フィリピン	インドネシア・マレーシア	ベトナム	シンガポール
2045 - 50			マレーシア	ブルネイ
2050 - 55		ミャンマー	ミャンマー	ミャンマー・ベトナム
2055 - 60		カンボディア・ラオス・フィリピン	カンボディア・ラオス	
2060 - 65	東チモール		インドネシア・フィリピン	ラオス・マレーシア
2065 - 70				インドネシア
2070 - 75		東チモール		カンボディア
2075 - 80				フィリピン

資料2　日本と東南アジアの人口減への道（鬼頭2019より）

位以下に低迷する日中韓などの諸国におけるジェンダー格差の是正と同様、問題はきわめて複雑なのである。

ここで、人口変動と家族構造に関する理屈の整理をしておこう。近代化・工業化の過程では一般的に、多産多死（近世まで）→多産少死（近代化・工業化過程）→少産少死（ポスト近代化・工業化の時期）という「人口転換」が起こるとされる。一人の女性が一生に生む子供数のある時点での平均値を合計特殊出生率といい、ある国や地域でこれが「人口置換水準」（二・〇七前後）を下回ると、平均寿命が一定であれば、人口減少が起こる。移民などがない限り、その国・地域の総人口は維持できない。これは地理の入試にも出る一般的な理解だが、家族の形態については、近代に生み出された「神話」がそのまま温存されているケースが多い(3)。たとえば近代化・工業化にともなって、それ以前の「大家族」

に代わって夫婦と未婚の子供からなる核家族（単婚小家族）が一般化したという説がその例である。今日の社会学や人類学では、祖父母の世代と子供夫婦（およびその子供）が同居する「直系家族」など色々な形態の「拡大家族」が存在したにせよ、定住農耕社会の成立以降に一般的だった家族形態は核家族だという理解が普通である。同様に、母権制の原始社会を除く近代以前の社会ではどこでも女性は無権利だったという理解も古い。家族・親族において性別や父系・母系などの系譜は決定的な意味をもたない（系譜については「双系性」）ため個人の役割が相対的に大きくなる状況、女子を含めた財産の均分相続などが一般的だったことが、現代の社会学や人類学の定説となっている。

二　小農社会・勤勉革命と近世化(4)

ステップ3　工業化以前の世界では、近現代世界のように急速な人口増加（自然増）が珍しかった。出生率や死亡率に作用するどんな要因が人口を抑制していただろうか。それらの要因は、近世（一四世紀後半～世紀前半）にも、西ヨーロッパや東アジアを含めて世界中で作用し続けただろうか。整理してみよう。

ステップ4　工業化以前のある農業社会で人口が増えすぎて土地や資源の限界に達した際に、人々は一般的にどんな対応をなしえただろうか。西ヨーロッパと東アジアの例に注意しながら、複数のパターンをあげよ。

ステップ5　中国と日本の人口と経済は一七世紀から一八世紀にかけて、それぞれどう変動しただろうか。変動の背景には、どんな生態、技術、経済・社会や家族制度、人の移動などの条件があっただろうか。それは近代化のモデルとされてきた西欧の農業社会とどのように違っていただろうか。

小農社会と家族

中朝日など東アジア諸国内の先進農業地域においては、稲作などの高い生産力を背景に、西暦第二千年紀に顕著かつ不可逆的な人口増がおこり（最初の例は中国の長江下流域すなわち江南）、一八世紀にはひとしく人口過剰・土地不足の状況が一般化した。不可逆的というのは、たとえば中国では二〇〇〇年前から巨大な人口を抱えていたが、そこでは王朝交代期の大混乱などの人口調節メカニズムが働き、総人口が一億を大きく越えるようなことはなかった。その中国で、一七世紀の大戦乱が収束し平和が続いた一八世紀に人口が一億余から三億以上に増加し、その後も最近まで人口増加に歯止めがかからなかった事実は、よく知られている。一方日本は、戦国乱世が収束し平和になった一七世紀に開墾・分家ブームが起きて人口が一七〇〇万から三〇〇〇万強に増えたが、鎖国下で蝦夷地を除き海外への移民が不可能だったことなどの抑制要因が働いて、一八世紀～一九世紀前半の人口はほぼ横ばいとなった。全体に小人口地帯だった東南アジアでも、一八～一九世紀には、北部ベトナムや中東部ジャワの平野部などいくつかの農業中心地域で、同様の人口過密・土地不足の状況がひろがる。

歴史人口学の研究の進展が、こうした変化について多くの情報を与えてくれる[5]。近世後期とか「長い一八世紀」と呼ばれる一七世紀末～一九世紀前半において、東アジアで出生率が死亡率によって相殺されなくなった背景は、清朝やロシアなどの近世帝国、それに朝鮮・日本・ベトナムなど「小中華群」がさほど大きな対立なしに住み分けを果たした平和な時代の恩恵だけではない。用排水や施肥・除草など集約的な生産技術の進歩や新しい作物の導入、手工業における「プロト工業化」を含む商工業の発展、さらには産科を含む医療の水準向上や薬の普及等の要因によって、「端境期にも大勢の餓死者・病死者が出なくなった」ことの影響も大きかった。農業・商工業の発展による極端な貧困層の減少は、餓死や病死を減らしただけでなく、結婚率や出生率を向上させた。近代化・工業化以前というとおしなべて「多産多死」だったように思われがちだが、より生産力が低かった古代や中世に人口があまり増えなかった理由には、貧困の中で結婚や出産に縁のないまま人生を終わる若者・大人がかなりの率にのぼったことにも注意する必要がある。

近世以降の人口増に食料生産が追いつかなくなる「マルサスの罠」に対して、同じく土地不足が顕在化したヨーロッパが、工業化とアメリカ大陸への大規模な移民で人口圧と資源の限界を突破したような、抜本的転換（ポメランツ（序論参照）がいう「大分岐」）が東アジアでは起こらなかった。またイギリスなど西欧諸国では、都市への流入と商業・手工業の発達、それに辺境部や国外への移民などと並行して、資本主義的経営を行う地主層と土地を失って農村や都市の賃金労働者となる貧しい層への「農民層分解」が起こったとされる。しかし東北アジアは、「農民層分解」には向かわず、むしろ中層の農民（経営面では自作地と他人の土地を借りる小作地の両方で生産を行う者も多い）が生産労働の集約化と経営の多角化を行う「小農社会」[6]の発展が見られた。エルソン（Elson 1997）は同様に、開発が進み人口が増加した一八〇〇年から二〇世紀初頭の東南アジア（植民地経済の時代）を、農村に住みながら農業以外の生業にたずさわる人々をも含み込んだ「小農経済」の時代として描いた。

こうなる根本原因は、農業の特性にある。[7]そもそも工業でも大規模化と大量生産がどんな場合でも有利だとはいえない（巨大企業はあっても巨大工場など不要なＩＴ産業の例を見よ）が、天候などに左右され生産量のコントロールが困難な農業ではまして、自家用の食料生産と結合した家族経営（いざというときに食いつなげる可能性が大きいし、家族経営だと労賃不要なため、生産コストの硬直性が低い）の方が好都合だという事情がある。近代でもヨーロッパ大陸では大農生産は広がらないし、人民公社など社会主義的大規模農業も失敗した。英米型大規模農業は、実は特殊な例外なのである。

土地が十分あった中世以前には、結婚した子供が親元から離れて新しい土地を開発することは容易だったし、財産は分割相続が世界中で当たり前だったので、新しい小家族が常に生み出されていた。ただし生産力が低く不安定だったので、小家族の長期安定は困難で、もとの土地を捨てて流亡することも珍しくなかった。安定的といえるのは、逃げ込んできた農民を含む奴婢や隷属民を大勢抱え、家畜や農機具も十分保有している豪族・地主などの粗放な大規模経営だけだった。

しかし自由民の小家族による生産・経営がある程度以上に安定すれば、不安定性が極端に高く有力者などの保護が必要なフロンティア社会は別として、土地不足で新しい開墾などの機会が減少している一般的な農村社会では、限られた土地で代々集約的な生産を続ける傾向が強まる。そのとき、生存のために有力者の隷属民（住み込みの「雇い人」も含む）として働くようなインセンティブは失われる。近世の東アジアでは、奴婢などの隷属身分が一八世紀までに、大半の地域で公的には姿を消す。領主や大地主は農村に住んで自ら生産・経営を行うことをやめて、多くの場合不在地主化してゆく。

もちろん生産・経営の安定といっても相対的なもので、災害や飢饉などの非常時に家族・親族や地域社会が助け合ったり公権力の救済を受けたりするのは当然だった。それらも含めた安定の結果、ジェンダー構造が変わる。古代・中世に、男性と完全に対等とはいかずとも多くの領域で「不安定の中の自由」を持っていた女性たちは、「家父長制」的な枠組みの中での共同経営者ないし代理人としての

「正妻」や「跡継ぎ息子の母」を除けば、家族・親族や社会における自立した役割を奪われてゆく。

日本の特殊事情としては、律令財政の破綻への対策として編み出された、一定の利権と引き替えに朝廷の職務を貴族たちに世襲的に分掌させるシステムとしての「家職請負制」を端緒として、家業と家産の永続を目的とする「家」が平安中期以降に生まれていた。鎌倉時代の武士（当時の技術水準や気候条件のもとで土地不足に陥ったため、分割相続による共倒れを避けようとした）に始まり、日本の家では長男による単独相続制がしだいに広がった。太閤検地以後には第一に村、その下では個々の家が年貢負担の単位になったので、家は農民社会でも一般化した[8]。

他方、中国や朝鮮半島・ベトナムではどの男子も結婚して子孫を残さねば「孝」の道にそむくというイデオロギーが強く、中国では特に分割相続（土地など財産の零細化につながり、経営の永続を困難にする）をやめることは不可能だった[9]。人口圧力が顕在化した近世以降にも、次男以下の結婚率を下げることは難しかったとされる。分散化を補うものとして相互扶助機能をもつ宗族が顕著に拡大したほか、成功した庶民の家族では、もともと支配階級の理想にすぎなかった数世代の同居や、結婚した複数組の子供夫婦が同じ敷地に住むなど、拡大家族の形成も進んだと見られる。

勤勉革命と朱子学化

ステップ6　儒教とはなんだろうか。それは中朝日越などの諸国の変化にどう作用しただろうか。

このような状況下で、中国の江南（長江下流域）や日本の畿内などの先進地域では、小農を主人公とする村落形態、そして（宗教や政治よりも）経済活動を中心とする社会の動きが当たり前になり、そこで生産性が上昇して利潤が蓄積する。ヨーロッパの産業革命Industrial Revolutionに対して「勤勉革命Industrious Revolution」[10]が進行したという速水融、杉原薫（杉原　二〇〇四ほか）の説が受け入れられつつある。小農社会は近世ヨーロッパや近代南アジア・東南アジアなど色々な地域に存在しえたとする中村哲（二〇一九など）も、東北アジア諸国では近世の小農社会の蓄積を基礎に、先進国から移植されたタイプの大工業と在来型の中小零細工業が並進する「複線的工業化」、それを通じた資本主義化が起こったとして、「東アジア資本主義」という独自の類型と見なしている。

そうした社会経済的変化と並行して、儒教圏の諸国では村落社会におよぶ「朱子学化」が起こった。東南アジアの上座仏教やイスラームも、それぞれに土着化、大衆化が進んだ。儒教とか朱子学といっても現代の読者にはピンとこないだろうが、儒教は「学識をもつ男性エリート（君子）が指導する家族・親族や地域の自律的なまとまり・調和と、それを土台にした国家・天下の平安（修身斉家治国平天下）を理想とした。朱子学は中でも、それらを媒介する「性理学」などの思想・学識と、儒教式の冠婚葬祭など「孝」「礼」の実践を体系化した。ちなみに朱熹とその学派は、難解な形而上学を唱えただけでなく、科挙の受験参考書や『朱子家礼』など冠婚葬祭の手引書も編纂・普及に大成功したから、それが中央から村落社会まで受け入れられたのである。親子・男女や主僕などの不平等を肯定する一方で万人の性が「理」をもつと説く朱子の思想は、学問を重視し、またそれぞれの「分」に応じた生活向上と社会貢献を肯定したので、農民を含めた教育・文化の普及や経済活動を後押しする効果があった（東アジアの経済や技術の発展には、道教など他の宗教思想の影響ももちろん無視できないが）。
近世東アジアには、中国式宗族とは違った原理の家制度、村請制のもとで強い共同体性をもつムラ社会、そして藩などの閉じた基本単位の集合として出来上がった独特の団体性をもつ日本社会と、開かれた人間関係の連鎖で成り立つ「ネットワーク型」中国社会（その背景には中間権力を介さず直接小農を支配しようとする「専制国家」がある。村落は一部地域を除いて共同体性をもたず、地域社会は宗族や地域有力者が動かす）のコントラストなど、それぞれの偏差やローカライゼーションがあった。朱子学の思想と実践は、それらを超えて東アジア諸国の村落社会まで深く根を下ろしたとされる。[11]
ただし、本書の高木論文でも紹介する通り、各国の共通点と差異については論争が続いている。基本的な生産・経営が家族労働力でまかなえる状況というのは、日本型の直系家族においてのみ可能だったのではないかという意見は否定しがたい。また、小農社会論において小農経済の確立と朱子学の受容を中朝日の共通の特徴と見なした宮嶋博史は、この「近世化」をめぐる論争においては、武家政権の日本が熱心に朱子学を学んだように見えて実は「文」を重んじる儒教の根幹を受容できなかった、つまり近世化に失敗したことが、中朝両国には必要のない、侵略性をもつ西洋型の近代化を必要としたゆえんだと唱えた。ところが明治維新＝西洋化という通念には対しては逆に、日本儒教の研究で、「明治維新とそこで出来た一君万民体制こそが（西洋化というよりは）儒教化の実現であった」という議論が広がっている（小島　二〇一七など）。
もう一点、小農社会の土地不足状況は、一八世紀に以降の中国における漢族の辺境部へのとめどない移住による環境破壊や、世界恐慌下の日本の農民が満洲での土地獲得などを夢見て軍国主義を支持した事実に見られるようなマイナス面とつねに背中合わせだった。そのためマルクス主義の立場から戦前の日本で行われた「日本資本主義論争」において、日本社会の後進性や国家の侵略性を強調する「講座派」は、農民層分解による英米型資本主義化が進まない農村社会の後進性をその論拠とした。またアメリカの人類学者ギアツは、同様に人口密度の高いジャワ島の農村社会が一九世紀の「強制栽培制度」期以降に、農民層分解や生産性の向上なしに労働強化と生産の量的増加のいたちごっこだけが続く「貧困の共有」状態に陥ってゆくと主張し（ギアーツ 二〇〇一）、近世以降の中国史やベトナム史理解にも影響を与えた。植民地期以降の北部ベトナム農村など[12]を見ても、近世村請制の主体であった村落共同体が存在し、完全な土地なしの農業労働者や農村を離れる者はさほど多くなかったにせよ、自己の保有する農地での農業生産を主要な収入源にはできない「第二種兼業農家」のような世帯が多数となり、そうした世帯群の土地をまとめて賃借し経営を行う「借地農」が広く出現していたが、全体として再生産や資本蓄積が可能だったかどうかは疑問である。

高度経済成長で講座派的日本理解が忘れられ、ギアツの説も一九七〇年代以降のインドネシアの経済成長によって旗色が悪くなったのだが、小農社会が必ず勤勉革命に向かうわけではない点には注意が必要であろう。むしろそこに浸透した「乏しきを憂えず均しからざるを憂う」という精神をもつ儒教共産主義者たちの存在が、第二次世界大戦後の東アジアにおいて、ソ連軍の直接介入なしの社会主義革命を可能にしたと見られる。エリートによる民衆の指導、そのエリートは正しく民衆の声や利益を代弁しうるという朱子学や陽明学の思想は、社会主義の「前衛党」思想に適合的だったろう。

三　「圧縮された近代」のゆくすえ

東アジアの急速な工業化と近代化

ステップ7　日本以外の東アジア諸国・地域は、いつごろどんな政権やプロセスのもとで工業化、経済の近代化を実現したかを、近世との連続性にも注意しながら整理しておこう。

ステップ8　東アジア諸国の教育や生活・社会の近代化のプロセスや領域ごとの状況にはどんな特徴があっただろうか。整理してみよう。

東アジアの資本主義化や工業化・近代化については、グローバルヒストリーその他の分野で広く知られつつあるので、簡単に述べるだけでよいだろう。[13]明治維新後の日本以外に、二〇世紀前半までに中国の近代化も一定の進展が見られた。植民地化した朝鮮・台湾や東南アジア諸国も含め、近代的医療技術による死亡率低下、開発の進展と食料生産の増加によって、人口増が加速した。明治維新のころに三〇〇〇万人強だった日本列島の人口は、第二次世界大戦までに八〇〇〇万人に増える。そのため農村の土地不足状態は解消しない。一九世紀前半〜中頃に黒人奴隷制度が廃止された後の世界への中国系低賃金労働者（クーリー）の進出、日本人のアジア太平洋地域への移民や朝鮮人の満洲移民、ベトナムやジャワほか東南アジア植民地から宗主国や他の植民地への流れなど、広域の移民・出稼ぎによる人の流れも拡大する。

一九〜二〇世紀の近代化は、西洋のブルジョワ社会に成立した「近代家族」モデル(14)を世界に広げる役割も果たした。東アジアのうち儒教圏では、朱子学の家族モデルに引きつけて理解した「良妻賢母思想」（中国・朝鮮では「賢母良妻」）や「母性神話」がスムースに受け入れられた。ただし「夫が外で働き妻は家を守る」近代家族のスタイルは、農家や自営業者があこがれても、そのまま実現はできない。日本で妻の多くが家事・育児に専念する（結婚後、子育てが終わるまでの女性の就業率が低下する「Ｍ字カーブ」の谷が深くなる）のはサラリーマン世帯が増加した高度成長期のことである。

第二次世界大戦後の冷戦期には、日本の高度経済成長に続いて韓国・台湾・香港・シンガポールなど「ＮＩＥｓ（新興工業経済地域）」の急速な成長がおこる。続いてマレーシアやタイなどＡＳＥＡＮ原加盟諸国、冷戦終結後には中国・ベトナムなども、工業化や経済成長が次々実現し（日本を先頭とする「雁行《がんこう》型発展」と、一九九〇年代にいわれた「東アジアの奇跡」）、その中で上記の「人口転換」も進んだ。一九〜二〇世紀の全体を巨視的に捉えれば、勤勉で創意ある経営者と労働者（仕事に美意識をもつ一方で権力には従順）の存在、消費と教育への熱意などの勤勉革命と朱子学化の遺産、それにアジア諸地域間の交易・経済ネットワーク（主に華人が担った）も含めた近世の遺産もフル活用しながら、広義の東アジアの大きな部分で、経済成長と教育水準の向上を含む社会・生活の近代化が実現されたのである。もちろんそこでは、日本支配下の朝鮮・満洲や台湾を典型とする「植民地近代化」や、第二次世界大戦後の冷戦構造のもとでの日韓台・ＡＳＥＡＮ諸国が経験したアメリカとの結びつきと「開発主義（開発独裁）」、冷戦終了後の「グローバル化」なども大いに影響している。

ただしこうした短期間での「圧縮された近代（化）」（落合編　二〇一三など）もしくは「中進国型の

資本主義発展」（中村　二〇一九）のひずみは、民主化の遅れ、環境破壊など多くの領域で当初から意識される。新自由主義時代に入ると、その他のマイナス面も噴出する。その最大のものが今日の少子高齢化だとはいえないだろうか。

格差社会と過労死への道

ステップ9　第二次世界大戦後の東アジア諸国で妊娠中絶を含む家族計画が南アジアやアフリカとくらべて急速に普及したのはなぜだろうか。大戦終結やその後の各国の動乱による人の動きに注意しながら、人口と経済・政治状況、宗教思想などの面から考えてみよう。

第二次世界大戦後の東アジア各国でも労働人口の多数を占めるのは農民であり、しかも大戦やその後の戦争・内戦・革命などの後遺症としての食糧不足、海外から日本本土への五〇〇万人の引き揚げ者や、国共内戦・朝鮮戦争で発生した大量の難民のような問題もあった。「総力戦の時代」二〇世紀には、総動員体制下の日本や革命後の中国など「産めよ増やせよ」が推奨されがちであった。平和が来れば今度は、戦後日本や南北統一後のベトナムでの平和の喜びがベビーブームにつながるような事態が生じる。それら諸要因による人口圧力に対処するため、海外移民の再開と日本の北海道開拓など辺境部への入植、「優生」思想も背景とする家族計画といった対策がとられた。類似の状況下では、中国で一九七九年から導入された一人っ子政策のような、極端な政策も出現する。カトリックを別として、儒教・道教・仏教などこの地域の「伝統宗教」に、避妊や中絶をタブーとする発想がないことも、家族計画化を容易にしたと思われる。二〇世紀末になると、その延長上で少子化が顕著になる。そこには「教育の普及と女性の社会進出、晩婚化とそれにともなう出産年齢の上昇」、それに第二の人口転換（少産少死社会への転換）の過程で広がる結婚・出産を当然と考えないような意識の広がり（平井 二〇一三）などといった現代先進社会の一般論では説明のつかない、複数の要因が働いている。

ステップ10 朱子学など東アジアの思想的「伝統」は、近代化・工業化の過程でどんな企業社会や学校社会、家族関係、政治風土や文化アイデンティティを作っただろうか。ジェンダー構造にも配慮してまとめよ。

ステップ11 朱子学が求める「自発的な権威への服従や格差の承認」「自力で勤勉に暮らしを立てることを奨励する」などの特徴は、福祉国家と新自由主義のどちらに適合的だろうか。またそれは、ヨーロッパ諸国で取られている出生率向上政策のどの部分を東アジア諸国で実施困難にしているだろうか。その点の改善はどうすれば可能になるだろうか。討論してみよう。

この二つの問いに対して、最低三つの認識が必要だろう。第一は「近代家族モデル」と容易に結合する「男は外で働き、女は内で家を支える（女の幸せは結婚して良妻賢母になること）」という家族と性別分業の形態である。都市化が進み、祖父母や親戚と同居し大勢いる子供たちも家事・育児を担う拡大家族、近隣で助け合うムラや自営業者の社会などから離れたサラリーマンの核家族が一般化している現在でも（韓国・台湾だけでなく「社会主義」中国やベトナムでも）、一家の主婦が家事・育児や老人介護の中心になるという発想が根強い。このため、資本主義国の女性労働者は、結婚すると出産・育児期の退職が珍しくなくなる。他方で会社は、家事・育児の「心配」をせずに長時間労働をする男性の組織になる。日本では税制や年金・福祉制度も、「サラリーマンの夫と専業主婦の妻」の組み合わせを前提として組み立てられる。[15] 男性と同様に仕事を持ちたいと願う女性や、格差社会の中で夫の収入に頼った生活ができず働かざるをえない女性が、結婚・出産を断念するのも当然であろう。

儒教的な家族・社会の仕組みにはほかにも、現代の西洋社会で広く承認され相続などの不利な法的規定も解消しつつある「結婚によらない性的結びつき」とそれによる婚外子の出産、それに「一人前に働いていない」人間（例：学生）の結婚などを強く忌避する点で、結婚・出産にマイナスの影響を及ぼしているだろう。性教育を避ける発想なども、間接的に儒教思想の影響を受けているのかもしれない。本来は結婚によらない出産がとがめられたはずのヨーロッパのキリスト教社会で、第一子の過半数を婚外子が占めるフランスのような事態が出現するのだが、儒教社会はこの点で頑固に見える。

また人口減や労働力不足への対策としての移民や外国人労働力の受け入れが、よそ者を嫌うムラ的思想や「単一民族意識」によって阻まれがちな点も、日本ではよく指摘される。ただし、「進んだもの、豊かな者が偉い」という華夷意識に基づき、欧米崇拝やその裏側での非漢字圏の諸民族への蔑視などの発想を日本と共有するはずの韓国・台湾などは、外国人受け入れの点ではより積極的である。

第二は教育を重んじ試験の成績で人間に価値を付ける発想である。それは経済成長とともに急速な教育の普及を後押しし、良質な労働力を量産してきた反面で、東アジア諸国に世界に例の少ない受験競争を引き起こし、教育費の高騰は子供の数を減らす強力な要因となってきた（次項の理由で教育への国費投入はそれほど増やせない）。いずれにしても、教育水準の上昇が晩婚化や「親のため、家のため、夫のため」でない生き方を選ぶ男女の増加につながるのは世界共通の話なのだが、東アジアはそういう男女が子供を産むには冷たい社会である。

第三は「権威（国家）に自主的に服従する一方で、なるべく国家の力は借りずに勤勉に働いて暮らしを立てることを奨励する」という発想である。この思想は、一方で長距離通勤や長時間労働（東アジアの長時間労働は世界でもきわだつ）を当然とする企業やサラリーマン文化（完全男性目線の）を生み出した。特に新自由主義的な格差社会が一般化した現在では、かりに正社員の男性が望んでも、家事・育児はおろかセックスの十分な時間がとれない。しかし非正規労働者では収入が少なくて結婚・育児ができない。しかも北欧型高福祉や教育への大規模な国家投資、仏・英式の出産・育児への公的支援には、「受益者負担論」や「育てられないなら生むな」といった自己責任論に基づく反発が強い（中国型の社会では権力者とのコネがあれば可能かもしれないが[16]）。議論によって国家の政策を変えさせる伝統が弱いので[17]、市民運動による制度改善も進みにくい。

もちろん儒教は、すべてを説明できるわけではない。都市化・ホワイトカラー化による体力の低下や環境ホルモンの影響、そして一方で貧困や教育の不足、他方で女性に不自然な痩せ方を強制する社会・文化が生み出す若者の広範な栄養失調状態など、生殖能力を低下させる生物学的な諸要因も見のがせないだろう。また、明治時代にたまたま決めた夫婦同姓を法律で強制し続けている現代日本のやり方は、結婚をためらう女性を増やしている。結婚しないと子供が産みにくい日本でそれは、間接的に出生率を下げる働きをしている。しかも、半分の人間に父から受け継いだ姓を捨てさせるそのやり方は、儒教倫理からは完全に外れている。宗教文化を過大評価できない点について、他にステップ12の問いはどうか。「近代タイのナショナリズムによって意図的に過小評価されてきたタイ社会の華人性」などそれぞれの答えの候補は思いつくが、十分な検討はまだ行われていないように思われる。

ステップ12 東アジア（狭義）と同様に出生率が低下している東南アジアでも、儒教文化圏のベトナムや華人が多数派のシンガポールまでは、少子化や高齢社会を「圧縮された近代」および朱子学と近代家族モデルの相互作用で説明できるとして、「朱子学化」していないし性別分業やジェンダー格差（六〇位前後）も東アジアほど大きくないとされるタイ、イスラーム信者が多いインドネシアやカトリック信者が多いフィリピン（ジェンダー平等度はアジアで断然一位）で、やはり少子化が急速に進んでいるのはなぜだろうか、近代化のあり方、社会経済の歴史や伝統的宗教・文化の両面から考察してみよう。

四　近世と現代の対話――一周先へ

本章で多くの紙幅を割いた日本と東アジアの近世史像は、日本の読者のみなさんがこれまで抱いてきたものとずいぶん違っていたかもしれない。それは従来の近世史像が、(1)近代化は善であり人類史のゴールである。そのモデルはヨーロッパないし欧米だけが生み出したものである、(2)非西洋世界は眠り込んでいたが、日本だけは欧米モデルを積極的に取り入れて（脱亜入欧を実現して）近代化に成功した、などの前提の上に組み立てられた像だったからである。単純化するとそれは、明治維新と戦後の高度経済成長を賛美するための歴史像だった。しかしその観点で、（1）（2）が不動の前提ではなくなった現在の東アジアはうまく理解できないのである。

新しい像は、明治維新と高度経済成長のような「近代」だけゴールとするのでなく、その先に来た「単なる西洋型近代の延長ではない現代」を見ようとする。東アジアではそのような現代は、多くの面で近世によって規定されたというのが、勤勉革命論や近世化論をふまえたこの章の主張である。[18]そこでは、アジアで成功するのはもちろん日本だけではないし、またヨーロッパ型・西洋型の近代化（modernization）と近代性（modernity）は、人類史において唯一絶対のモデルではない。中国の台頭などから、そもそも一九〜二〇世紀の世界を支配した西洋型近代は長い人類史の中では特殊なもので、もはや耐用期限が過ぎているという見方が広がりつつある。[19]価値判断は別としてこの事実認識を受け入れ、新しい世界を構想する必要はないのか。そうした視野をもちながら、（直接的にではなくとも）主権者として判断・行動するのに貢献するような歴史学と歴史教育が、筆者の目ざすところである。

「勤勉革命」から「東アジアの奇跡」へという成功の物語は、西洋中心史観や日本特殊論などの古い見方を変える役割を果たしてきた。ただし、それで満足するのではもはや一周遅れだというのが、筆者の意見である。勤勉革命のなれのはてが現在の東アジアで突出した過労死社会や少子高齢化ではないのか。西洋型近代が限界を迎えているのと同様に、「近世化」を土台とする東アジアの発展も、小農社会の最終的解体（中村　二〇一九、Elson　1997）とともに終焉を迎えつつあるということではないのか。その先の世界を見る努力と勇気が必要である。

その点も含め、決まった答えのある問いだけを考えるのでは、多元的市民社会のための研究・教育にならない。英米型の教育改革などで想定されているのは、ある問いの答えが別の新たな問いを生み出すような思考の連鎖、それにしっかり調べたり考えたりすれば正解が出る問いと、そもそも答えがない問い（その中には「それでも判断・選択しなければならない問い」が含まれる）の両方に取り組むことである。この章で示した課題の「答え」は、そもそも絶対の事実（the history）というより「ひとつの歴史像（a history）」に過ぎないのだが、最後に答えのない問いの一例を提示したい。

これまで日本や東アジア諸国の歴史学・歴史教育は一般に、西洋型の近代化・近代性をモデルとする一方で、非西洋世界でそれに反する事態が生じると、「後進性の残存」や「停滞」と説明してきた。たとえば近代民主主義が十分根付かない点を、日本を含む東アジアの後進性で説明するのがその例である。そのような観点からは、今日の少子高齢化も朱子学の影響などによる近代化の遅れと捉えれば事足りるように見える。だが、この種の議論はずいぶん昔から行われてきた。その間「遅れ」が一向に解消しないどころか政治面などは「逆行」が見られるのでは、その国民が劣っているからだという話になりかねない。しかも我々は、ポスト工業化の現代を生き未来を切り開かねばならない。

そろそろ違った考え方が必要なのではないだろうか。たとえば（a）現在では、西洋型近代の光と影を表裏一体の現象と見なすのが通例である。では東アジアを含む非西洋世界において、「後発の利益」があるにせよ、西洋型近代など外部のモデルの良い面だけを取り入れることは、本当に可能なのだろうか。（b）「いいとこどり」が可能とする視点からは、しばしば「和魂洋才」のような近代性と自己の個性（いわゆる「伝統」）の両立による発展が主張されるが、それは「過剰反応」をもたらさなかっただろうか。今や多くの面で韓国・台湾や中国に追い抜かれている日本の状況を「一九世紀～二

○世紀半ばの近代化モデルへの過剰適応（とその成功体験にしがみついてその後のフォローアップを怠る状況）」と捉えること、また明治維新から「東アジアの奇跡」までの東アジアの発展全体を「近代家族を含む工業化の時代のモデルへの過剰適応（ポスト工業化の時代には対応できない）」と理解することなど、遅れや停滞でなく「行きすぎ」と捉える発想が要求されていないだろうか。この章が、そういう問題について、読者を多面的・多角的で動的な思考に誘う役割を果たせれば幸いである。

（1）アジア太平洋戦争後の課題意識を反映して歴史学で頻用された「漢字文化圏＝東アジア世界」の「閉じた系」としての限界を超えるために、最近では「東部ユーラシア」がよく使われるが、筆者はその大陸に偏る点、近現代史を見にくい点などに疑念をもち、本章のように、あえて東北アジア（従来の東アジア）と東南アジアを含む広義の東アジアを用いることがある。ただしこれを「新たな閉じた系」にするつもりはない。

（2）たとえばフランスの子育て支援に関する神尾（二〇〇七）。

（3）世界諸地域の類型化と歴史的変動についてはエマニュエル・トッド（二〇〇八）を見よ。

（4）この節全体に関連する概論は［大阪大学歴史教育研究会編　二〇一四：第六章］。

（5）日本を中心とする人口史については速水融《あきら》、鬼頭宏のほか斎藤修などの研究が知られている。日本に関する最近の推計は都市化、生産と経営、金融、税負担などとあわせ、深尾・中村・中林編（二〇一七）が網羅的に紹介している。

（6）マルクス主義経済史学者中村哲の「小経営生産様式論」を土台に、宮嶋博史（一九九四）が唱えたことで知られる。

（7）飯沼二郎の農業技術論に基づく中村哲（二〇一九ほか）の整理を見よ。

（8）なおかつては、中世の日本の家によく見られた名子《なご》・被官《ひかん》など隷属的な住み込み労働力が次第に姿を消し、近世の家族規模は縮小に向かったとみられていたが、最近は、小農生産の安定化のために直系家族が一般化した（不安定な中世までの社会ではそれは一般化していない）という理解が定説化している。また江戸後期は兼業・出稼ぎや住み込み奉公の一般化により結婚年齢が上昇したため、出生率はそれほど高くない。しかも乳幼児死亡率は依然として高かった（＝養子を必要とする家が多い）ことなどから、「次三男問題」はさほど深刻ではなかったとされる（深尾・中村・中林編　二〇一七など）。

（9）　家族・親族形態とその差異については、三成ほか編（二〇一四）、小浜ほか編（二〇一七）、久留島ほか編（二〇一五）などジェンダー史のわかりやすい解説がある。

（10）　大島編（二〇〇九）も見よ。ヨーロッパ経済史でもデ・フリースが、勤勉革命と産業革命が連続しておこったと唱えている。また中村哲（二〇一九ほか）の「東アジア資本主義」論（注6参照）も、小農社会をその基盤と考える。

（11）　日中のこうした対比については、歴史学で足立（一九九八）・中村（二〇一九）、独自の「史論」として與那覇（二〇一四）が明快に論じる。

（12）　一四～一六世紀の北部ベトナムは小農社会に向かいつつあったが（桃木　二〇一一）、華人の大進出と商業・流通の掌握、長期の政治的分裂などにより外部への移民がほとんど不可能だったことなど近世後期の変動の中で、人口圧に対応しつつ勤勉革命に向かう道が閉ざされたのではないかと推測する。

（13）　杉原（二〇〇三）、秋田編（二〇一九）、中村（二〇一九）など参照。大日本帝国の場合、一九三〇年代から資源豊富な朝鮮半島北部・満洲などで帝国支配圏内で重工業化を推進したこと、それが初期の北朝鮮や革命直後の中国の工業化の有力な基盤となったことなども、今日では広く認められている。

（14）　召使いなどを「家族」とは見なさない夫婦と血縁者だけの核家族（子供が中心的位置）、愛情のみによる結びつき、職住の分離、夫は外でカネを稼ぎ妻は家で家事・育児をする、などの条件がすべて揃った家族モデルの一般化は、近代市民階級で初めておこった。これを近代家族と呼ぶ。それはこれらの条件をすべて満たすことが不可能な（女も生産や営業に参加しなければ家計が成り立たない）農民や自営業者の家族にまで、徐々に影響を与えてゆく。

（15）日本の場合、高度成長期に出来上がった税や社会保険の制度（妻の年収が一〇三万円以下であれば無税、一三〇万円以下なら夫の扶養控除になれる）が、「正社員は男性だけ、妻は働くにしてもパートタイムどまり」というモデルを企業側にも家族側にも一般化させてしまったことの後遺症が、近年よく語られる。

（16）木下光生（二〇一七）は、近世中国が飢饉などの際に国家の貧困者救済への「ただ乗り」が許される社会であるのに対して、日本が少量の一時給付を除き自力で（以外に大量の穀物の蓄えが当然とされていたらしい）生き延びることを周りから要求される社会だったことを指摘している。

（17）ただし陽明学ほどではないにしても朱子学には、士大夫（知識人）の公論に基づく政治を求める伝統があり、日本の自由民権運動から一九八〇年代の韓国・台湾の民主化まで、これが近現代東アジア諸国の政治運動に発展したケースも少なくない。現状でそれがうまく機能していないとすれば、リベラルデモクラシーの世界的危機といった一般論でない、具体的な理由も問われるべきだろう。

（18）なお筆者は中世史の専門家だが、歴史学の現代的意義を主張する場合には近世史が主戦場になると主張している。それについては拙著（桃木　二〇〇九：七六）をご参照いただきたい。

（19）マディソン（二〇一五ほか）によるGDPの超長期変動の推計、アジア中心に五〇〇〇年の人類史を論じたフランク（二〇〇〇）などグローバルヒストリー系の議論は、本書のもとになった大阪大学史学系の授業ではおなじみのものである。

【参考文献】

秋田茂編（二〇一九）『世界史叢書二　グローバル化の世界史』ミネルヴァ書房
エマニュエル・トッド（荻野文隆訳、二〇〇八）『世界の多様性　家族構造と近代性』藤原書店
足立啓二（一九九八）『専制国家史論』柏書房

大泉啓一郎（二〇〇七）『老いてゆくアジア』中公新書
大阪大学歴史教育研究会（二〇一四）『市民のための世界史』大阪大学出版会
大島真理夫編（二〇〇九）『土地希少化と勤勉革命の比較史』ミネルヴァ書房
落合恵美子編（二〇一三）『変容する親密圏／公共圏1　親密圏と公共圏の再編成　アジア近代からの問い』京都大学学術出版会
神尾真知子（二〇〇七）「フランスの子育て支援―家族政策と選択の自由―」『海外社会保障研究』一七〇、三三―七二頁（http://www.ipss.go.jp/shoushika/bunken/data/pdf/18529304.pdf）
鬼頭宏（二〇一九）「日本列島における人口の長期波動と文明システムの転換」東南アジア学会第一〇一回大会シンポジウム「東南アジアと日本の長期変動：人口変動・労働移民・少子高齢化」二〇一九年一一月二三日・静岡県立大学
木下光生（二〇一七）『貧困と自己責任の近世日本史』人文書院
クリフォード・ギアーツ（池本幸生訳、二〇〇一（原著一九六三））『インボリューション　内に向かう発展』NTT出版
久留島典子・長野ひろ子・長志珠絵編（二〇一五）『歴史を読み替える　ジェンダーから見た日本史』大月書店
小島毅（二〇一七）『儒教が支えた明治維新』晶文社
小浜正子・下倉渉・佐々木愛・高嶋航・江上幸子編（二〇一七）『中国ジェンダー史研究入門』京都大学学術出版会
杉原薫（二〇〇三）『アジア太平洋経済圏の興隆』大阪大学出版会（大阪大学新世紀セミナー）
杉原薫（二〇〇四）「東アジアにおける勤勉革命径路の成立」『大阪大学経済学』五四（三）
内閣府「世界各国の出生率」https://www8.cao.go.jp/shoushi/shoushika/data/sekai-shusshou.html（二〇一九年

一月九日アクセス）
中村哲（二〇一九）『東アジア資本主義形成史論』汲古書院
平井太規（二〇一三）「「第二の人口転換」における「家族形成の脱標準化の検証」―日本・台湾・韓国の出生動向：子供の性別選好の観点からのアプローチ」『フォーラム現代社会学』一二、三一―四二頁（https://www.jstage.jst.go.jp/article/ksr/12/0/12_kj00008684958/_pdf/-char/ja）
深尾京司・中村尚史・中林真幸編（二〇一七）『岩波講座日本経済の歴史　二　近世』岩波書店
フランク、アンドレ・グンダー（山下範久訳、二〇〇〇（原著一九九八））『リオリエント：アジア時代のグローバル・エコノミー』藤原書店
マディソン、A.（政治経済研究所監訳、二〇一五（原著二〇〇七））『世界経済史概観　紀元一年―二〇三〇年』岩波書店
三成美保・姫岡とし子・小浜正子編（二〇一四）『歴史を読み替える　ジェンダーから見た世界史』大月書店
宮嶋博史（一九九四）「東アジア小農社会の形成」溝口雄三ほか編『アジアから考える　六　長期社会変動』東京大学出版会
桃木至朗（二〇〇九）『わかる歴史、おもしろい歴史、役に立つ歴史―歴史学と歴史教育の再生をめざして』大阪大学出版会
桃木至朗（二〇一一）『中世大越国家の成立と変容』大阪大学出版会
與那覇潤（二〇一四）『中国化する日本』文春文庫（原著二〇一一年、文藝春秋）
Elson, R.E.（1997）*The End of the Peasantry in Southeast Asia: A Social and Economic History of Peasant Livelihood, 1800–1990s*, London: Macmillan Press; New York: St. Martin's Press

編者あとがき

本書は、大阪大学大学院文学研究科と国際公共政策研究科との共同授業、大学院博士前期課程のリレー講義「歴史学方法論講義——歴史学のフロンティア」から生み出された、四冊目のテキストを兼ねた論集である。

歴史学研究の方法論を、具体的な事例研究を交えて学際的に論じるこのリレー講義は、二〇〇三年四月から旧大阪外国語大学言語社会研究科との共同授業としてスタートした。その後、二〇〇七年一〇月の両大学の統合を経て、文系研究科だけでなく複数の他大学の招聘講師や学位取得直後で新進気鋭のポスドクも、毎回の一三名の講師陣に含まれている。この一〇年間は、大阪大学歴史系が得意とするグローバルヒストリー研究を共通テーマとして、『グローバルヒストリーと帝国』（二〇一三年）、『グローバルヒストリーと戦争』（二〇一六年）の二冊の論集を出版してきた。

今回の論集は、われわれが行ってきたグローバルヒストリー研究を基盤として、大学教養課程での歴史教育に、新たな検討の題材を提供するために編纂した。序論でも述べたように、二〇二二年から高等学校の地歴科目（地理歴史科）の授業編成は一新され、「世界史」に代わる新たな必修科目として、世界史と日本史を統合した「歴史総合」科目がスタートする。「歴史総合」の目標としては、「問い」を立てて歴史を考察する課題学習や、歴史学習と現代世界が直面する諸課題とのつながりの解明など、従来の歴史教育では軽視されてきた学習目標も掲げられている。本書では、大学院で歴史学の専門教育に携わるプロの歴史家集団として、まずは、どのような形で、世界史と日本史の研究成果の接合・融合が可能になるのか、具体的な事例研究を通じて、わかりやすく実例を提示することを重視した。歴史教育の方法論ではなく、コンテンツ（教育内容）として何を、どのような形で取り上げることが望ましいのか、あるいは、将来「歴史総合」科目を勉強して大学に入学してくる新入生に対して、何を学習の素材として提供できるのか、などの課題を想定しながら、古代から現代に至るいくつかの接合・融合の事例を提示した。

もとより、一二名だけのメンバーで、序論や上記で述べた諸課題をカバーするのは到底不可能であるし、教育学研究科（教育学部）を持たない大阪大学のわれわれが、歴史教育の方法論を、理論を交えて本格的に論じることはめざしていない。「大学で考える歴史総合」とはいかなるものなのか、グローバルヒストリー研究の成果を踏まえて検討した成果として、読者の皆さんから忌憚のないご批判やコメントをいただければ幸いです。

最後に、このリレー講義を立ち上げて以来、中心になって授業を牽引し、同時に、大阪大学歴史教育研究会の代表として、国内だけでなく世界に向けて「阪大史学」の情報発信に努めてきた、文学研究科世界史講座教授の桃木至朗氏は、二〇二一年三月をもって定年退職を迎えられる。まだ一年も先のことだが、この間の桃木氏による「阪大史学」への多大なる貢献に感謝して、本書を氏に奉げると共に、今後の益々のご活躍を祈念したい。

二〇二〇年三月吉日

編者を代表して　秋田　茂

中村　翼（なかむら　つばさ）

1984年生まれ。京都教育大学教育学部・講師

（主要業績）

「日元貿易期の海商と鎌倉・室町幕府 ― 寺社造営料唐船の歴史的位置 ―」（『ヒストリア』235号、2013年）、「平安中期における貿易管理体制の変容」（『待兼山論叢』（文化動態論編）49号、2015年）、「東アジア海域世界の境界人と政治権力 ― 一四世紀の分水嶺を考える」（『日本史研究』679号、2019年）など。

高木　純一（たかぎ　じゅんいち）

1988年生まれ。日本学術振興会特別研究員SPD（奈良女子大学）

（主要業績）

「戦国期畿内村落における被官化状況と領主支配 ― 東寺領山城国上久世荘を中心に」『ヒストリア』第253号（2015年）、「東寺領山城国上久世荘における年貢収納・算用と「沙汰人」」『史学雑誌』第126編第2号（2017年）、「東寺領山城国上久世荘における山林資源利用 ― 「鎮守の森」と「篠村山」」『地方史研究』第386号（2017年）など。

山本　千映（やまもと　ちあき）

1971年生まれ。大阪大学大学院経済学研究科・教授

（主要業績）

「産業革命とジェンダー：アレン＝ハンフリーズ論争をめぐって」浅田進史・榎一江・竹田泉編『グローバル経済史にジェンダー視点を接続する』（日本経済評論社、近刊）、『西洋経済史』有斐閣、2010年：奥西孝司・鳩沢歩・堀田隆と共著）、"Two Labour Markets in Nineteenth-century English Agriculture: the Trentham Home Farm, Staffordshire," *Rural History*, 15(1), 2004.

岡田　雅志（おかだ　まさし）

1977年生まれ。防衛大学校人文社会科学群・准教授

（主要業績）

『越境するアイデンティティ ― 黒タイの移住の記憶をめぐって』（ブックレット《アジアを学ぼう》32、風響社、2014年）、「山に生える銃：ベトナム北部山地から見る火器の世界史」秋田茂・桃木至朗編『グローバルヒストリーと戦争』（大阪大学出版会、2016年）、「世紀転換期のインドシナ北部山地経済と内陸開港地：「華人の世紀」との連続性に注目して」（秋田茂編『「大分岐」を超えて：アジアからみた19世紀論再考』ミネルヴァ書房、2018年）など。

中嶋　啓雄（なかじま　ひろお）

1967年生まれ。大阪大学大学院国際公共政策研究科・教授

（主要業績）

『モンロー・ドクトリンとアメリカ外交の基盤』（ミネルヴァ書房、2002年）、"The Monroe Doctrine and Russia: American Views of Czar Alexander I and Their Influence upon Early Russian-American Relations," *Diplomatic History*, Vol. 31, No. 3 (2007)、"Beyond War: The Relationship between Takagi Yasaka and Charles and Mary Beard." *Japanese Journal of American Studies*, No. 24 (2013).

岡田　友和（おかだ　ともかず）

1977年生まれ。大阪大学大学院言語文化研究科・専任講師

（主要業績）

「1936-37年ハノイにおける労働者ストライキ運動」（『東南アジア研究』、52巻2号、2015年）、「植民地期ハノイにおける街区の住民―1930年代の小商工業者層を中心に―」（『アジア経済』第56巻1号、2015年）、「フランス植民地帝国における現地人官吏制度―インドシナを事例に―」（『史学雑誌』119編6号、2010年）、「インドシナの歴史をどう捉えるか」（『えくす・おりえんて』第24号、2017年）など。

池田　一人（いけだ　かずと）

1967年生まれ。大阪大学大学院言語文化研究科・准教授

（主要業績）

「植民地期ビルマにおける『映画とカイン』論争―仏教徒カレンの民族的主張とその社会的文脈―」（『言語文化研究』第40号、2014年）、『日本占領期ビルマにおけるカレン＝タキン関係―ミャウンミャ事件と抗日蜂起をめぐって』上智大学アジア文化研究所モノグラフシリーズ No.11（2012年）、"Two Versions of Buddhist Karen History of the Late British Colonial Period in Burma; Kayin Chronicle (1929) and Kuyin Great Chronicle (1931)." *Southeast Asian Studies*. Vol. 1、No. 3 (2012).

向　正樹（むかい　まさき）

1974年生まれ。同志社大学グローバル地域文化学部・准教授

（主要業績）

「モンゴル帝国とユーラシア広域ネットワーク」（秋田茂編『グローバル化の世界史』ミネルヴァ書房、2019年）、「モンゴル帝国と中国沿海部のムスリム・ディアスポラ―アラビア語墓碑にみえる聖伝承より―」（鈴木英明編『東アジア海域から眺望する世界史―ネットワークと海域―』明石書店、2019年）など。

執筆者紹介（執筆順）

秋田　茂（あきた　しげる）

1958年生まれ。大阪大学大学院文学研究科・教授

（主要業績）

『イギリス帝国とアジア国際秩序』（名古屋大学出版会、2003年：第20回大平正芳記念賞2004年）、『イギリス帝国の歴史――アジアから考える』（中公新書、2012年：第14回読売・吉野作造賞2013年）、Shigeru Akita (ed.), *Gentlemanly Capitalism, Imperialism and Global History* (London and New York: Palgrave-Macmillan, 2002).

桃木　至朗（ももき　しろう）

1955年生まれ。大阪大学大学院文学研究科・教授

（主要業績）

『中世大越国家の成立と変容』（大阪大学出版会、2011年）、『市民のための世界史』（共編著、大阪大学出版会、2014年）、『海域アジア史研究入門』（共編著、岩波書店、2008年）など。

市　大樹（いち　ひろき）

1971年生まれ。大阪大学大学院文学研究科・准教授

（主要業績）

『飛鳥藤原木簡の研究』（塙書房、2010年）、『すべての道は平城京へ――古代国家の〈支配の道〉』（吉川弘文館、2011年）、『飛鳥の木簡――古代史の新たな解明』（中公新書、2012年）、『日本古代都鄙間交通の研究』（塙書房、2017年）など。

久保田　裕次（くぼた　ゆうじ）

1984年生まれ。国士舘大学文学部・専任講師

（主要業績）

『対中借款の政治経済史――「開発」から二十一ヵ条要求へ――』（名古屋大学出版会、2016年）、「満蒙政策と政友会――大正期における野田卯太郎と山本条太郎――」（『日本史研究』666、2018年）、「第一次世界大戦期の勝田主計――正貨問題・「日支親善」・戦後構想――」（『東アジア近代史』22、2018年）など。

阪大リーブル72

グローバルヒストリーから考える新しい大学歴史教育
日本史と世界史のあいだで

発行日　2020年3月31日　初版第1刷　〔検印廃止〕

編著者　秋田　茂
　　　　桃木　至朗

発行所　大阪大学出版会
　　　　代表者　三成賢次
　　　　〒565-0871
　　　　大阪府吹田市山田丘2-7　大阪大学ウエストフロント
　　　　電話：06-6877-1614（直通）　FAX：06-6877-1617
　　　　URL　http://www.osaka-up.or.jp

印刷・製本　株式会社 遊文舎

ISBN 978-4-87259-640-3　C1320

HANDAI Live

阪大リーブル

001 ピアノはいつピアノになったか？ 〈付録CD「歴史的ピアノの音」〉 伊東信宏 編 定価 本体1700円+税

002 日本文学 二重の顔 〈成る〉ことの詩学へ 荒木浩 著 定価 本体2000円+税

003 超高齢社会は高齢者が支える 年齢差別《エイジズム》を超えて創造的老い《プロダクティブエイジング》へ 藤田綾子 著 定価 本体1600円+税

004 ドイツ文化史への招待 芸術と社会のあいだ 三谷研爾 編 定価 本体2000円+税

005 猫に紅茶を 生活に刻まれたオーストラリアの歴史 藤川隆男 著 定価 本体1700円+税

006 失われた風景を求めて 災害と復興、そして景観 鳴海邦碩・小浦久子 著 定価 本体1800円+税

007 医学がヒーローであった頃 ポリオとの闘いにみるアメリカと日本 小野啓郎 著 定価 本体1700円+税

008 歴史学のフロンティア 地域から問い直す国民国家史観 秋田茂・桃木至朗 編 定価 本体2000円+税

009 懐徳堂 墨の道 印の宇宙 懐徳堂の美と学問 湯浅邦弘 著 定価 本体1700円+税

010 ロシア 祈りの大地 津久井定雄・有宗昌子 編 定価 本体2100円+税

011 懐徳堂 江戸時代の親孝行 湯浅邦弘 編著 定価 本体1800円+税

012 能苑逍遥(上) 世阿弥を歩く 天野文雄 著 定価 本体2100円+税

013 わかる歴史・面白い歴史・役に立つ歴史 歴史学と歴史教育の再生をめざして 桃木至朗 著 定価 本体2000円+税

014 芸術と福祉 アーティストとしての人間 藤田治彦 編 定価 本体2200円+税

015 主婦になったパリのブルジョワ女性たち 一〇〇年前の新聞・雑誌から読み解く 松田祐子 著 定価 本体2100円+税

016 医療技術と器具の社会史 聴診器と顕微鏡をめぐる文化 山中浩司 著 定価 本体2200円+税

017 能苑逍遥(中) 能という演劇を歩く 天野文雄 著 定価 本体2100円+税

018 太陽光が育くむ地球のエネルギー 光合成から光発電へ 濱川圭弘・太和田善久 編著 定価 本体1600円+税

019 能苑逍遥(下) 能の歴史を歩く 天野文雄 著 定価 本体2100円+税

020 懐徳堂 市民大学の誕生 大坂学問所懐徳堂の再興 竹田健二 著 定価 本体2000円+税

021 古代語の謎を解く 蜂矢真郷 著 定価 本体2300円+税

022 地球人として誇れる日本をめざして 日米関係からの洞察と提言 松田武 著 定価 本体1800円+税

023 フランス表象文化史 美のモニュメント 和田章男 著 定価 本体2000円+税

024 懐徳堂 漢学と洋学 伝統と新知識のはざまで 岸田知子 著 定価 本体1700円+税

025 ベルリン・歴史の旅 都市空間に刻まれた変容の歴史 平田達治 著 定価 本体2200円+税

026 下痢、ストレスは腸にくる 石蔵文信 著 定価 本体1300円+税

027 セルフメディケーションのための くすりの話 那須正夫 著 定価 本体1100円+税

028 格差をこえる学校づくり 関西の挑戦 志水宏吉 編 定価 本体2000円+税

029 リン資源枯渇危機とはなにか リンはいのちの元素 大竹久夫 編著 定価 本体1700円+税

030 実況《ライブ》・料理生物学 小倉明彦 著 定価 本体1700円+税

031 大 源 病
こんなアタシに誰がした
石蔵文信 著
定価 本体1300円+税

032 ああ、誰がシャガールを理解したでしょうか? CD付
二つの世界間を生き延びたイディッシュ文化の末裔
圀府寺司 編著
定価 本体2000円+税

033 懐徳堂 懐徳堂ゆかりの絵画
奥平俊六 編著
定価 本体2000円+税

034 試練と成熟
自己変容の哲学
中岡成文 著
定価 本体1900円+税

035 ひとり親家庭を支援するために
その現実から支援策を学ぶ
神原文子 編著
定価 本体1900円+税

036 知財インテリジェンス
知識経済社会を生き抜く基本教養
玉井誠一郎 著
定価 本体2000円+税

037 幕末鼓笛隊
土着化する西洋音楽
奥中康人 著
定価 本体1900円+税

038 ヨーゼフ・ラスカと宝塚交響楽団
(付録CD「ヨーゼフ・ラスカの音楽」)
根岸一美 著
定価 本体2000円+税

039 上田秋成
絆としての文芸
飯倉洋一 著
定価 本体2000円+税

040 フランス児童文学のファンタジー
石澤小枝子・高岡厚子・竹田順子 著
定価 本体2200円+税

041 東アジア新世紀
リゾーム型システムの生成
河森正人 著
定価 本体1900円+税

042 芸術と脳
絵画と文学、時間と空間の脳科学
近藤寿人 編
定価 本体2200円+税

043 グローバル社会のコミュニティ防災
多文化共生のさきに
吉富志津代 著
定価 本体1700円+税

044 グローバルヒストリーと帝国
秋田茂・桃木至朗 編
定価 本体2100円+税

045 屛風をひらくとき
どこからでも読める日本絵画史入門
奥平俊六 著
定価 本体2100円+税

046 アメリカ文化のサプリメント
多面国家のイメージと現実
森岡裕一 著
定価 本体2100円+税

047 ヘラクレスは繰り返し現われる
夢と不安のギリシア神話
内田次信 著
定価 本体1800円+税

048 アーカイブ・ボランティア
国内の被災地で、そして海外の難民資料を
大西 愛 編
定価 本体1700円+税

049 サッカーボールひとつで社会を変える
スポーツを通じた社会開発の現場から
岡田千あき 著
定価 本体2000円+税

050 女たちの満洲
多民族空間を生きて
生田美智子 編
定価 本体2100円+税

051 隕石でわかる宇宙惑星科学
松田准一 著
定価 本体1600円+税

052 むかしの家に学ぶ
登録文化財からの発信
畑田耕一 編著
定価 本体1600円+税

053 奇想天外だから史実
天神伝承を読み解く
髙島幸次 著
定価 本体1800円+税

054 とまどう男たち—生き方編
伊藤公雄・山中浩司 編著
定価 本体1600円+税

055 とまどう男たち—死に方編
大村英昭・山中浩司 編著
定価 本体1500円+税

056 グローバルヒストリーと戦争
秋田茂・桃木至朗 編著
定価 本体2300円+税

057 世阿弥を学び、世阿弥に学ぶ
大槻文藏監修 天野文雄 編集
定価 本体2300円+税

058 古代語の謎を解く Ⅱ
蜂矢真郷 著
定価 本体2100円+税

059 地震・火山や生物でわかる地球の科学
松田准一 著
定価 本体1600円+税

060 こう読めば面白い! フランス流日本文学
—子規から太宰まで—
柏木隆雄 著
定価 本体2100円+税

061 歯周病なんか怖くない
歯学部教授が書いたやさしい歯と歯ぐきの本
村上伸也 編
定価 本体1300円+税

062 みんなの体をまもる免疫学のはなし
対話で学ぶ役立つ講義
坂野上淳 著
定価 本体1600円+税

063 フランスの歌いつがれる子ども歌
石澤小枝子・高岡厚子・竹田順子 著
定価 本体1800円+税

064 黄砂の越境マネジメント
黄土・植林・援助を問いなおす
深尾葉子 著
定価 本体2300円+税

065 古墳時代に魅せられて
都出比呂志 著
定価 本体1700円+税

066 「羅生門」の世界と芥川文学
清水康次 著
定価 本体2000円+税

067 心と身体のあいだ
ユング派の類心的イマジネーションが開く視界《ヴィジョン》
老松克博 著
定価 本体1900円+税

068 日本を彩る香りの記憶
内野 花 著
定価 本体1600円+税

069 ほんとうのトコロ、認知症ってなに?
山川みやえ・土岐 博・佐藤眞一 著
定価 本体1600円+税

070 公文書をアーカイブする
事実は記録されている
小川千代子・菅真城・大西愛 編著
定価 本体1800円+税

071 小説家、織田作之助
斎藤理生 著
定価 本体2300円+税

(四六判並製カバー装。定価は本体価格+税。以下続刊)

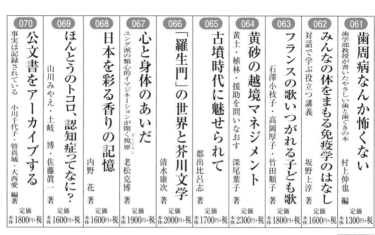